EL LUGAR SANTÍSIMO

Una Exposición de la Epístola a los Hebreos

Volumen 1

Por

Andrew Murray

Publicado originalmente en inglés bajo el título:
The Holiest of All: An Exposition of the Epistle to the Hebrews
by Andrew Murray
Por Anson D. F. Randolph & Co., New York, 1894.
Esta obra es de Dominio Público.

Traducido al español, corregido, anotado y ampliado
Por J. L. Flores
Primera Edición | Junio 2021
Todos los Derechos Reservados
© 2021 J. L. Flores, para esta edición en español

Volumen 1

Edición revisada y corregida el 7 de marzo de 2022

| Venta Exclusiva en Amazon |

A menos que se indique lo contrario, las citas bíblicas contenidas en este libro son tomadas de la Versión Reina-Valera 1909 (Dominio Público) corregidas y puestas al día por el traductor según lo mejor de la crítica textual conservadora contemporánea.

Para oración, comentarios o inquietudes bíblicas, escríbanos a:

ministeriotorrentesdevida@gmail.com

https://www.facebook.com/ministeriotorrentesdevida

Estudio Bíblico versículo a versículo en YouTube
https://www.youtube.com/ministeriotorrentesdevida

CONTENIDO

Prefacio de la presente edición en español

El Lugar Santísimo de Andrew Murray es una de las obras cumbres de este profundo y prolífico autor cristiano. La misma, es una exposición devocional y completamente espiritual de la Epístola a los Hebreos. Es un comentario versículo a versículo, frase por frase, de esta maravillosa Epístola del Nuevo Testamento. Considerado uno de los mejores comentarios evangélicos jamás escritos sobre esta importante Epístola.

¿Pero quién no conoce a Andrew Murray y a sus libros? Como: *Sanidad Divina, ¡Señor, enséñanos a orar!, Entrega Absoluta, Humildad: la hermosura de la santidad, La Escuela de la Obediencia* y *Con Cristo en la Escuela de la Oración*. Todos ellos bestsellers de su tiempo, e inclusive de nuestros días.

Pero pese a que la mayoría de sus libros han sido traducidos al español, sus obras cumbres: *El Espíritu de Cristo* y *El Lugar Santísimo*, nunca han sido publicadas en español.

Aunque esta última fue traducida e impresa en 2004 en la *Colección Grandes Autores de la Fe*. No obstante, no estuvo en el mercado por mucho tiempo, ya que dicha colección hacia alarde de ofrecer "textos completos, con absoluta fidelidad a las obras originales, para la lectura seria y la investigación profunda". Pero por desgracia, cuando el lector era conocedor del idioma inglés, y había tenido contacto con la edición en inglés de *El Lugar Santísimo*, se daba cuenta rápidamente, que dicha edición en español distaba grandemente de la obra original de Andrew Murray, y le restaba mucho del valor que aquella obra magna tenía.

Por poner un ejemplo, dicha edición en español fue impresa en 236 páginas, con un total de 83 apartados o capítulos; cuando la edición original en inglés constaba de 552 páginas, con un total 130 capítulos. ¡Era ciertamente una diferencia abismal! Aunado a ello, cuando el lector se adentraba en el texto, se podía notar rápidamente una clara mutilación, no solo del texto de la obra; sino del pensamiento teológico y espiritual de Andrew Murray, con la finalidad de hacerlo encajar con la opinión teológica de la casa editorial.

Todo esto, hace que dicha edición en español no cuente para los lectores cristianos serios, como una traducción fidedigna de *El Lugar Santísimo* de Andrew Murray.

Por tal motivo, luego de traducir *El Espíritu de Cristo*, la obra cumbre de Murray, y la cual el lector puede encontrar también en Amazon, nos dimos a la tarea de generar la presente traducción íntegra de *El Lugar Santísimo*.

La misma conserva el estilo de lenguaje clásico de Andrew Murray, y preserva cada una de sus palabras, tal y como fueron expuestas en la edición en inglés publicada en 1894. Nuestro objetivo ha sido hacer hablar a Andrew Murray 127 años después, para que pueda dirigir sus palabras al público evangélico hispanohablante del siglo XXI.

La presente edición en español, conserva las notas a pie de página de la obra original, así como las conclusiones colocadas al final de cada uno de los 130 capítulo que contiene; por si fuera poco, se han agregado notas adicionales que tratan aspectos de traducción, historia, exégesis y espiritualidad. También se han agregado cada una de las referencias bíblicas a las cuales Murray alude de forma directa o indirecta en el texto. El lector se dará cuenta rápidamente que Andrew Murray era un hombre de Dios completamente calificado, equipado para toda buena obra (2 Timoteo 3:17), plenamente constituido de la Palabra de Cristo, la cual moraba en abundancia en él (Colosenses 3:16). Murray no decía las cosas solamente por decirlas, porque se escuchaban bien; por el contrario, sus palabras y frases tenían un sólido fundamento bíblico.

Todo esto hace que la presente edición en español sea una obra enteramente nueva y sumamente más rica que la edición original en inglés; y no por ello, deja de ser una edición fiel e íntegra de la misma.

Por causa de la comodidad visual de nuestros lectores, esta edición en español se ha hecho imprimir en dos volúmenes. Si bien es cierto, la edición original en inglés se imprimió en un solo volumen; no obstante, la letra era bastante pequeña, y el texto se encontraba demasiado junto. Para evitar esto, además del grosor del libro, que a veces hace que se deteriore más rápido, optamos por imprimirlo mejor en dos volúmenes. El primer volumen abarca todos los aspectos introductorios de *La Epístola a los Hebreos*, y la exposición devocional de los capítulos 1 al 7 de la misma. El segundo volumen, abarca los capítulos 8 al 13 de la Epístola. Con relación a la obra original en inglés, el primer volumen abarca la introducción y los capítulos 1 al 57 de la misma; mientras que el volumen dos, abarca los capítulos 58 al 130.

No nos resta nada más que alabar a nuestro amantísimo Señor Jesucristo, por concedernos la misericordia y la gracia para poder haber efectuado esta traducción, fue una labor titánica para nosotros, pero el Señor nos hizo participantes de Su poder vivificante para poderla llevar a cabo. Y ciertamente nos veremos recompensados, si el lector es bendecido y edificado con la misma; y, sobre todo, si es incitado en su corazón por el Espíritu Santo, para poder entrar en el Lugar Santísimo, en el lugar secreto de la presencia misma de Dios.

Agradeceríamos, estimado hermano que lees este libro, que luego de adquirirlo, lo puedas calificar en Amazon, y nos dejes tu comentario en dicha plataforma sobre tu experiencia en la lectura de esta edición en español; y nos menciones a la vez, cualquier tipo de error tipográfico que se haya presentado, por causa de nuestra imperfección humana, a fin de poderlo corregir en una posterior revisión. De antemano, muchas gracias amado hermano lector.

"El Señor Jesucristo esté con tu espíritu. La gracia sea con vosotros. Amén" (2 Timoteo 4:22).

J. L. Flores

23 de mayo de 2021

Breve biografía de Andrew Murray

Andrew Murray (9 de mayo de 1828 — 18 de enero de 1917) fue un pastor, profesor y escritor sudafricano. Se educó en Aberdeen, Escocia, y en la Universidad de Utrecht, en los Países Bajos. En 1848, Murray se ordenó en la Iglesia Reformada Holandesa, y volvió para vivir y laborar en Sudáfrica.

El ministerio de Murray estaba muy centrado en las misiones, considerándolas: *"el principal fin de la iglesia"*. En 1889, cofundó la Misión General Sudafricana (SAGM) con Martha Osborn y William Spencer Walton (1850-1906). A medida que su trabajo se extendía por el continente, el nombre de la misión cambió a Fraternidad Evangélica de África (AEF), y en 1898, AEF se unió a SIM (a la Sociedad Internacional Misionera), que hoy cuenta con más de 1,800 misioneros activos en más de 43 países.

Andrew Murray fue un hombre con una fuerza espiritual tan profunda, que la gente siempre quiso saber cuál era su secreto ¿Cómo había actuado Dios en su vida personal? Aunque Andrew escribió un sinnúmero de libros explicando cómo debemos vivir en Cristo, se negó rotundamente a contarle a alguien el secreto de su propia vida espiritual. El famoso predicador escocés Alexander Whyte (1836-1921) le pidió en una ocasión esta información. Inclusive, la misma hija de Andrew se lo suplicó. Otros más también se lo pidieron. Pero Andrew siempre movía la cabeza, diciendo: *"no"*. Hay que exaltar a Jesucristo, no a Andrew Murray, se le escuchaba decir.

Pero en una conferencia de Keswick, — Keswick se fundó para fomentar una vida espiritual más profunda — fueron tantas las personas que le instaron y le suplicaron, que Andrew finalmente cedió y escribió un breve testimonio. Apareció publicado en la revista *The Christian* [El Cristiano] del día 25 de agosto de 1895.

Andrew explicó, que, como joven pastor, había estado lleno de celo y había laborado mucho en la obra del Señor. Sabía que había nacido de nuevo, pero sentía que le faltaba poder en su ministerio. Anhelaba algo mejor. Un misionero de mayor antigüedad le animó con las palabras: "*Si Dios pone un deseo en tu corazón, lo cumplirá*".

Durante algunos años más, Andrew luchó por alcanzar esta vida cristiana victoriosa en el poder del Espíritu Santo. Mirando hacia atrás, podría decir que pensaba que Dios estaba poniendo más y más de Su Espíritu Santo en él; pero en su momento, Andrew no lo pudo ver así. Incluso cuando escribió su libro: "*Abide in Me*" [Permaneced en Mí, 1864], sabía que lo expuesto en él era cierto, pero en su vida personal no había experimentado todo lo que había escrito. Sin embargo, diez años después de haber comenzado su búsqueda, logró realmente ser lleno con el poder del Espíritu Santo, podía decir con toda confianza, que había aprendido a permanecer continuamente en la presencia de Dios.

¿Por qué fracasó durante muchos años? ¿Por qué fallamos nosotros también cuando buscamos vivir en comunión con Cristo?

"Te diré dónde probablemente fallas", escribió. *"Nunca has creído de corazón que Dios está obrando tu salvación. Por supuesto que crees que, si un pintor emprende la realización de un cuadro, debe tener sumo cuidado en cada matiz, en cada color y en cada retoque sobre el lienzo… Pero no crees que el Dios Eterno está en proceso de elaborar la imagen de Su Hijo en ti. Cuando alguna hermana aquí, está haciendo alguna obra de bordado o bisutería, siguiendo el patrón en cada detalle, puede pensar: '¿No puede Dios, de igual manera, obrar en mí el propósito de Su amor?'. Si esa obra ha de ser perfecta, cada puntada debe estar en su lugar. Recuerda, pues, que ni un solo minuto de tu vida debe estar sin Dios. A menudo queremos que Dios entre a una hora determinada en nuestra vida, digamos por la mañana. Y, luego, nos dedicamos a vivir dos o tres horas del día por nuestra propia cuenta; y posteriormente, queremos que Él entre de nuevo, como lo hizo por la mañana. ¡No! Dios debe ser en todo momento el obrero de tu alma"*.

"Que Él pues nos enseñe nuestra propia nada, y nos transforme en la imagen de Su Hijo, y nos ayude a salir para ser una bendición para nuestros semejantes. Confiemos en Él, y alabémosle en medio de la conciencia de fracaso, y de la tendencia al pecado que nos aqueja. A pesar de todo ello, creamos que nuestro Dios ama habitar en nosotros, y esperemos sin cesar en Su gracia aún más abundante".

Este era el secreto espiritual de Andrew Murray, y ese es el secreto que él nos contará con mayor detalle en cada una de las páginas de este maravilloso libro: *El Lugar Santísimo*.

Prefacio de la obra original

Cuando emprendí la preparación de esta exposición en el idioma holandés, para el pueblo cristiano entre el cual me encontraba trabajando, estaba profundamente convencido de que la Epístola a los Hebreos contenía la instrucción que necesitaban. Al reproducir la obra en idioma inglés, esta impresión se ha confirmado, y es como si nada pudiera escribirse más exactamente sobre el estado de toda la Iglesia de Cristo en la actualidad. La gran queja de todos aquellos creyentes que tienen a su cargo el cuidado de muchas almas, es la falta de entereza, de constancia, de perseverancia y de progreso en la vida cristiana. Muchos, de los que uno no puede sino esperar que sean verdaderos cristianos, se estancan y no avanzan más allá de los rudimentos de la vida y de la práctica cristiana. Y muchos más, ni siquiera permanecen estancados, sino que vuelven a una vida mundana, de formalidad y de indiferencia. Y la pregunta que se hace continuamente es: ¿Qué es lo que le hace falta a nuestra religión que, en tantos casos, no da la fuerza necesaria para mantenerse en pie, para avanzar, para proseguir hacia la perfección [o madurez] (Hebreos 6:1)? Y, ¿cuál es la enseñanza que se necesita para dar esa fortaleza y ese vigor a la vida cristiana que, a través de todas las circunstancias adversas, sea capaz de mantenerse firme desde el principio hasta el final (Hebreos 3:6, 14; 10:23)?

La enseñanza de la Epístola a los Hebreos es la respuesta divina a estas preguntas. De todas las maneras posibles, nos presenta la verdad de que sólo el conocimiento pleno y perfecto de lo que Cristo *es* y *hace* por nosotros, puede llevarnos a una vida cristiana plena y perfecta. El conocimiento de Cristo Jesús que fue necesario para llevarnos a la conversión no es suficiente para conducirnos al crecimiento, para que progresemos, para nuestra santificación y madurez. Así como hay dos dispensaciones, la del Antiguo Testamento y la del Nuevo Testamento, y así como los santos del Antiguo Testamento, con toda su fe y su temor a Dios, no pudieron obtener la vida más perfecta que se revela en Nuevo Testamento, lo mismo ocurre también con las dos etapas de la vida cristiana, de la cual se habla en esta Epístola. Aquellos que, por pereza (Hebreos 5:11), permanecen como niños en Cristo (1 Corintios 3:1), y no avanzan hacia la madurez (Hebreos 5:14; 6:1), están siempre en peligro de endurecer su corazón (Hebreos 3:8), de no alcanzar *Sus promesas* (Hebreos 4:1) y de caer *de la gracia* (Hebreos 12:15; Gálatas 5:4). Sólo aquellos que se mantienen firmes desde el principio hasta el final (Hebreos 10:23, 32), que se esfuerzan por entrar en el reposo (Hebreos 4:11), y que prosiguen hacia la madurez (Hebreos 6:1), heredan (Hebreos 6:12) y disfrutan de hecho, de las maravillosas bendiciones del Nuevo Pacto, que nos han sido aseguradas en Cristo (Hebreos 9:15; 12:24). El gran propósito de esta Epístola es mostrarnos que, si seguimos al Señor plenamente (Juan 10:4, 27; Apocalipsis 14:4), y nos entregamos por completo a lo que Dios en Cristo está dispuesto a hacer; solo entonces, encontraremos en el Evangelio y en Cristo, todo lo que necesitamos para una vida de gozo y de fortaleza, de victoria final.

El remedio que la Epístola a los Hebreos ofrece para todos nuestros fracasos y debilidades, la única protección ante todo peligro y enfermedad, es el conocimiento de la verdad suprema concerniente a Jesús, el conocimiento de Él en Su Sacerdocio Celestial. En relación con esta verdad, el escritor trata de revelar tres grandes misterios. El *primero* es, que el Santuario Celestial se ha abierto para nosotros (Hebreos 9:12, 24), de modo que ahora podemos venir y ocupar nuestro lugar allí, con Jesús en la misma Presencia de Dios (Hebreos 10:19-23). El *segundo* es, que el camino nuevo y vivo por el que Jesús ha entrado (Hebreos 10:20), el camino del auto-sacrificio y de la perfecta obediencia a Dios (Hebreos 5:8), es el camino al que ahora podemos y debemos acercarnos (Hebreos 5:7-9; Juan 14:6). El *tercero* y último es, que Jesús, como nuestro Sumo Sacerdote Celestial (Hebreos 3:1; 4:14-15), es el Ministro del Santuario Celestial (Hebreos 8:2); y como tal, nos dispensa Sus bendiciones (Hebreos 6:7; 12:15-17), el espíritu y el poder de la vida celestial (Hebreos 3:1; 9:23; 11:16); de tal manera, que podemos vivir en este mundo, como aquellos que han llegado a la Jerusalén celestial (Hebreos 12:22), y en quienes el espíritu celestial ha llegado a ser, el espíritu de toda su vida y conducta (Hebreos 6:4). El Sacerdocio Celestial de Jesús, es el cielo abierto para nosotros cada día, nuestra entrada en Él por el camino nuevo y vivo, y el cielo entrando en nosotros por el Espíritu Santo. Tal es el Evangelio a los hebreos que contiene esta Epístola; es tal la vida *en él*, que *nos* revela el camino y la fuerza *para vivirlo*. El conocimiento del carácter celestial de la Persona y de la Obra de Cristo, son lo único que puede hacernos cristianos celestiales; *cristianos* que, en medio de todas las dificultades y las tentaciones de la vida en este mundo, pueden vivir como aquellos a los que el poder de lo alto (Lucas 24:49), del mundo supremo, ha poseído, y a los cuales siempre puede darles la victoria.

Al ofrecer ahora estas meditaciones a un círculo más amplio de lectores, lo hago con la oración de que Dios se sirva de ellas, para inspirar a algunos de Sus hijos a una nueva confianza en su bendito Señor, a medida que aprenden a conocerlo mejor y se entregan a esperar y a experimentar todo lo que Él es capaz de hacer por ellos. No he tenido miedo de repetir continuamente el único pensamiento: "Nuestra única necesidad es conocer mejor a Jesús; la única cura para todas nuestras debilidades, es mirarlo a Él (Isaías 45:22; Hebreos 12:2; 2 Corintios 3:16-18) en el trono del cielo (Hebreos 4:16), y reclamar de manera real, la vida celestial que Él espera impartirnos".

Justo cuando estaba a punto de escribir el prefacio de la edición holandesa, en la primera semana del año pasado, recibí de mi querido colega, como texto de año nuevo, con el deseo de que fuera mi experiencia, las palabras: *"Seis días después, Jesús tomó consigo a Pedro, a Jacobo y a Juan, y los llevó aparte, solos, a un monte alto; y se transfiguró delante de ellos"* (Mateo 17:1-2; Marcos 9:2-3). En seguida transmití la Palabra a mis lectores, y lo hago de nuevo. Que el bendito Maestro nos lleve Consigo a un monte alto, al Monte Sion, donde se sienta como Sacerdote-Rey en el trono del poder (Hebreos 12:22), que nos lleve a cada uno de nosotros por separado, y que nos prepare para la bendita visión de verlo transfigurado ante nosotros (Mateo 17:2; Marcos 9:2), viéndolo en toda Su gloria celestial. Entonces, seguirá siendo externamente para nosotros el mismo Jesús que conocemos ahora. Pero no será el mismo para nosotros interiormente (2 Corintios 5:16), ya que habremos contemplado todo Su Ser, resplandeciendo con la gloria y con el poder de la vida celestial que tiene para nosotros, y que espera impartir cada día, a los que abandonan todo para seguirle a Él (Mateo 19:27, 29).

En humilde confianza y oración, para que sea hecho de esta manera, encomiendo a todos mis lectores a Su bendita enseñanza (Juan 14:26; 1 Corintios 2:13) y guía (Romanos 8:14; Gálatas 5:18).

Andrew Murray

13 de septiembre de 1894

LA EPÍSTOLA A LOS HEBREOS

(Texto Bíblico Revisado)[1]

TEMA DE LA EPÍSTOLA:

*El conocimiento del Hijo de Dios, el secreto de la
verdadera vida cristiana*

---

[1] Nota del Traductor: Basado en la Reina-Valera Revisión de 1909 y cotejado con lo mejor de la Crítica Textual Conservadora Moderna. Bosquejos, referencias cruzadas y letras en rojo son parte íntegra de la obra original de Murray.

PRIMERA PARTE — DOCTRINAL

Hebreos 1:1 al 10:18.

El Hijo de Dios, el Mediador de un Mejor Pacto

INTRODUCCIÓN —
Hebreos 1:1-3.

La gloria del Hijo en Su persona y en Su obra

Capítulo 1

1 Dios, habiendo hablado en el pasado, en muchas ocasiones y en diversas maneras a los padres por los profetas,

2 en estos postreros días nos ha hablado en el Hijo, al cual constituyó Heredero de todo, y por el cual asimismo hizo el universo;

3 el cual, siendo el resplandor de Su gloria, y la impronta misma de Su substancia, y quien sustenta todas las cosas con la palabra de Su poder, habiendo hecho la purificación de nuestros pecados en Sí mismo, se sentó a la diestra de la Majestad en las alturas[2],

PRIMERA SECCIÓN —
Hebreos 1:4-14.

El Hijo de Dios es superior a los ángeles

El Hijo, un nombre más excelente

4 hecho tanto más excelente[3] que los ángeles, por cuanto se le otorgó por herencia un más excelente nombre que ellos.

El Hijo, el Unigénito

5 Porque ¿a cuál de los ángeles dijo *Dios* jamás: "Mi

---

2 Hebreos 2:9; 4:14; 6:20; 7:16, 25, 28; 8:1; 9:12, 24; 10:12; 12:3, 24-25.
3 Hebreos 6:9; 7:7, 19, 22; 8:6; 9:23; 10:34; 11:16, 35, 40; 12:24.

Hijo eres Tú, Yo te he engendrado hoy", y otra vez: "Yo seré a Él Padre, y Él me será a Mí por Hijo"?

6 Y otra vez, cuando introduce al Primogénito[4] en la tierra habitada, dice: "Y adórenle todos los ángeles de Dios".

7 Y ciertamente de los ángeles dice: "Él que hace a Sus ángeles vientos, y a Sus ministros llama de fuego".

El Hijo, el propio Hijo de Dios

8 Más al Hijo *dice*: "Tu trono, oh Dios, por el siglo del siglo; cetro de equidad es el cetro de Tu reino.

9 Has amado la justicia, y aborrecido la maldad; por lo cual te ungió Dios, el Dios Tuyo, con óleo de alegría más que a Tus compañeros".

El Hijo, el Creador eterno

10 Y: "Tú, oh Señor, en el principio fundaste la tierra habitada; y los cielos son obras de Tus manos.

11 Ellos perecerán, más Tú permaneces para siempre; y todos ellos se envejecerán como una vestidura;

12 y como un manto los envolverás, y serán mudados como vestido; pero Tú eres el mismo, y Tus años no pasarán jamás".

El Hijo, sentado a la diestra de Dios

13 Pues, ¿a cuál de los ángeles dijo *Dios* jamás: "Siéntate a Mi diestra, hasta que ponga a Tus enemigos por estrado de Tus pies?"

14 ¿Acaso no son todos espíritus ministradores, enviados para servicio en favor de los que están a punto de heredar la salvación?

---

[4] Romanos 8:29; Colosenses 1:18; Apocalipsis 1:5.

Capítulo 2

PRIMERA ADVERTENCIA
— Hebreos 2:1-4.

Prestar atención al hablar del Hijo (vs. 1-4).

1 Por tanto, es menester que con más diligencia atendamos a las cosas que hemos oído[5], no sea que naufraguemos y vayamos a la deriva.

2 Porque si la palabra dicha por los ángeles fue firme, y toda transgresión y desobediencia recibió su justa paga en retribución,

3 ¿cómo escaparemos nosotros, si tuviéremos en poco una salvación tan grande? La cual, habiendo sido proclamada inicialmente por el Señor, nos fue confirmada *posteriormente* por aquellos que la oyeron;

---

[5] Hebreos 1:1-2; 3:7, 19; 4:2, 11; 5:11; 6:5; 10:26, 39; 12:15.

4 testificando Dios juntamente *con ellos*, con señales y prodigios, y diversas obras maravillosas, y repartimientos del Espíritu Santo según Su voluntad.

SEGUNDA SECCIÓN —
Hebreos 2:5-18.

Jesús como hombre es superior a los ángeles

La razón de Su humillación

Todas las cosas han sido sujetas al hombre, no a los ángeles

5 Porque no sujetó a los ángeles el mundo venidero, del cual estamos hablamos;

6 pero alguien testificó en cierto lugar, diciendo: "¿Qué es el hombre, para que te acuerdes de él, o el hijo del hombre, para que le visites?

7 Tú le hiciste un poco inferior que los ángeles, le coronaste de gloria y de honra, y le colocaste sobre las obras de Tus manos;

8 todas las cosas las sujetaste debajo de sus pies". Porque en cuanto le sujetó todas las cosas, nada dejó que no le sea sujeto a Él; más aun no vemos que todas las cosas le sean sujetas.

El destino del hombre ha sido cumplido en Jesús

9 Sin embargo, vemos a Jesús, coronado de gloria y de honra, quien fue hecho un poco menor que los ángeles, para padecer la muerte, para que por la gracia de Dios gustase la muerte por todas las cosas.

Las razones de la humillación de Jesús

10 Porque convenía que Aquel, para quien son todas las cosas y por quien son todas las cosas, que, habiendo

de llevar a la gloria a muchos hijos, perfeccionase por las aflicciones al Autor[6] de la salvación de ellos.

1. Su perfeccionamiento como nuestro Líder

11 Porque el que santifica[7] y los que son santificados, de uno son todos; por lo cual no se avergüenza de llamarlos hermanos,

12 diciendo: "Anunciaré a Mis hermanos Tu nombre, en medio de la congregación te alabaré".

13 Y otra vez: "Yo confiaré en Él". Y de nuevo: "He aquí, Yo y los hijos que Dios me dio".

2. Nuestra liberación del poder del Diablo

---

[6] O, el Líder en Jefe. Hebreos 6:19; 12:2; 13:13.

[7] Hebreos 3:1; 6:10; 8:2; 9:8, 12-13; 10:10, 14, 19, 29; 12:10; 14, 16; 13:12.

14 Así que, por cuanto los hijos participaron de carne y sangre, Él también participó de lo mismo, para destruir por medio de la muerte al que tenía el imperio de la muerte, es decir, al diablo,

15 y librar a los que por el temor de la muerte estaban para toda la vida sujetos a esclavitud.

3. Para convertirse en un fiel y misericordioso Sumo Sacerdote

16 Porque ciertamente no socorrió a los ángeles, sino que socorrió a la simiente de Abraham.

17 Por lo cual, debía ser hecho en todo semejante a Sus hermanos[8], para venir a ser misericordioso y fiel Sumo Sacerdote en lo que a Dios se refiere, para hacer propiciación por los pecados del pueblo.

18 Porque debido a que Él mismo padeció siendo tentado, es poderoso para socorrer a los que son tentados.

Capítulo 3

TERCERA SECCIÓN — Hebreos 3:1-6.

Cristo Jesús es superior a Moisés

Cristo fue fiel como Moisés

1 Por tanto, hermanos santos, participantes del llamamiento[9] celestial, considerad al Apóstol y Sumo Sacerdote de nuestra profesión[10], a Cristo Jesús;

2 el cual es fiel al que le constituyó, como también lo fue Moisés sobre toda la casa de Dios.

---

[8] Hebreos 2:14; 4:15; 5:2-3; 10:5, 7; 12:2; 13:13.

[9] Hebreos 1:3; 8:1.

[10] Hebreos 4:14; 10:23; 11:13; 13:15.

Cristo el Hijo, superior al siervo Moisés

SEGUNDA ADVERTENCIA
— Hebreos 3:7 al 4:13.

No quedarse sin el reposo prometido

Cómo falló Israel

3 Porque de tanto mayor gloria que Moisés es estimado digno éste, cuanto tiene mayor dignidad que la casa el que la edificó.

4 Porque toda casa es edificada por alguno; pero el Edificador de todas las cosas es Dios.

5 Y Moisés a la verdad fue fiel sobre toda la casa de Dios, como siervo, para testimonio de lo que se habría de decir;

6 más Cristo como Hijo, en lo que respecta a la casa de Dios; la cual casa somos nosotros, si hasta el final[11] retenemos firme la confianza[12] y el gloriarnos en la esperanza[13].

7 Por lo cual, como dice el Espíritu Santo: "Si oyereis hoy Su voz,

8 no endurezcáis vuestros corazones, como en la provocación, en el día de la prueba en el desierto,

9 donde me probaron vuestros padres; me probaron, y vieron Mis obras cuarenta años.

10 A causa de lo cual me disgusté contra esa generación, y dije: Siempre divagan en su corazón, y no han conocido Mis caminos.

11 Juré pues en Mi ira: ¡No entraran en Mi reposo!".

---

[11] Hebreos 3:14; 4:14; 5:12, 14; 6:18-19; 9:17; 10:23; 11:27; 12:28.
[12] Hebreos 4:16; 6:18; 10:19, 35; 13:6.
[13] Hebreos 6:11, 18; 7:19; 10:23; 11:1.

La necesidad de perseverar

La incredulidad y la desobediencia de Israel

12 Mirad, hermanos, que en ninguno de vosotros haya corazón[14] malo de incredulidad para apartarse del Dios[15] vivo.

13 Antes exhortaos los unos a los otros cada día, entre tanto que se dice: "Hoy"; para que ninguno de vosotros se endurezca por el engaño del pecado

14 — porque hemos sido hechos participantes de Cristo, con tal que conservemos firme hasta el final el principio de nuestra confianza —

15 entre tanto que se dice: "Si oyereis hoy Su voz, no endurezcáis vuestros corazones, como en la provocación".

16 ¿Pero quienes fueron los que le provocaron, luego de haber oído? ¿No fueron acaso todos los que salieron de Egipto por la mano de Moisés?

17 ¿Y con quienes estuvo Dios enojado por cuarenta años? ¿No fue con los que pecaron, cuyos cuerpos cayeron en el desierto?

18 ¿Y a quiénes juró que no entrarían en Su reposo, sino a aquellos que no obedecieron?

19 Y vemos que no pudieron entrar a causa de su incredulidad.

Capítulo 4

Por la fe entramos en el reposo

---

[14] Hebreos 3:12.
[15] Hebreos 9:14; 10:31; 12:22.

1 Temamos, pues, no sea que, quedando aún la promesa de entrar en Su reposo, parezca a alguno de vosotros no haberla alcanzado.

2 Porque también a nosotros se nos han anunciado la buena nueva como a ellos; pero *a estos* no les aprovechó el oír la palabra, ya que la oyeron sin mezclar con la fe.

3 Sin embargo, los que hemos creído, hemos entrado en el reposo, de la manera que Él dijo: "Como juré en Mi ira, ino entraran en Mi reposo!", pese a que ya habían sido acabadas las obras desde el principio del mundo.

Josué no introdujo al pueblo en el reposo de Dios

4 Porque en cierto lugar dijo así del séptimo día: "Y reposó Dios de todas Sus obras en el séptimo día".

5 Y otra vez aquí: "¡No entraran en Mi reposo!".

6 Así que, puesto que resta que algunos que entren en él, y aquellos a quienes primero fue anunciada la buena nueva no entraron por causa de la desobediencia,

7 se determina otra vez un día, el "hoy". El cual fue dicho un tiempo después por medio de David, de la misma manera en que fue dicho antes: "Si oyereis hoy Su voz, no endurezcáis vuestros corazones".

8 Porque si Josué les hubiera dado el reposo, no se nos hablaría después de otro día.

9 Por tanto, queda aún un reposo para el pueblo de Dios.

Entremos en el reposo

10 Porque el que ha entrado en Su reposo, también ha reposado de sus obras, como Dios de las Suyas.

11 Por tanto, procuremos diligentemente entrar en aquel reposo; para que

ninguno caiga en semejante ejemplo de desobediencia.

El poder que la Palabra de Dios tiene para juzgarnos

12 Porque la palabra de Dios[16] es viva y eficaz, y más cortante que cualquier espada de dos filos: y penetra hasta partir el alma y el espíritu, las coyunturas y los tuétanos, y discierne los pensamientos y las intenciones del corazón.

13 Y no hay cosa creada que no sea manifiesta en Su presencia; antes bien, todas las cosas están desnudas y puestas en evidencia ante los ojos de Aquel a quien tenemos que dar cuenta.

Jesús, el gran y compasivo Sumo Sacerdote

14 Por tanto, teniendo un gran Sumo Sacerdote, que traspasó los cielos, a Jesús el Hijo de Dios, retengamos nuestra profesión.

15 Porque no tenemos un Sumo Sacerdote que no se pueda compadecer de nuestras debilidades; sino uno que fue tentado en todo conforme a nuestra semejanza, pero sin pecado.

16 Acerquémonos, pues, confiadamente al trono de la gracia, para alcanzar misericordia y hallar gracia para el oportuno socorro.

CUARTA SECCIÓN — Hebreos 4:14 al 5:10.

Jesús nuestro Sumo Sacerdote superior a Aarón

Capítulo 5

Un Sumo Sacerdote debe ser compasivo

---

[16] Hebreos 2:2; 3:18-19; 4:11; 5:11; 6:5-6; 11:26, 28, 38-39; 12:25.

1 Porque todo Sumo Sacerdote, tomado de entre los hombres, es constituido a favor de los hombres en lo que a Dios se refiere, para que ofrezca[17] sacrificios y ofrendas por los pecados;

2 y que pueda mostrarse compasivo con los ignorantes y extraviados, puesto que él también está rodeado de debilidad;

3 y por causa de ella debe ofrecer *sacrificios y ofrendas* por los pecados, de sí mismo, y también por los del pueblo.

Un Sumo Sacerdote debe ser designado por Dios

4 Y nadie toma para sí tal honra, sino aquel que es llamado por Dios, como lo fue Aarón.

5 Así también Cristo no se glorificó a Sí mismo haciéndose Sumo Sacerdote,

---

[17] Hebreos 5:7; 8:3; 9:7, 9, 14, 23, 25, 26, 28; 10:1-2, 5-6, 8, 10, 12, 14, 18, 26.

sino por causa de Aquel que le dijo: "Tú eres Mi Hijo, Yo te he engendrado hoy".

6 Como también se dice en otro lugar: "Tú eres sacerdote para siempre, según el orden de Melquisedec".

Jesús nuestro Sumo Sacerdote, perfeccionado por medio de la obediencia

7 El cual, en los días de Su carne, ofreció ruegos y súplicas con gran clamor y lágrimas al que le podía librar de la muerte, y fue oído a causa de Su piedad.

8 Y aunque era Hijo, por lo que padeció aprendió la obediencia;

9 y habiendo sido perfeccionado, vino a ser fuente de eterna salvación a todos los que le obedecen;

10 y fue nombrado por Dios como Sumo Sacerdote según el orden de Melquisedec.

TERCERA ADVERTENCIA
— Hebreos 5:11 al 6:20.

Contra la pereza y la apostasía

La diferencia entre el perezoso y el que ha alcanzado madurez

11 Acerca del cual tenemos mucho que decir, y difícil de explicar, ya que os habéis vuelto perezosos para escuchar[18].

12 Porque debiendo ser ya maestros a causa del tiempo, tenéis necesidad de volver a ser enseñados acerca de los primeros rudimentos concernientes a los oráculos de Dios; y habéis llegado a ser tales que tenéis necesidad de leche, y no de alimento sólido.

13 Ya que cualquiera que participa de la leche, es

inexperto para la palabra de la justicia, porque es niño;

14 más el alimento sólido es para los que han alcanzado madurez[19], para los que por la práctica tienen los sentidos ejercitados en el discernimiento del bien y del mal.

Capítulo 6

La necesidad de perseguir la madurez

1 Por tanto, dejando la palabra de los comienzos[20] de la enseñanza de Cristo, vayamos hacia adelante hacia la madurez; no echando otra vez el fundamento del arrepentimiento de obras muertas[21], y de la fe en Dios,

2 de la enseñanza de bautismos, de la imposición

---

[18] Hebreos 6:12; 12:12.

[19] Hebreos 2:10; 5:9, 14; 6:1; 7:28; 9:9; 10:1, 9, 14; 11:40; 12:23; 13:21.

[20] Hebreos 3:14; 5:12.

[21] Hebreos 9:14.

de manos, de la resurrección de los muertos, y del juicio eterno.

3 Y esto haremos a la verdad, si Dios *nos* lo permite.

No hay esperanza para el apóstata[22]

4 Porque es imposible que los que una vez fueron iluminados y gustaron del don celestial, y fueron hechos partícipes del Espíritu Santo,

5 y que asimismo gustaron de la buena palabra de Dios, y los poderes del siglo venidero,

6 y pese a ello recayeron, sean otra vez renovados para arrepentimiento, crucificando de nuevo para sí mismos al Hijo de Dios, y exponiéndole a la ignominia pública[23].

7 Porque la tierra que bebe el agua de lluvia que muchas veces viene sobre ella, y produce hierba provechosa a aquellos por los cuales es labrada, recibe la bendición de Dios;

8 más la que produce espinos y abrojos, es reprobada, y está próxima a ser maldecida; cuyo final será el ser quemada.

Aliento a la perseverancia

9 Pero de vosotros, oh amados, esperamos cosas mejores, *cosas* que son propias de la salvación, aunque *nos oigáis* hablar así.

10 Porque Dios no es injusto para olvidar vuestra obra y vuestro trabajo de amor que habéis mostrado hacia Su nombre, habiendo asistido y asistiendo aún a los santos.

11 Más deseamos que cada uno de vosotros muestre la misma solicitud hasta el final,

---

[22] Nota del Traductor: Es decir, para el que vuelve atrás, desviándose del camino.

[23] Hebreos 10:26, 29, 39; 12:17.

para el cumplimiento[24] de la esperanza,

12 que no os hagáis perezosos, sino más bien imitadores de aquellos que por la fe y por la longanimidad heredan las promesas[25].

Nuestra esperanza en la fidelidad de Dios

13 Porque al efectuar Dios Su promesa a Abraham, no pudiendo jurar por otro mayor, juró por Sí mismo,

14 diciendo: "De cierto te bendeciré con bendición y te multiplicaré en gran manera".

15 Y así, esperando con longanimidad, alcanzó la promesa[26].

16 Porque los hombres ciertamente[27] juran por uno mayor que ellos; y el final de todas sus controversias es el juramento como confirmación.

17 Por lo cual, queriendo Dios mostrar más abundantemente a los herederos de la promesa la inmutabilidad de Su consejo, interpuso juramento;

18 para que, por dos cosas inmutables, en las cuales es imposible que Dios mienta, tengamos un fortísimo consuelo, los que nos hemos acogido en busca de refugio, a fin de echar mano de la esperanza presentada delante *de nosotros,*

19 la cual tenemos como segura y firme ancla del alma, y que penetra hasta dentro del velo;

20 donde entró por nosotros como Precursor Jesús, hecho Sumo Sacerdote para siempre según el orden de Melquisedec.

[24] Hebreos 10:22.
[25] Hebreos 6:17; 9:15; 11:7-8; 12:17.
[26] Hebreos 11:13, 33,39.
[27] Hebreos 3:11; 7:21.

Capítulo 7

QUINTA SECCIÓN —
Hebreos 7:1-28.

El Nuevo Sacerdocio según el orden de Melquisedec

Melquisedec hecho semejante al Hijo de Dios

1 Porque este Melquisedec, rey de Salem, sacerdote del Dios Altísimo, el cual salió a recibir a Abraham que volvía de la derrota de los reyes, y le bendijo,

2 al cual asimismo dio Abraham los diezmos de todo, cuyo nombre significa en primer lugar: rey de justicia, pero que también *se dice es* rey de Salem, que significa, rey de paz;

3 sin padre, sin madre, sin linaje; que ni tiene principio de días, ni fin de vida, mas hecho semejante al Hijo de Dios, permanece sacerdote para siempre.

Melquisedec, superior a Abraham

4 Mirad pues cuán grande fue éste, al cual aún Abraham el patriarca dio diezmos de los despojos de la guerra.

5 Y ciertamente los que de los hijos de Leví reciben el sacerdocio, tienen mandamiento de tomar del pueblo los diezmos según la ley, es decir, de sus hermanos, aunque también hayan salido de los lomos de Abraham.

6 Más aquél cuya genealogía no es contada de entre ellos, tomó de Abraham los diezmos, y bendijo al que tenía las promesas.

7 Y sin contradicción alguna, *es claro que* el menor es bendecido por el mayor.

Melquisedec, superior a Leví

8 Y aquí ciertamente los hombres mortales toman los diezmos; más allí, de aquel del cual se ha dado testimonio de que vive.

9 Y, por así decirlo, en Abraham también Leví pagó sus diezmos, *que es el mismo* que recibe los diezmos *bajo la ley*;

10 porque *ciertamente* aún estaba en los lomos de su padre cuando Melquisedec le salió al encuentro.

El Nuevo Sacerdocio ha hecho a un lado el orden de Aarón

11 Si, pues, la perfección era por el sacerdocio levítico (porque bajo él recibió el pueblo la ley), ¿qué necesidad había aún de que se levantase otro sacerdote diferente, según el orden de Melquisedec, y que no *fuese llamado* según el orden de Aarón?

12 Pues al cambiar el sacerdocio, es necesario que se haga también un cambio de ley.

13 Porque Aquel del cual esto se dice, de otra tribu es, de la cual nadie ministró al altar.

14 Porque notorio es que nuestro Señor nació de la tribu de Judá, sobre cuya tribu nada habló Moisés en referencia al sacerdocio.

El Nuevo Sacerdocio según el poder de una vida indestructible

15 Y aún más manifiesto es, *que* si a semejanza de Melquisedec se levanta otro sacerdote diferente,

16 el cual no es hecho conforme a la ley del mandamiento carnal, sino según el poder de una vida indestructible;

17 pues se da testimonio de Él: "Tú eres sacerdote para

siempre, según el orden de Melquisedec".

18 Es claro entonces, que el mandamiento anterior, ciertamente ha sido quitado por causa de su debilidad e inutilidad[28];

19 (porque nada perfeccionó la ley); sin embargo, introdujo una mejor esperanza, por la cual nos acercamos a Dios[29].

El Nuevo Sacerdocio designado por el juramento de Dios

20 Y por cuanto *Él* no *fue hecho Sacerdote* sin *intervención de* juramento,

21 (Porque los otros, ciertamente sin juramento fueron hechos sacerdotes; mas Éste, con juramento, por el que le dijo: "Juró el Señor, y no se arrepentirá: Tú eres Sacerdote para siempre, según el orden de Melquisedec"),

22 por tanto, Jesús ha sido hecho fiador de un mejor pacto.

Como un Sacerdocio inmutable, trae una salvación completa

23 Mientras que los otros, que fueron muchos sacerdotes, debido a la muerte no podían permanecer *para siempre*.

24 Mas Éste, por cuanto permanece para siempre, tiene un sacerdocio inmutable[30];

25 por lo cual puede también salvar por completo a los que por Él se acercan a Dios, ya que vive para siempre intercediendo en favor de ellos.

---

[28] Hebreos 8:13; 10:9; 12:18.
[29] Hebreos 4:16; 7:25; 9:8, 14; 10:1, 19; 12:22.

[30] Hebreos 1:8; 5:6, 9; 6:20; 7:17, 21, 24-25, 28; 9:12, 14-15; 10:14-15; 13:8, 21.

Nuestro Sumo Sacerdote, el Hijo, ha sido perfeccionado para siempre

26 Porque tal Sumo Sacerdote nos convenía: santo, inocente, sin contaminación, apartado de los pecadores, y ascendido *de forma tan sublime* por encima de los cielos;

27 que no tiene necesidad cada día, como los otros sacerdotes, de ofrecer primero sacrificios por sus propios pecados, y luego por los del pueblo; porque esto lo hizo una sola vez[31] y para siempre, ofreciéndose a Sí mismo.

28 Porque la ley constituye como sumos sacerdotes a hombres débiles; más la palabra del juramento, *que se dio* posterior a la ley, constituye al Hijo, *el cual fue* hecho perfecto para siempre.

SEXTA SECCIÓN —
Hebreos 8:1-13.

El Nuevo Santuario y el Nuevo Pacto

El Sumo Sacerdote en el Trono

1 Ahora bien, el punto principal de lo que venimos diciendo es: que tenemos tal Sumo Sacerdote, que se sentó a la diestra del trono de la Majestad en los cielos[32];

El Ministro del Verdadero Santuario

2 Ministro de los lugares santos, y del verdadero tabernáculo que erigió el Señor, y no el hombre.

Capítulo 8

---

[31] Hebreos 9:12, 26, 28; 10:10, 12, 14.

---

[32] Hebreos 1:3; 2:9; 4:14; 6:20; 7:16, 25-26; 8:5; 9:12, 23-24; 10:12; 12:3, 22, 24-25.

3 Porque todo Sumo Sacerdote es puesto para ofrecer sacrificios y ofrendas; por lo cual era necesario que Él también tuviera algo que ofrecer.

4 Así que, si estuviese sobre la tierra, ni aun sería Sacerdote, existiendo aún los sacerdotes que ofrecen las ofrendas según la ley;

5 los cuales sirven a los que es figura y sombra de las cosas celestiales, como le fue revelado divinamente a Moisés cuando había a erigir el tabernáculo, diciéndole: "Mira, haz todas las cosas conforme al modelo que te ha sido mostrado en el monte".

El Mediador del Nuevo Pacto

6 Más ahora ha obtenido un mejor ministerio, ya que es el Mediador de un mejor pacto, el cual ha sido establecido sobre mejores promesas.

7 Porque si aquel primero hubiera sido sin falta, ciertamente no se hubiera procurado lugar para un segundo.

8 Porque hallándole defectuoso dice: "He aquí vienen días, dice el Señor, en que estableceré con la casa de Israel y con la casa de Judá un nuevo pacto;

9 no como el pacto que hice con sus padres el día que los tomé por la mano para sacarlos de la tierra de Egipto; porque ellos no permanecieron en Mi pacto, y Yo me desentendí de ellos, dice el Señor.

Las bendiciones del Nuevo Pacto

10 Por lo cual, este es el pacto que haré con la casa de Israel después de aquellos días, dice el Señor: Pondré Mis leyes dentro de la mente de ellos, y sobre el corazón[33] de ellos las

---

[33] Hebreos 3:8, 10, 12; 10:22; 13:9.

escribiré; y seré a ellos por Dios, y ellos me serán a Mí por pueblo;

11 y ninguno enseñará a su prójimo, ni ninguno a su hermano, diciendo: Conoce al Señor; porque todos me conocerán, desde el menor de ellos hasta el mayor.

12 Porque seré propicio a sus injusticias, y nunca más me acordaré de sus pecados".

13 *Por tanto*, al decir "nuevo pacto", ha dado por viejo al primero; y lo que es dado por viejo y se envejece, está a punto de desvanecerse.

Capítulo 9

SEPTIMA SECCIÓN — Hebreos 9:1-28.

El poder de la sangre de Jesús para inaugurar el Nuevo Santuario y el Nuevo Pacto

El Lugar Santo y el Lugar Santísimo

1 Ahora bien, es claro que el primer *pacto* tenía también reglamentos de culto sagrado, y un santuario terrenal.

2 Porque en el tabernáculo se dispuso primero, *el lugar* en donde estaban las lámparas, la mesa y los panes de la proposición; el cual era llamado el Lugar Santo.

3 Luego, tras el segundo velo del tabernáculo, estaba *el lugar* que era llamado el Lugar Santísimo;

4 el cual tenía un altar de oro, y el Arca del Pacto cubierta por todas partes de oro; en la que estaba la urna de oro que contenía el maná, la vara de Aarón que reverdeció, y las tablas del pacto;

5 y sobre ella los querubines de gloria que cubrían con su sombra *la cubierta* propiciación de expiación; de las cuales cosas no se puede ahora hablar en detalle.

El camino hacia el Lugar Santísimo aún no estaba abierto

6 Y así dispuestas estas cosas, en la primera *parte del* tabernáculo siempre entraban los sacerdotes para cumplir con los oficios *respectivos* al culto;

7 más en la segunda parte, sólo el Sumo Sacerdote *entraba* una vez al año, no sin sangre, la cual ofrecía por sí mismo, y por los pecados de ignorancia del pueblo;

8 Dando con esto a entender el Espíritu Santo, que aún no se había manifestado el camino hacia el Lugar Santísimo[34], entre tanto que el primer tabernáculo estuviese *aún* en pie.

9 Lo cual era figura para el tiempo presente, porque *es claro que en ese servicio* se ofrecían sacrificios y ofrendas que no podían hacer perfecto *a nadie*, en lo que a la conciencia *se refiere, a todo* aquel que servía rindiendo culto sagrado;

10 pues consistía únicamente en comidas y en bebidas, y en diversos lavamientos, ordenanzas que son según la carne, impuestas hasta el tiempo de la plena rectificación.

Cristo, por medio de Su propia Sangre, abrió el camino al Lugar Santísimo

11 Más estando ya presente Cristo, Sumo Sacerdote de los bienes que habían de venir, por causa del más grande y más perfecto tabernáculo, no hecho de manos, es decir, no de esta creación,

12 y no por sangre de machos cabríos ni de becerros, sino por Su propia sangre[35], entró una sola vez y para siempre en el Lugar Santísimo,

---

[34] Hebreos 9:12, 24; 10:19, 22; 12:22.

[35] Hebreos 9:14, 20; 10:19, 22, 29; 11:28; 12:24; 13:12, 20.

obtenido así eterna redención.

La sangre que purifica nuestra conciencia

13 Porque si la sangre de los toros y de los machos cabríos, y la ceniza de la becerra, rociada a los inmundos, santifica para la purificación de la carne,

14 ¿cuánto más la sangre de Cristo, el cual por el Espíritu Eterno se ofreció a Sí mismo sin mancha a Dios, purificará nuestras conciencias de las obras muertas para que sirvamos al Dios vivo?

La muerte del Mediador del Nuevo Pacto

15 Y por esta causa es el Mediador de un Nuevo Pacto, para que por la intervención de una muerte para la remisión de las transgresiones que había bajo

del primer pacto, los que son llamados reciban la promesa de la herencia eterna.

16 Porque donde hay un testamento, es necesario que la muerte del testador se haga evidente.

17 Porque todo testamento con la muerte es confirmado; de otra manera no es válido entre tanto que vive el testador.

El Antiguo Pacto fue inaugurado con sangre

18 Por esa razón ni aun el primero *pacto* fue inaugurado sin sangre.

19 Porque habiendo hablado Moisés todos los mandamientos de la ley a todo el pueblo, tomó la sangre de los becerros y de los machos cabríos, con agua, lana escarlata e hisopo, y roció el mismo rollo *de la ley del pacto*, y también a todo el pueblo,

.

20 diciendo: "Esta es la sangre del pacto que Dios os ha mandado".

21 Y además de esto, roció también con la sangre el tabernáculo y todos los vasos del ministerio *sacerdotal*.

22 Y casi todo es purificado según la ley con sangre; y sin derramamiento de sangre no hay perdón.

El Mejor Sacrificio ha abierto el cielo mismo

23 Fue, pues, necesario que las figuras de las cosas celestiales fuesen purificadas de esta forma; pero las cosas celestiales mismas son mejores que éstos sacrificios.

24 Porque no entró Cristo en el Lugar Santísimo hecho de mano, figura del verdadero, sino en el cielo mismo para presentarse ahora por nosotros ante la presencia de Dios.

Cristo se ofreció una sola vez y para siempre para eliminar el pecado

25 Y no para ofrecerse a Sí mismo muchas veces, como entra el Sumo Sacerdote en el Lugar Santísimo año con año con sangre ajena;

26 de otra manera le hubiera sido necesario que padeciera muchas veces desde la fundación del mundo; mas ahora por una sola vez se ha manifestado en la consumación de los siglos, para quitar de en medio el pecado por el sacrificio de Sí mismo.

27 Y de la manera que está reservado a los hombres que mueran una sola vez, y después el juicio;

28 así también Cristo fue ofrecido una sola vez para llevar los pecados de muchos; y por segunda vez, sin relación con el pecado, aparecerá para salvación a *todos* los que con anhelo le esperan.

Hebreos 10

OCTAVA SECCIÓN —
Hebreos 10:1-18.

El valor infinito del sacrificio de Cristo

La ley era sólo una sombra de los bienes venideros

1 Porque la ley, teniendo la sombra de los bienes venideros, no la imagen misma de las cosas, nunca puede, por los mismos sacrificios que se ofrecen continuamente cada año, hacer perfectos a los que se acercan.

2 De otra manera cesarían de ofrecerse; porque los que adoran en este culto, estarían limpios de una vez, no tendrían más conciencia de pecado.

3 Sin embargo, en estos sacrificios año con año se hace memoria de los pecados.

4 Porque es imposible que la sangre de los toros y de los machos cabríos pueda quitar los pecados.

El cumplimiento de la voluntad de Dios, el valor del sacrificio de Cristo

5 Por lo cual, entrando en el mundo, dice: "Sacrificio y ofrenda no quisiste; más me preparaste cuerpo.

6 Holocaustos y *expiaciones* por el pecado no te agradaron.

7 Entonces dije: He aquí que vengo, oh Dios, para hacer Tu voluntad, como en la cabecera del rollo está escrito de Mí".

8 Habiendo dicho antes: "Sacrificio y ofrenda, holocaustos y *expiaciones* por el pecado no quisiste, ni te agradaron" (las cuales cosas se ofrecen según la ley),

9 y luego dice: "He aquí que vengo, oh Dios, para hacer Tu voluntad". Quita lo primero, para establecer lo segundo.

10 Por esa voluntad somos santificados mediante la ofrenda del cuerpo de Jesucristo hecha una sola vez y para siempre.

El único sacrificio perfecciona para siempre

11 Así que, todo sacerdote que aún está en pie se presenta cada día, ministrando y ofreciendo muchas veces los mismos sacrificios, que nunca pueden quitar los pecados;

12 pero Éste, habiendo ofrecido por los pecados un solo sacrificio para siempre, se ha sentado para siempre a la diestra de Dios,

13 en espera de lo que resta, es decir, hasta que Sus enemigos sean puestos por estrado de Sus pies.

14 Porque con una sola ofrenda hizo perfectos para siempre a los que son santificados.

15 Y nos atestigua esto mismo el Espíritu Santo; pues después de haber dicho:

16 "Y este es el pacto que haré con ellos después de aquellos días, dice el Señor: Pondré Mis leyes sobre sus corazones, y sobre sus mentes las escribiré",

17 *añade*: "Y nunca más me acordaré de sus pecados e iniquidades".

18 Pues donde hay perdón de éstos, no hay más ofrenda por pecado.

SEGUNDA PARTE — PRÁCTICA

Hebreos 10:19 al 13:25.

Acerca de la vida en el poder de la salvación tan grande

NOVENA SECCIÓN —
Hebreos 10:19-25.

El Nuevo Culto

Con respecto a la entrada
en el Lugar Santísimo

19 Así que, hermanos, teniendo confianza para entrar en el Lugar Santísimo por la sangre de Jesucristo,

20 por el camino nuevo y vivo[36] que Él nos inauguró, a través del velo, es decir, de Su carne,

21 Y teniendo un Gran Sacerdote sobre la casa de Dios,

22 acerquémonos con corazón sincero, en plenitud de fe, purificados los corazones de mala conciencia con la aspersión *de la sangre*, y lavados los cuerpos con agua pura.

---

[36] Hebreos 2:10; 6:20; 10:10; 12:1; 13:13.

Con respecto a nuestra
vida en el Lugar Santísimo

23 Mantengamos firme la confesión de nuestra esperanza sin fluctuar; porque fiel es el que prometió.

24 Y considerémonos los unos a los otros para incentivarnos al amor y a las buenas obras;

25 No dejando de congregarnos, como algunos tienen por costumbre, sino exhortándonos; y tanto más, cuanto veis que aquel día se acerca.

CUARTA ADVERTENCIA
— Hebreos 10:26-39.

Contra el pecado voluntario y el volverse atrás

El horrendo peligro de pecar voluntariamente

26 Porque si pecaremos voluntariamente después de haber recibido el conocimiento de la verdad, ya no queda más sacrificio por los pecados,

27 sino una horrenda expectación de juicio, y hervor de fuego que ha de devorar a los adversarios.

28 El que desecha la ley de Moisés, por el testimonio de dos o de tres testigos es condenado a muerte sin compasión alguna.

29 ¿Cuánto mayor castigo pensáis que merece aquel que pisotee al Hijo de Dios, y tenga como común la sangre del pacto, por la cual fue santificado, y ultrajaré al Espíritu de gracia?

30 Pues conocemos al que dijo: "Mía es la venganza, Yo pagaré, dice el Señor". Y otra vez: "El Señor juzgará a Su pueblo".

31 ¡Horrenda cosa es caer en las manos del Dios vivo!

Exhortación a la valentía y a la paciencia

32 Pero traed a la memoria los días pasados, en los cuales, después de haber sido iluminados, permanecisteis firmes tras luchar en gran combate de padecimientos;

33 por una parte, ciertamente, con vituperios y tribulaciones fuisteis hechos espectáculo; pero, por otra, fuisteis hechos participantes de los que experimentan los mismos tratos.

34 Porque de los que sufren prisiones también os compadecisteis, y el despojo de vuestros bienes padecisteis con gozo, sabiendo que tenéis en vosotros una mejor y permanente posesión.

35 No desechéis pues vuestra confianza, porque ella tiene gran galardón;

36 porque la perseverancia os es necesaria; para que, habiendo hecho la voluntad de Dios, obtengáis la promesa[37].

Exhortación a tener fe y a no retroceder

37 "Porque aun un poquito, y el que ha de venir vendrá, y no tardará.

38 Pues Mi justo vivirá por fe; más si retrocediere, no agradará a Mi alma".

39 Pero nosotros no somos de los que retroceden para destrucción, sino de los que tiene fe para ganar el alma.

Capítulo 11

DÉCIMA SECCIÓN — Hebreos 11:1-40.

La plenitud de la fe

La fe, el ojo de lo invisible

1 Y es que la fe es la base que le da sustentación a las *realidades* que se esperan, *es* la convicción de las cosas que no se ven.

2 Porque por ella alcanzaron testimonio los antiguos[38].

3 Por la fe entendemos haber sido constituido el universo por la palabra de Dios, siendo hecho lo que se ve, de lo que no se veía.

Con respecto a la fe antes del diluvio

4 Por la fe Abel ofreció a Dios mejor sacrificio que Caín, por lo cual alcanzó testimonio de que era justo, dando Dios testimonio de sus dádivas; pues estando muerto, aun habla *por ellas.*

5 Por la fe Enoc fue transferido para no ver

---

[37] Hebreos 4:1; 6:12-13, 17; 7:6; 8:6; 9:15; 11:9, 13, 17, 33, 39.

[38] Hebreos 11:4-5, 39; 12:1.

muerte, y no fue hallado, porque lo transfirió Dios. Y antes que fuese transferido, tuvo testimonio de haber agradado a Dios.

6 Pero sin fe es imposible agradar *a Dios*; porque es menester que el que se acerca a Dios, crea que le hay, y que es galardonador de los que le buscan solícitamente.

7 Por la fe Noé, habiendo recibido la advertencia divina de las cosas que aún no se veían, con temor reverente equipó de forma completa un arca para la salvación de su casa; y por causa de esa fe condenó al mundo, y fue hecho heredero de la justicia que es por la fe.

Abraham y Sara

8 Por la fe Abraham, siendo llamado, obedeció para salir al lugar que había de recibir por herencia; y salió sin saber adónde iba.

9 Por fe habitó como extranjero en la tierra prometida como en *tierra* ajena, morando en tiendas con Isaac y Jacob, coherederos de la misma promesa;

10 porque esperaba una ciudad con fundamentos, cuyo Artífice y Constructor es Dios.

11 Por la fe también la misma Sara, siendo estéril, recibió fuerza para concebir simiente; y dio a luz aun fuera del tiempo de la edad, porque creyó que era fiel el que lo había prometido.

12 Por lo cual también, de uno, y éste ya sin vigor para engendrar, salieron *hijos* como las estrellas del cielo en multitud, y como la arena innumerable que está a la orilla de la mar.

13 En fe murieron todos éstos sin haber recibido las promesas, sino mirándolas de lejos, y creyéndolas, y saludándolas, y confesando que eran extranjeros y peregrinos sobre la tierra.

14 Porque los que esto dicen, claramente dan a entender que buscan una patria.

15 Pues si se acordaran de aquella de donde salieron, ciertamente tendrían tiempo para regresarse.

16 Pero deseaban una *patria* mejor, esto es, la *patria* celestial; por lo cual Dios no se avergüenza de ellos ni de llamarse Dios de ellos; porque les había preparado una ciudad.

17 Por la fe Abraham ofreció a Isaac cuando fue probado, el que había recibido con gozo las promesas ofrecía a su unigénito,

18 aquel de quien se había dicho: "En Isaac te será llamada descendencia";

19 pensando que Dios es poderoso para levantar aun a los muertos; de donde también le volvió a recibir en sentido figurado.

Isaac, Jacob y José

20 Por la fe bendijo Isaac a Jacob y a Esaú respecto a cosas que estaba por venir.

21 Por la fe Jacob, al morir, bendijo a cada uno de los hijos de José, y adoró *a Dios* sostenido del extremo de su bastón.

22 Por la fe José, estando al borde de la muerte, vaticinó la salida de los hijos de Israel *de Egipto*; y dio mandamiento acerca de sus huesos.

Moisés

23 Por la fe Moisés, al nacer, fue escondido por sus padres por tres meses, porque le vieron niño hermoso; y no temieron el decreto del Faraón.

24 Por la fe Moisés, habiendo crecido, rehusó ser llamado hijo de la hija de Faraón;

25 escogiendo antes sufrir el mal con el pueblo de Dios, que disfrutar de los deleites temporales del pecado,

26 teniendo por mayores riquezas el vituperio de Cristo que los tesoros de Egipto; porque miraba la recompensa.

Con respecto a la liberación de Israel por medio de la fe

27 Por la fe dejó a Egipto, no temiendo la ira del Faraón; porque se sostuvo como viendo al Invisible.

28 Por la fe celebró la Pascua y el derramamiento de la sangre, para que el Destructor que mataba a los primogénitos no los tocase.

29 Por la fe cruzaron el mar Rojo como por tierra seca; lo cual quisieron probar los egipcios, pero fueron tragados *por las aguas*.

30 Por la fe cayeron los muros de Jericó al ser rodeados por siete días.

31 Por la fe Rahab la ramera no pereció juntamente con los incrédulos, habiendo recibido a los espías en paz.

Las maravillas que la fe ha realizado

32 ¿Y qué más puedo decir? porque el tiempo me faltaría para contar de Gedeón, de Barac, de Sansón, de Jefté, de David, de Samuel y de los profetas;

33 que por fe conquistaron reinos, hicieron justicia, alcanzaron promesas, taparon las bocas de leones,

34 apagaron fuegos poderosos, escaparon del filo de la espada, fueron hechos poderosos en medio de sus debilidades, se hicieron valientes en batalla, pusieron en fuga a los ejércitos extranjeros.

35 Las mujeres recibieron sus muertos por medio de resurrección; otros fueron golpeados salvajemente con varas, no aceptando el rescate de la liberación, a fin de obtener una mejor resurrección;

Los sufrimientos que la fe ha soportado

36 otros experimentaron vituperios y azotes; y a más de esto cadenas y prisiones;

37 fueron apedreados, aserrados, probados, muertos a espada; anduvieron de acá para allá cubiertos de pieles de ovejas y de cabras, pasando necesidades, puestos en aflicción *y* siendo maltratados;

38 de los cuales el mundo no era digno; errantes por los desiertos, por los montes, por las cuevas y por las cavernas de la tierra.

Algo mejor para nosotros

39 Y todos éstos, aunque alcanzaron buen testimonio por la fe, no recibieron la promesa;

40 ya que Dios había provisto algo mejor para nosotros, para que ellos no fuesen perfeccionados aparte de nosotros.

Capítulo 12

UNDÉCIMA SECCIÓN — Hebreos 12:1-13.

La paciencia de la esperanza

Jesús, el Líder en la carrera

1 Por tanto, nosotros también, teniendo en derredor nuestro una tan grande nube de testigos, despojémonos de todo peso, y del pecado que tan fácilmente nos enreda, corramos con perseverancia la carrera[39] que ha sido puesta delante de nosotros,

2 Puestos los ojos en Jesús en el Autor y Perfeccionador de *nuestra* fe; el cual por el gozo que fue puesto delante de Él sufrió la cruz, menospreciando la vergüenza, y se sentó a la diestra del trono de Dios.

3 Considerad pues atentamente a Aquel que sufrió tal contradicción de pecadores contra Sí mismo, para que no os canséis y desfallezcáis en vuestras almas.

La disciplina, la porción de los hijos de Dios

4 Porque aún no habéis resistido hasta la sangre, combatiendo contra el pecado;

5 y habéis olvidado la exhortación que como a hijos se os dice a vosotros: "Hijo mío, no menosprecies la instrucción disciplinaria del Señor, ni desfallezcas cuando eres por Él reprendido;

6 porque el Señor al que ama disciplina, y azota a todo aquel que recibe por hijo".

7 Si soportáis la instrucción disciplinaria, es porque Dios os está tratando como a hijos; porque, ¿qué hijo es aquel a quien su padre no disciplina?

8 Pero si se os deja sin la instrucción disciplinaria, de la cual todos han llegado a ser partícipes, entonces sois bastardos y no hijos.

La bendición de la disciplina

9 Porque ciertamente nosotros hemos tenido a nuestros padres en la carne, los cuales nos disciplinaban, y los respetábamos. ¿No nos hemos de someter entonces con mucha más razón al

---

[39] Hebreos 2:10; 6:20; 10:20; 13:13.

Padre de los espíritus, y viviremos?

10 Porque aquéllos, a la verdad, por pocos días nos disciplinaban como a ellos les parecía, más Éste para lo que nos es provechoso, para que compartamos Su santidad.

11 Es verdad que ninguna disciplina al presente parece ser *causa* de gozo, sino de tristeza; más después da fruto apacible de justicia a los que por causa de ella han sido ejercitados.

12 Por lo cual levantad las manos caídas y las rodillas paralizadas;

13 y haced sendas derechas para vuestros pies, para que no se disloque lo que es cojo, sino más bien que sea sanado.

QUINTA ADVERTENCIA
— Hebreos 12:14-29.

Acerca de cuidarse del pecado y de rechazar a Jesús

Acerca de caer y ser privado de la gracia de Dios

14 Seguid la paz con todos, y la santidad, sin la cual nadie vera al Señor.

15 Mirando solícitamente que ninguno quede privado de la gracia de Dios; no sea que brotando alguna raíz de amargura, os perturbe, y por ella muchos sean contaminados;

16 que *no haya* ningún fornicario, u *hombre* profano, como Esaú, el cual a cambio de un solo *plato de* comida vendió su misma primogenitura.

17 Porque ya sabéis que aun después, deseando heredar la bendición, fue desechado, y no hubo oportunidad para el arrepentimiento, aunque lo procuró con lágrimas.

No os habéis acercado al Monte Sinaí

18 Porque no os habéis acercado *al monte* palpable, y que ardía en fuego, y a la nube oscura, a la densa oscuridad y a la tempestad,

19 y al sonido de la trompeta, y a la voz que hablaba, la cual los que la oyeron rogaron que no se les hablase más,

20 porque no podían soportar lo que se *les* demandaba: "Si alguna bestia tocaba el monte, será apedreada, [o traspasada con dardo]";

21 y tan terrible era la expectación de lo que se veía, que Moisés dijo: "Estoy aterrado y tembloroso".

Os habéis acercado al Monte Sion

22 Más os habéis acercado al monte de Sion, y a la ciudad del Dios vivo, Jerusalén la celestial; y a la compañía de miríadas de ángeles,

23 a la asamblea universal y a la congregación de los primogénitos que están inscritos en los cielos, y a Dios, el Juez de todos, y a los espíritus de los justos hechos perfectos,

24 y a Jesús el Mediador del Nuevo Pacto, y a la aspersión de la sangre que habla mejor que *la* de Abel.

Temamos a Aquel que es fuego consumidor

25 Mirad que no desechéis al que habla. Porque si no escaparon aquellos que desecharon al que les advertía en la tierra, mucho menos nosotros *escaparemos*, si desechamos al que amonesta desde los cielos.

26 La voz del cual conmovió entonces la tierra; más ahora ha prometido, diciendo: "Aún una vez, y Yo conmoveré no solo la tierra, sino también el cielo".

27 Y esta *palabra*: "Aún una vez", declara el *propósito de* quitar aquellas cosas que son movibles, como cosas perecederas, para que queden las cosas que son inconmovibles.

28 Así que, habiendo recibiendo un reino inconmovible, retengamos la gracia, y mediante ella sirvamos a Dios, agradándole con piedad y temor;

29 porque nuestro Dios es fuego consumidor.

Capítulo 13

DÉCIMASEGUNDA SECCIÓN — Hebreos 13:1-25.

Acerca del amor y de las buenas obras

Con respecto al amor

1 Permanezca el amor fraternal.

2 No os olvidéis de la hospitalidad, porque por ésta algunos, sin saberlo, hospedaron ángeles.

3 Acordaos de los presos, como presos juntamente con ellos; y de los que son maltratados, considerando que también vosotros mismos estáis en el cuerpo.

4 Honroso sea en todos el matrimonio, y el lecho sin mancilla; porque a los fornicarios y a los adúlteros los juzgará Dios.

Acerca del contentamiento

5 Sea vuestra conducta sin avaricia; contentos con lo que tenéis ahora; porque Él dijo: "No te desampararé, ni te dejaré".

6 De tal manera que podamos decir confiadamente: "El

54

Señor es mi Ayudador; no temeré; ¿qué puede hacerme el hombre?".

Jesús, el mismo de siempre, es nuestro consuelo y seguridad

7 Acordaos de vuestros líderes, que os hablaron la palabra de Dios; la fe de los cuales imitad, y considerando cual haya sido el éxito de su conducta.

8 Jesucristo es el mismo de ayer, de hoy, y por los siglos.

9 No seáis llevados de acá para allá por enseñanzas diversas y extrañas; porque buena cosa es afirmar el corazón en la gracia, no en alimentos *ceremoniales*, que nunca aprovecharon a los que anduvieron en ellos.

Con respecto a nuestra comunión en el sacrificio de Jesús fuera del campamento

10 Tenemos un altar, del cual no tienen derecho de comer los que sirven en el tabernáculo.

11 Porque los cuerpos de aquellos animales, cuya sangre era introducida por causa del pecado en el Lugar Santísimo por el sumo sacerdote, son quemados fuera del campamento.

12 Por lo cual también Jesús, para santificar al pueblo mediante Su propia sangre, padeció fuera de la puerta.

13 Salgamos pues a Él, fuera del campamento, llevando Su vituperio.

14 Porque no tenemos aquí una ciudad permanente, sino que buscamos la *ciudad* por venir.

Con respecto a los sacrificios que debemos ofrecer

15 Así que, ofrezcamos por medio de Él a Dios siempre sacrificio de alabanza, es decir, fruto de labios que confiesan Su nombre.

16 Y no os olvidéis de hacer bien y de la participación mutua; porque de tales sacrificios se agrada Dios.

Someternos a nuestros líderes y orar por ellos

17 Obedeced a vuestros líderes, y sujetaos *a ellos*; porque ellos velan por vuestras almas, como aquellos que han de dar cuenta; para que lo hagan con gozo, y no quejándose; porque esto no os es provechoso.

18 Orad por nosotros, porque confiamos que tenemos buena conciencia, deseando conducirnos honorablemente en todo.

19 Y más os ruego que lo hagáis así, para que yo os sea más prontamente restituido.

La oración de despedida

20 Y el Dios de paz que levantó de los muertos a nuestro Señor Jesucristo, el Gran Pastor de las ovejas, en virtud de la sangre del pacto eterno,

21 os perfeccione en toda buena obra para que hagáis Su voluntad, haciendo Él en vosotros lo que es agradable delante de Él por medio de Jesucristo; al cual sea gloria por los siglos de los siglos. Amén.

Las últimas palabras

22 Pero os ruego, hermanos, que soportéis esta palabra de exhortación; porque os he escrito brevemente.

23 Sabed que nuestro hermano Timoteo está en libertad; con el cual, si viene pronto, iré a veros.

24 Saludad a todos vuestros líderes, y a todos los santos. Los de Italia os saludan.

25 La gracia sea con todos vosotros. Amén.

Introducción

Antes de iniciar el estudio de nuestra Epístola, hay algunas cuestiones sobre las que conviene tener alguna luz. Es bueno saber lo que se puede decir en cuanto a su autor, a la iglesia a la que fue dirigida, el propósito que el autor tenía en mente, y el plan que adopta para alcanzar ese objetivo. Sabiendo esto, el lector comprenderá entonces algo de lo que debe esperar, y tiene un punto de vista sugerido desde el cual mirar todo el conjunto de la Epístola.

1. El autor de la Epístola

Desde los primeros tiempos ha habido algunos entre los denominados *Padres de la Iglesia*, que sostenían que la Epístola a los Hebreos no fue escrita por Pablo, mientras que los que sostenían el punto de vista contrario, han admitido que no tenían ninguna evidencia decisiva que ofrecer para probar esa autoría[40]. Todos admiten que el estilo literario no es el que se encuentra en los escritos de Pablo. Y algunos dicen que la esencia de la enseñanza también difiere, y que la gran verdad para la cual él había sido apartado para anunciar: *"que los gentiles son coherederos y miembros del mismo cuerpo"* (Efesios

---

[40] Nota del Traductor: La Epístola empezó a aceptarse como auténtica epístola de Pablo a partir del siglo IV d.C., por autores como: Hilario de Poitiers (315—368 d.C.), Ambrosio de Milán (340—397 d.C.), Jerónimo de Estridón (342—420 d.C.) y Agustín de Hipona (354—430 d.C.).

3:6), está totalmente ausente. La Epístola habla como si la salvación fuera sólo para los judíos, guarda absoluto silencio sobre la existencia de un mundo pagano o cristiano, fuera de la iglesia a la que se dirige.

Por otra parte, puede decirse que la Epístola contiene tanto de lo que se le había revelado especialmente a Pablo, más que a otros, sobre el cumplimiento de la ley en Cristo y su desaparición, sobre la gloria de Cristo sentado en el trono del cielo como el único poder de la fe, por lo que es casi imposible no reconocer el espíritu de Pablo en su enseñanza. Lo que añade un peso especial a este punto de vista, es que mientras que, por el punto de vista del estilo, es seguro que no puede ser la obra de ningún otro de nuestros escritores bíblicos, parece extraño que la historia de la Iglesia ni siquiera mencione el nombre de un hombre que haya sido favorecido con tales revelaciones especiales de Dios como las que se atestiguan en la Epístola.

La dificultad ha conducido desde los primeros tiempos a la suposición de que Pablo, o bien escribió la Epístola a los Hebreos en su lengua[41], y que sólo la tenemos como una traducción al griego, o bien que dictó la esencia de su contenido a alguien que *posteriormente* lo expresó en su propio

---

[41] Nota del Traductor: Es decir, en hebreo.

estilo particular[42]. Se han sugerido los nombres de Bernabé[43], de Lucas (con cuyo estilo en los Hechos hay un considerable parecido)[44], de Aquila[45], de Apolos de Alejandría (elocuente y poderoso en las Escrituras: Hechos 18:24)[46], y de Clemente de Roma[47]. Es tal la ausencia de material, que es insuficiente para tomar una decisión, por lo que nos vemos obligados a descansar en la certeza de que no se puede conocer el nombre del autor. Con todo, alabamos a Dios porque sabemos con certeza que el Espíritu Santo habló en el que la escribió[48], y que es Él quien nos ha dado en la Epístola a los Hebreos, una de las revelaciones más profundas y completas que contiene la

---

[42] Nota del Traductor: Esta era la opinión de Clemente de Alejandría (150—215 d.C.), quien consideraba que la persona a la que Pablo dictó la esencia de su contenido había sido Lucas.

[43] Nota del Traductor: Esta era la opinión de Tertuliano de Cartago (160—220 d.C.).

[44] Nota del Traductor: Esta era la opinión compartida entre Clemente y Orígenes de Alejandría (184—253 d.C.).

[45] Nota del Traductor: Esta era la opinión de Adolf von Harnack (1851—1930).

[46] Nota del Traductor: Esta era la opinión de Martín Lutero (1483—1546), aunque también se dice que se originó en Clemente de Alejandría.

[47] Nota del Traductor: Esta era la opinión de Orígenes de Alejandría.

[48] Nota del Traductor: La famosa frase de Orígenes aún sigue vigente para los estudiosos modernos: *"quien sea que fuera el autor de la Epístola, sólo Dios lo sabe verdaderamente"*. Aunque para el que esto traduce, ciertamente Pablo era el único capacitado para escribir una revelación tan elevada acerca de la persona y de la obra de Cristo, y de la excelencia de Su ministerio celestial. Evidencias internas de esto yacen en Hebreos 13:23-25. Pablo no quiso agregar su nombre, porque su intención era presentar una tesis magistral sobre el hablar de Dios (Véase Hebreos 3:7; 9:8; 10:15-17). La redacción de la Epístola pudo haber ocurrido alrededor del año 67 d. C., antes de la destrucción del templo de Jerusalén en el año 70 d.C.; luego de que Pablo saliera en libertad de su primer arresto, posiblemente cuando se encontraba en Mileto (Véase 2 Timoteo 4:20).

Biblia, sobre el consejo de la redención y de la gloria del Hijo que nos hace participantes de Él.

2. ¿A quién se escribió la Epístola?

Los judíos recibieron el nombre de hebreos a partir de Abraham, de quien en Génesis 14:13, se lo llama *"el hebreo"*[49].

---

[49] Nota del Traductor: Se dice que el tan conocido título de esta Epístola: "a los hebreos", apareció por primera vez en un documento del siglo III d.C., en el famoso papiro 46. Sin embargo, Eusebio de Cesárea (265-339 d.C.) en su *Historia Eclesiástica*, indica que Panteno, teólogo alejandrino primitivo (120-216 d.C.), conocía ya la Epístola con dicho título alrededor del siglo II d.C. El significado de la palabra "hebreo" es crucial en esta Epístola. La Escritura nos muestra que Abraham fue el fundador del pueblo de Israel, el pueblo terrenal de Dios. Pese a ello, la Biblia en el Antiguo Testamento, no les llama: "israelitas" o "judíos", ya que estos fueron apelativos que se acuñaron después del tiempo de Abraham. En el texto original de la Biblia, la palabra para referirse a "hebreo" es *ibri* (עִבְרִי) [H5680], que deriva a su vez de la raíz hebrea *'ābar* (עָבַר) [H5674], que significa: "pasar por encima de", "cruzar a" o "atravesar a", y que es usada muy ampliamente para referirse a toda transición. *'ābar* aparece más de 500 veces en el Antiguo Testamento, y uno de sus significados es "pasar de un lado al otro", representado en su manera más común, por el cruce de un río, como ocurre en Josué 3:4, por ejemplo. Es en ese sentido, que Abraham fue llamado "el hebreo". Él fue alguien que "cruzó". Abraham "cruzó" el vasto río Éufrates para salir de Ur de los Caldeos [Babilonia] (Génesis 11:31), de una tierra de idolatría y confusión (que es el significado de hebreo *babel*, Babel, y del griego *Babulōn*, Babilonia), para comenzar una nueva vida en la tierra que fluye leche y miel (Éxodo 3:8, 17; 33:3; Levítico 20:24; Números 13:27; 14:8; Deuteronomio 6:3; 11:9; 26:9, 15; 27:3; 31:20; Josué 5:6; Jeremías 11:5; 32:22; Ezequiel 20:6, 15), en entera comunión [que es el significado de la palabra hebrea *chebrōn*, Hebrón] con Dios (Véase Génesis 13:18). Abraham "cruzó" su pasado idolátrico y de incredulidad, para convertirse en el primer creyente, y en el primer adorador

Dicho apelativo, se contaba con un título de honor, como lo vemos en el caso de Pablo, al denominarse: *"hebreo de hebreos"* (Filipenses 3:5). Algunos han pensado que, como no se menciona ningún lugar o iglesia específica, la Epístola está dirigida a todos los cristianos entre los judíos. Pero expresiones como: *"Orad por nosotros... para que yo os sea restituido pronto"* (Hebreos 13:18-19), *"Sabed que nuestro hermano Timoteo ha sido puesto en libertad. Si él viene pronto, yo iré a veros con él"* (Hebreos 13:23), nos obligan a pensar en alguna comunidad en especial. La opinión más probable es que se dirigió; en primer lugar, a los cristianos de Jerusalén. Por Hechos 21:20, sabemos que había varios miles de ellos que, aunque creían en Cristo, se aferraban al templo y a su culto. En ningún lugar corrían mayor peligro de ceder a la tentación de la conformidad y al espíritu del mundo que los

---

del Dios vivo y verdadero (Véase 1 Tesalonicenses 1:9). La Epístola a los Hebreos pues, nos muestra que nosotros debemos también convertirnos en tal tipo de hebreos; en el sentido de pasar de forma definitiva de la ley a la gracia (Hebreos 4:16; 7:18-19; 12:28; 13:9), de pasar del Antiguo Pacto al Nuevo Pacto (Hebreos 8:6-7, 13), de pasar del ministerio ritualista antiguotestamentario a su cumplimiento pleno, práctico y espiritual presentado en el Nuevo Testamento (Hebreos 8:5; Hebreos 9:9-14); es decir, de cruzar del judaísmo hacia la vida apropiada de iglesia (Hebreos 13:13; 10:25), de pasar de las cosas visibles y terrenales a las cosas invisibles y celestiales (Hebreos 12:18-24), de pasar del atrio, donde se encontraba el altar de bronce, al Lugar Santísimo, donde mora Dios en medio de los querubines de gloria (Hebreos 13:9-10; 10:19-20; cf. 1 Reyes 8:64; 2 Crónicas 7:7; Isaías 37:16; Hebreos 9:5), es decir, de cruzar de ser cristianos que viven por su alma a ser cristianos que viven en su espíritu donde mora Dios (Hebreos 4:12, cf. 1 Corintios 2:14-3:1; Romanos 8:16; 2 Timoteo 4:22); y finalmente, de pasar de "los comienzos de la enseñanza de Cristo" (Hebreos 6:1) y de la vida cristiana, a la madurez de la vida cristiana en el crecimiento de la gracia y del conocimiento de Dios (Hebreos 5:11-14; 6:1; cf. 1 Corintios 3:1-2; 1 Pedro 2:2; 2 Pedro 3:18).

rodeaba, y de perder la eficacia y el brillo de su vida cristiana; y en ningún lugar habría mejor oportunidad de asegurar para esta Epístola, la más amplia circulación posible a través de todas las iglesias cristianas dispersas entre los judíos, que en Jerusalén.

3. El propósito de la Epístola

¿Qué fue lo que llevó al escritor a tomar su pluma? La propia Epístola nos da la respuesta. El estado religioso de aquellos a quienes se dirigía estaba distante de ser el correcto o de ser satisfactorio. Algunos se habían vuelto *"perezosos"* (Hebreos 2:1; 5:11; 6:12), *"no prestaban atención"* (Hebreos 2:1), *"descuidaban la salvación tan grande"* (Hebreos 2:3). Ya no *"mantenían su profesión"* (Hebreos 3:1) o *"su confianza"* (Hebreos 3:6, 14). La vida cristiana en ellos era débil y estaba a punto de morir (Apocalipsis 3:2). Otros habían *"retrocedido"* (Hebreos 3:12), y estaban en peligro de *"no ver cumplidas las promesas"* (Hebreos 6:12; 10:36; 11:33), y ceder al *"pecado voluntario"* (Hebreos 10:26; 3:13; 12:1), *"retrocediendo hacia la perdición"* (Hebreos 10:39). Algunos otros corrían el peligro de *"desechar al que amonesta[50] desde los cielos"* (Hebreos 12:25), de renunciar a su fe en Jesús (Hebreos 12:2). Expresiones como las que hemos citado, y otras, indican claramente que había habido muchas recaídas, y que la Iglesia se encontraba en un estado que necesitaba una advertencia muy clara y solemne.

---

[50] Nota del Traductor: O, habla.

Se ha hecho gran hincapié en las dificultades que surgieron en la mente de los hebreos por las circunstancias en las que se encontraban. Habían esperado que sus compatriotas aceptaran prontamente al Mesías; habían sido notablemente decepcionados. Todavía se aferraban al antiguo culto; pero sentían cada vez más que, sospechosos y despreciados como se encontraban, ya no podían continuar en su hogar. Las profecías parecían fallarles, tanto en lo que respecta al poder con el que Cristo reinaría, como a la bendición que Él otorgaría. Para hacer frente a estas dificultades, se dice, la Epístola trata de abrir la verdadera gloria de la religión de Cristo, y mostrar que todo lo que perdieron en el antiguo culto, fue multiplicado al ciento por uno (Marcos 4:8, 20; Lucas 8:8) en el *"algo mejor"* (Hebreos 7:19, 22; 8:6; 10:34; 11:16, 35, 40; 12:9, 24) que Dios había proporcionado ahora (Hebreos 11:40). Trata de resolver el problema que les preocupaba a la luz del Evangelio.

Sin duda, hay una parte de verdad en este punto de vista. Sin embargo, cuanto más estudio la Epístola, más seguro me siento, de que éste no era el principal problema; la dificultad principal residía en la falta de seriedad religiosa. Su caso era muy parecido al de la historia de casi todas las iglesias, y lo que caracteriza el estado de la mayor parte de la cristiandad en la actualidad.

Nuestro autor tomó su pluma para hacer frente a este espíritu de continua recaída, para advertir sobre la enfermedad y su peligro, y para darles a conocer la cura infalible. Vio que la única causa de toda la debilidad y de la falta de fe era ésta: *la falta de conocimiento y de fe en lo que realmente es Cristo y Su salvación*. Se propone mostrarles cuán maravillosamente, cuán divinamente, todas las profecías y tipos del Antiguo Testamento hallan su pleno cumplimiento en la salvación que el Hijo de Dios ha realizado para nosotros. No deja de hacer a un de lado la debilidad que hay en ellos, y presentarles la grandeza de la persona de Cristo; está seguro de que, si conocen a Cristo, todo les irá bien.

4. El plan de la Epístola

¿De qué manera se propone el escritor alcanzar su propósito? En los primeros versículos encontramos la esencia de todo su argumento: "*Dios, habiendo hablado en el pasado, en muchas ocasiones y en diversas maneras a los padres por los profetas, en estos postreros días nos ha hablado en el Hijo, al cual constituyó Heredero de todo, y por el cual asimismo hizo el universo*" (Hebreos 1:1-2). Ha habido dos revelaciones de Dios al hombre. La primera fue por medio de los hombres; la segunda fue a través del Hijo. De la manera en que el Hijo de Dios es más glorioso que Sus siervos; en esa misma forma, la nueva revelación tiene más vida y más gloria que la antigua (cf. 2 Corintios 3:7-11). No sólo escribe para demostrar la superioridad de la nueva vida sobre la antigua; sino especialmente para mostrar cuál es esa excelencia intrínseca que le da tal superioridad. En el conocimiento de esta excelencia, tanto la fe como la experiencia, encontrarán su fortaleza. El contenido de la Epístola, tomando juntos su aspecto doctrinal y práctico, puede resumirse como: *el conocimiento del Hijo de Dios, el poder de la vida cristiana.*

La Epístola se divide en dos partes. En la primera, la parte doctrinal (Hebreos 1:1 al 10:18), se expone la gloria de la persona y de la obra de Cristo. En la segunda, o parte práctica (Hebreos 10:19 al 13:25), se describe la vida que el conocimiento de Cristo y Su salvación nos permiten vivir.

He hecho imprimir la Epístola al principio del libro[51], con títulos que indican el contenido de las diferentes secciones, con el fin de invitar y ayudar al lector a dominar el escrito en su conjunto. Es de gran importancia que el estudiante de la palabra de Dios no busque su edificación sólo en textos o pasajes individuales, sino que cada libro de la Escritura sea para él un organismo vivo y conectado; todo ello, claro, vivificado con el Espíritu que mora en él. Cuanto más nos tomemos el tiempo y la molestia de aceptar los grandes pensamientos de Dios, más nuestra vida será llevada a esa unidad y amplitud, en la que se cumplirá perfectamente el propósito de Dios.

---

[51] Nota del Traductor: Colocada en esta versión en español, luego del prefacio de la obra original.

Los tres primeros versículos de la Epístola nos dan el resumen de la parte doctrinal (Hebreos 1:1-3).

Luego, siguen doce secciones:

1. Cristo, como Hijo de Dios, es superior a los ángeles (Hebreos 1:4-14).

2. Jesús, como Hijo del Hombre, es también superior a los ángeles.

Razones por las que fue hecho inferior a los ángeles (Hebreos 2:5-18).

3. Cristo Jesús es superior a Moisés (Hebreos 3:1-6).

4. Jesús, nuestro Sumo Sacerdote, es superior a Aarón (Hebreos 4:14 al 5:10).

5. El Nuevo Sacerdocio según el orden de Melquisedec (Hebreos cap.7).

6. El Nuevo Santuario y el Nuevo Pacto (Hebreos cap. 8).

7. El poder de la sangre de Cristo para inaugurar el Nuevo Santuario y el Nuevo Pacto (Hebreos cap. 9).

8. El camino nuevo hacia el Lugar Santísimo (Hebreos 10:1-18).

Aquí comienza la segunda parte, la parte práctica, con su llamado a vivir una vida que corresponda con nuestros privilegios.

9. Acerca de la entrada en el Lugar Santísimo y de la morada en él (Hebreos 10:19-25).

10. Acerca de la plenitud de la fe (Hebreos 11:1-40).

11. Acerca de la paciencia de la esperanza (Hebreos 12:1-13).

12. Acerca del amor y de las buenas obras (Hebreos 13:1-25).

En este resumen del contenido no he recogido los pasajes que contienen las solemnes advertencias por las que se caracteriza la Epístola. Están tan insertadas, que podrían omitirse en cada caso sin que el argumento se resienta. En algunos casos la conexión sería de hecho más clara. He hecho que esto se indique en la impresión, porque estoy seguro de que es importante, si queremos dominar completamente la lección que se nos da, es necesario que comprendamos plenamente el peligro del que se nos advierte, y que veamos en cierta medida, cómo la única liberación para los cristianos de todo lo que los debilita y obstaculiza, es el pleno conocimiento de la persona y de la obra de Jesús.

Las advertencias:

1. Después de las pruebas de que Cristo es superior a los ángeles — *No descuidar la salvación tan grande* (Hebreos 2:1-4).

2. Después de las pruebas de que Cristo es superior a Moisés — *El peligro de no llegar, como Israel en el desierto, al reposo prometido* (Hebreos 3:7-4:13).

3. Después de la mención de que Cristo es superior a Aarón — *Contra el peligro de la pereza, de quedarse quieto y de caer* (Hebreos 5:1-6:21).

4. Después del llamado a entrar en el Lugar Santísimo que se nos ha abierto — *Contra el pecado deliberado y el retroceso que conduce a la perdición* (Hebreos 10:26-39).

5. Después de la exhortación a la paciencia — *Contra el peligro de ser 'privado de la gracia de Dios'* [BTX3] *y de rechazar a quien habla* [o *amonesta*] (Hebreos 12:15-29).

Cuanto más profunda sea nuestra impresión del peligro que existe, más clara será nuestra percepción de la verdad, de que la única fuente de salvación y de fortaleza para la Iglesia, es el conocimiento de Cristo Jesús.

5. La Epístola y la Iglesia de nuestros días.

Hay un punto más en el que una introducción puede ayudar al lector. Se trata de sugerir la relación de un libro con las necesidades especiales de nuestros tiempos.

En la Iglesia Cristiana de nuestros días, el número de miembros es muy grande, cuya experiencia corresponde exactamente con la que la Epístola describe y trata de satisfacer. Cuántos cristianos hay todavía que, después de la profesión de fe en Cristo, se quedan varados yendo a la deriva. Han dejado de *"prestar más atención a lo que oyen"* (Hebreos 3:16; 4:2); de *"poner empeño en entrar en el reposo de Dios"* (Hebreos 4:1, 11); de *"perseverar en la perfección* [o madurez]" (Hebreos 6:1; 7:11); de *"correr con paciencia la carrera"* (Hebreos 12:1) — estas son las cosas que se encuentran con tanta carencia en cada uno de ellos. Muchos se contentan con la idea de que sus pecados han sido perdonados, y que están en el camino de la vida (Jeremías 21:8; Mateo 7:14), pero no saben nada de un apego personal a Cristo como su Líder, o de una fe que vive en lo invisible y que camina con Dios. Para muchos, esta es la consecuencia de la desesperanza que les produjo el fracaso de sus máximos esfuerzos por vivir como ellos deseaban. Lucharon con sus propias fuerzas; no conocieron a Cristo como el secreto de su fuerza (Véase Filipenses 4:12-13); se desanimaron y retrocedieron. La profesión de fe no es desechada; los hábitos religiosos se mantienen; pero no hay nada que demuestre que han entrado, o que buscan entrar, en el Lugar Santísimo para morar en él. El poder del mundo, el espíritu de su literatura, las tentaciones de los negocios y del placer, todo se une para conformar una religión en la que se busca combinar una cómoda esperanza para el futuro, con el menor sacrificio posible en el presente. La Epístola, con sus advertencias, es, en efecto, un espejo en el que puede verse la Iglesia de nuestros días.

Pero también es un espejo, gracias a Dios, en el que podemos ver también la gloria de Jesús en el trono del cielo (2 Corintios 3:18), que nos muestra el poder que puede hacer que nuestro corazón y nuestra vida sean también celestiales. Lo que los hebreos necesitaban, es lo que nosotros necesitamos. No en nosotros mismos ni en nuestros esfuerzos está la salvación, sino en Cristo Jesús (1 Samuel 17:47; Zacarías 4:6). Verlo a Él, considerarlo a Él, contempladlo a Él, ya que Él vive en el cielo, eso traerá la sanidad (Isaías 45:22; Hebreos 12:2). Así como los hebreos, en el Antiguo Testamento, con su ley dada por Dios (Romanos 3:2; Gálatas 3:19), con su servicio en el templo y con sus profecías, pudieron resistir la tentación de *"cansarse y desfallecer"*; de la misma manera, el Nuevo Testamento[52], con una Iglesia sana y con una doctrina eclesial, y con sus servicios religiosos, puede darnos la verdadera vida y el poder de la piedad. Es a Jesucristo a quien debemos conocer mejor. Es Él quien vive hoy en el cielo, quien puede conducirnos al Santuario Celestial, y mantenernos allí, es Él quien puede otorgarle el cielo a nuestro corazón y a nuestra vida. El conocimiento de Jesús en Su gloria celestial y en Su poder salvador, es lo que necesitan nuestras iglesias y nuestros cristianos hoy. Es esto lo que la Epístola traerá a

---

[52] Nota del Traductor: O, Pacto.

nuestra vida, si nos sometemos a ese Espíritu que habla en ella para revelarlo en nosotros[53].

Por lo tanto, invito con gran confianza a todos los que anhelan el reposo de Dios, una vida en el Lugar Santísimo del amor de Dios, en la plenitud de la fe, la esperanza y el amor, a retomar el estudio de esta Epístola a los Hebreos, con plena seguridad de que encontrar en su revelación de lo que es Cristo y Su salvación, la liberación del pecado y de la pereza, el gozo y la fuerza de una vida nueva.

---

[53] He hecho imprimir en rojo los textos que se refieren al lugar y a la obra celestial de nuestro Señor. Para dirigir la atención a esto, el pensamiento central de nuestra Epístola, — que debido a que Cristo vino del cielo, volvió al cielo y abrió el cielo para nosotros, y hace Su obra en el espíritu y en el poder del cielo, los cristianos pueden vivir una vida sobrenatural, una vida celestial —. [Nota del Traductor: Todo esto, ha sido impresos de forma íntegra en esta versión en español, y se encuentra luego del prefacio de la obra original, teniendo como base el Texto Bíblico Revisado de la Epístola].

COMENTARIO

LA EPÍSTOLA A LOS HEBREOS

El conocimiento del Hijo de Dios, el secreto de la verdadera vida cristiana

PRIMERA PARTE — DOCTRINAL

Hebreos 1:1 al 10:18.

El Hijo de Dios, el Mediador de un Mejor Pacto

INTRODUCCIÓN: Hebreos 1:1-3.

La gloria del Hijo en Su persona y en Su obra

Capítulo 1: El Hijo, en quien Dios ha hablado

"Dios, habiendo hablado[54] en el pasado, en muchas ocasiones y en diversas maneras a los padres por los profetas, en estos postreros días nos ha hablado[55] en el Hijo, al cual constituyó Heredero de todo, y por el cual asimismo hizo el universo[56]" (Hebreos 1:1-2).

¡Dios ha hablado! Este es el magnífico portal[57] por medio del cual entramos en el templo en el que Dios nos va a revelar Su gloria. De inmediato somos llevados a la Presencia misma de Dios. El único propósito de la Epístola a los Hebreos es conducirnos a Dios, revelar a Dios, ponernos en contacto con Él. El hombre fue creado para Dios (Génesis 1:26-27; Colosenses 1:16). El pecado lo separó de Dios (Romanos 3:23). El hombre siente su necesidad[58] y busca a Dios. Esta Epístola viene a nosotros con la buena nueva de la redención (Hebreos 1:3), para enseñarnos *dónde* y *cómo* encontramos a Dios. Que todos los que tienen sed de Dios, del Dios vivo (Véase Hebreos 3:12; 9:14; 10:31; 12:22), se acerquen y escuchen (Salmos 42:1-2; 63:1).

---

[54] Nota del Traductor: Verbo griego *lalēsas* [G2980]: anunciar, dar a conocer.

[55] Nota del Traductor: Verbo griego *elalēsen* [G2980].

[56] Nota del Traductor: Literalmente: "los siglos".

[57] Nota del Traductor: Es decir, la parte interior e inmediata a la puerta principal de una casa, edificio u otra construcción que sirve de paso a la escalera, el ascensor u otras dependencias.

[58] Nota del Traductor: Es decir, siente la necesidad de Dios, se produce en él un vacío que solo puede ser llenado por Dios.

¡Dios ha hablado! Hablar es el vehículo de la comunión (1 Juan 1:1-3). Es una prueba de que el orador considera a quien se dirige, como capaz de tener comunión consigo mismo; es una muestra de que él anhela esa comunión. El hombre fue creado para tener comunión con Dios (Génesis 3:8-9). El pecado se encargó de interrumpirla (Génesis 3:10-11). La naturaleza habla de Dios y de Su obra (Véase Romanos 1:20); pero de Él mismo, de Su corazón y de Sus pensamientos de amor hacia nosotros como pecadores (Jeremías 29:11; 1 Corintios 2:9), la naturaleza no puede decirnos nada. En su más profunda miseria, el hombre busca a Dios, pero cuántas veces, según parece, esto es en vano (Cf. Romanos 3:11). ¡Pero, alabado sea Dios, que esto no siempre es así! El silencio se ha roto. Dios está llamando al hombre a la comunión Consigo mismo. ¡Dios ha hablado!

¡Dios ha hablado! Durante un tiempo, de forma imperfecta y provisional por medio de los profetas, como una preparación para la llegada de una revelación más perfecta de Sí mismo. Pero ahora por fin, se escuchan las alegres noticias: "¡Dios ha hablado en Su Hijo!". El Dios infinito (Salmos 106:7; 147:5), incomprensible (Job 5:9; Romanos 11:33) e invisible (Colosenses 1:15; 1 Timoteo 1:17; Hebreos 11:27) ha hablado. ¡Y eso lo ha hecho en Su Hijo! ¿Quién puede medir el gozo y la gloria de esto? "*¡Prestad oído, cielos, y hablaré! Oye, oh tierra, los dichos de Mi boca*" (Deuteronomio 32:1).

¡Dios ha hablado! Cuando el hombre habla es para revelarse a sí mismo, para dar a conocer los pensamientos y las disposiciones de su corazón; que, de otro modo, estarían ocultos. Cuando Dios, que habita en luz inaccesible (1 Timoteo 6:16), habla desde las alturas de Su gloria (Job 31:2; Salmos 148:1), es para revelarse a Sí mismo. Quiere que sepamos cuanto nos ama (Jeremías 31:3) y nos anhela (Santiago 4:5; 2 Corintios 3:17), cómo quiere salvarnos y bendecirnos (Véase Isaías 55:6-13), cómo quiere que nos acerquemos y que vivamos en comunión con Él (Hebreos 4:16; 1 Juan 1:3).

Dios nos ha hablado en el Hijo. El ministerio de los ángeles y de los profetas, sólo sirvió para preparar el camino; nunca pudo satisfacer el corazón, ni de Dios ni del hombre; el verdadero poder de la vida de Dios (Hebreos 7:16; Juan 14:6), la plena experiencia de Su cercanía (Salmos 145:18; Romanos 10:13; Lucas 10:11), la verdadera liberación del pecado (Romanos 6:18), el derramamiento del amor en el corazón (Romanos 5:5); todo esto, no podía ser comunicado por el ministerio de las criaturas. El Hijo mismo tenía que venir como la Palabra[59] de Dios a nosotros (Juan 1:1), como el Portador de la vida (Juan 1:4) y del amor del Padre (1 Juan 4:9-10; Juan 5:42; 1 Juan 2:15). El Hijo mismo tenía que venir para ponernos en contacto vivo con el Ser Divino, para habitar en nuestro corazón (Efesios 3:17), como Él habita en el corazón de Dios (Colosenses 1:13),

---

[59] Nota del Traductor: El nombre griego *logos* [G3056] que aparece en Juan 1:1, que es traducido en nuestra clásica RVR-1960 como: "Verbo"; realmente puede traducirse como "Palabra". Fue de esta manera que Casiodoro de Reina lo tradujo en su versión de 1569, versión también conocida como la Biblia del Oso.

para ser la Palabra de Dios *dentro de nosotros* (Romanos 10:8), de la manera en que Él lo es en Dios (Juan 1:1; 8:29; 16:32), y así darnos la experiencia viva, de lo que significa que Dios nos hable.

¡Dios ha hablado! Las palabras de un hombre tienen peso solo según el grado de sabiduría que este tenga, de veracidad, de poder y de amor que lo caractericen. Mientras que las palabras de Dios ¡Oh!, ¿quién puede expresar lo que deberían valer para nosotros? Cada palabra lleva consigo toda la vida de Dios, todo Su poder y amor salvadores. ¡Dios ha hablado en Su Hijo! Seguramente los que han comenzado a conocerlo estarán dispuestos a dejar de lado todo, con tal de escucharlo hablar (Cf. Lucas 10:38-42).

¡Dios ha hablado! Las palabras de los hombres han ejercido a menudo una influencia maravillosa y poderosa en el mundo. Pero las palabras de Dios son hechos creativos (Hebreos 11:3; 2 Pedro 3:5), otorgan lo que dicen. *"Porque Él habló, y fue hecho; Él ordenó y se cumplió"* (Salmos 33:9). Cuando Dios habla en Su Hijo, nos da lo que ha prometido; no sólo *para* nosotros y *en favor* de nosotros, sino *dentro* de nosotros. Él habla[60] al Hijo desde lo más profundo de Su corazón (1 Corintios 2:10), a lo más profundo de nuestro corazón (1 Juan 2:20, 27). Las palabras de los hombres apelan a la *mente*, a la *voluntad* o a los *sentimientos*, a las pasiones. Dios habla a lo que es más

---

[60] Nota del Traductor: O, expresa. De la manera en que nuestras palabras son expresiones audibles de nuestra boca.

profundo que todo, al corazón (1 Crónicas 28:9; Proverbios 20:27), ¡sí!, Dios habla a esa profundidad central dentro de nosotros, donde se encuentran los asuntos de la vida (Proverbios 4:23; 1 Samuel 16:7). Creamos en el poderoso y vivificante poder que tiene la palabra de Dios (Juan 6:63; Hechos 20:32; 1 Corintios 1:18; 2:4).

¡Dios ha hablado! Hablar exige escuchar. Dios sólo pide una cosa tan sencilla y justa: *que escuchemos*. ¿No vamos a escuchar con santa reverencia y adoración, con atención y con entrega de todo corazón, lo que Él quiere decirnos también en esta Epístola? Solo de esta manera, sabremos cuál es el poder y el gozo de que Dios nos hable en Su Hijo. Dios es Espíritu (Juan 4:24). Como tal, no tiene otra forma de comunicarnos Su vida o Su amor, sino entrando en nuestro espíritu (Romanos 8:16), habitando (1 Corintios 3:16; Santiago 4:5) y obrando allí. Allí hace que habite Cristo (2 Timoteo 4:22; cf. Efesios 3:17); y es allí, donde nos habla en Cristo esas palabras de amor y de poder redentor que nos traen vida (Juan 6:63; Filipenses 2:16). Las palabras de Cristo (Colosenses 3:16) no pueden traernos ningún beneficio, excepto cuando nos muestran lo que Dios está obrando en nosotros, y nos dirigen a lo que ha de revelarse en nuestro corazón (1 Corintios 2:10; 1 Pedro 1:12). Es el corazón lo que Dios quiere (Proverbios 23:26); abramos todo el corazón para escucharle (Hechos 16:4; Lucas 10:39) y anhelarle (Ezequiel 3:10; Oseas 2:14).

¡Dios ha hablado en Su Hijo! El Jesús viviente (Mateo 16:16; Juan 6:69; 5:26), salido del horno de fuego de la santidad de Dios (Daniel 3:23-26), del resplandor ardiente del amor eterno (Hebreos 1:3), Él mismo es la Palabra viva (Juan 1:1; Hebreos 4:12)[61]. Busquemos en el estudio de esta Epístola, en la que se revela tan maravillosamente Su gloria (Juan 1:14), entrar en contacto con Él, recibirlo en nuestros corazones (Efesios 3:17), tomarlo como nuestra vida (Juan 11:25), para que nos conduzca al Padre (Juan 14:6). En el principio, Dios habló: *"Sea la luz. Y la luz fue hecha"* (Génesis 1:3; 2 Corintios 4:6). También ahora habla con poder creador en Su Hijo[62]. La Presencia (Hebreos 4:13; 2 Corintios 4:6) y la luz de Cristo (Juan 8:12) se convierten en la vida y en la luz del alma (Cf. Juan 1:4; 8:12; 2 Timoteo 1:10).

Conclusiones:

1. Cuanta dificultad se toma la gente para aprender una lengua extranjera, para tener acceso a sus escritores. Que ningún problema sea demasiado grande para que nosotros podamos entender el lenguaje de Dios, Su Palabra, Su Hijo. Para aprender una lengua extranjera busco a alguien que la conozca para que me la enseñe. El lenguaje de Dios; sin embargo, es celestial, espiritual, sobrenatural y totalmente

---

[61] Nota del Traductor: Parece que Murray tiene en mente Deuteronomio 4:36: *"Desde los cielos te hizo oír Su voz, para enseñarte; y sobre la tierra te mostró Su gran fuego, y has oído Sus palabras de en medio del fuego"*.

[62] Nota del Traductor: Recordemos que "[Él] *sustenta todas las cosas con la palabra de Su poder*" (Hebreos 1:3).

divino; sólo el Espíritu Santo puede enseñarme a entenderlo, a pensar con los pensamientos de Dios (1 Corintios 2:11, 16; Hebreos 4:12). Permítanme pues tomarlo a Él[63] como mi Maestro (1 Corintios 2:13; Juan 14:26).

2. Se dice que: *"Abram se postró sobre su rostro y Dios habló con él"* (Génesis 17:3). Tan personal y directamente era la comunión de Abram con Dios; sin embargo, el hablar de Dios en Su Hijo es más maravilloso y eficaz que esto; debe entonces existir en nosotros una profunda y santa reverencia, un deseo intenso por saber lo que Dios dice, este debe ser el espíritu con el que estudiemos esta Epístola, y la manera en que debemos escuchar al bendito Hijo de Dios en nuestra experiencia.

3. "La verdad celestial no se habla en ninguna parte, sino por la voz de Cristo; ni tampoco se escucha, sino es por el poder del Cristo que vive en el oyente". *"El que es de Dios escucha las palabras de Dios"* (Juan 8:47), sólo quien se somete a la nueva naturaleza[64], puede conocer verdaderamente lo que es el hablar de Dios en Cristo.

4. Durante la vida de Cristo en la tierra, la palabra de Dios fue escuchada únicamente en tres ocasiones[65]. Cada vez fue: *"Este es Mi Hijo amado; a El oíd"* (Mateo 3:17; 17:5; Marcos 9:7; 2 Pedro 1:17). Y: *"Lo he glorificado, y lo glorificaré otra vez"*[66] (Juan 12:28). Permitamos que Dios hable esta palabra en nuestros

---

[63] Nota del Traductor: Es decir, al Espíritu.

[64] Nota del Traductor: La nueva naturaleza es Cristo mismo implantado en nuestro espíritu como el hombre interior (Véase Romanos 7:22; 2 Corintios 4:16; Efesios 3:16; Romanos 11:24).

[65] Nota del Traductor: En el bautismo, en la transfiguración y en Su reunión con los griegos en Jerusalén (Véase Juan 12:12, 20-33).

[66] Nota del Traductor: En referencia al nombre del Hijo amado.

corazones: *"Mi Hijo amado"*. ¡Oh, Dios mío, háblame en Tu Hijo! ¡Oh, habla esa única Palabra desde lo más profundo de Tu corazón a lo más profundo del mío!

Capítulo 2: El Hijo, superior a los profetas

"Dios, habiendo hablado en el pasado, en muchas ocasiones y en diversas maneras, a los padres por los profetas, en estos postreros días nos ha hablado en el Hijo, al cual constituyó Heredero de todo, y por el cual asimismo hizo el universo" (Hebreos 1:1-2).

Todos sabemos que hay dos Testamentos: el Antiguo y el Nuevo Testamento. Estos representan dos dispensaciones, dos modos de adoración, dos tipos de religiones, dos maneras en que Dios tiene comunión con el hombre, y en que el hombre se acerca a Dios. El primero era provisional, preparatorio (Véase Gálatas 3:24-25), y estaba destinado a desaparecer (Hebreos 8:13). Lo que otorgaba y realizaba no estaba destinado a satisfacer, sino sólo a despertar la expectativa de *algo mejor* que habría de venir (Romanos 5:14; Gálatas 3:23). El otro era el cumplimiento de lo prometido (Romanos 1:1-2; Gálatas 4:4-6), y estaba destinado a permanecer para siempre (Hebreos 10:11-14; 2 Juan 2), porque era en sí mismo una revelación completa (Colosenses 2:10) de una redención eterna (Hebreos 9:12), de una salvación en el poder de una vida indestructible (Hebreos 7:16).

Tanto en el Antiguo como en el Nuevo Testamento, fue Dios quien habló. Los profetas en el Antiguo Testamento, y el Hijo en el Nuevo Testamento, fueron igualmente mensajeros de

Dios[67]. Dios habló en los profetas de forma tan real como lo hizo en el Hijo *al ministrar en la tierra*. Pero en el Antiguo Testamento todo era externo, y por mediación de los hombres (Juan 1:17; Gálatas 3:19). Dios mismo no podía aún entrar y tomar posesión del hombre y habitar en él. En el Nuevo Testamento, todo es más directo e inmediatamente divino: un poder, una realidad y una vida interior, de los cuales el Antiguo Testamento sólo tenía la sombra y la esperanza (Colosenses 2:17; Romanos 4:18). Es solo el Hijo, que es Dios mismo, quien nos lleva a la presencia misma de Dios (Juan 14:6).

¿Y por qué no pudo Dios, desde el principio, revelarse en el Hijo? ¿Qué necesidad había de estas dos formas de adorarle y de servirle? (Cf. Juan 4:20-26). La respuesta es doble: antes de que el hombre se apropie inteligente y voluntariamente del amor y de la redención de Dios, necesita estar preparado para ello. En primer lugar, tenía que conocer su propia miseria e impotencia. Y así, su corazón tenía que ser despertado en un verdadero deseo y expectativa, para acoger y valorar lo que Dios tenía que otorgarle.

Dios nos habla en Cristo, en virtud de que el Padre habita en el Hijo (Juan 10:38; 8:28). *"Las palabras que Yo os hablo, no las hablo por Mi propia cuenta, sino que el Padre que mora en Mí, Él*

---

[67] Nota del Traductor: Murray está haciendo referencia aquí al ministerio terrenal del Hijo, descrito en los cuatros evangelios; no a Su ministerio celestial, iniciado luego de Su ascensión.

hace las obras" (Juan 14:10). Así como el hablar de Dios en Cristo fue algo interior. Así también es Su hablar neotestamentario, Dios no puede hablarnos de ninguna otra manera. Las palabras externas de Cristo, al igual que las palabras de los profetas, son para prepararnos y señalarnos hacia ese hablar interior en el corazón por medio del Espíritu Santo (1 Corintios 2:10, 13; 1 Juan 2:20, 27; Filipenses 3:15), que es el único que es vida y poder (Romanos 8:2; 15:13). Esta es la verdadera palabra de Dios en Su Hijo.

Es de suma importancia para nuestra vida espiritual que entendamos correctamente estas dos etapas en el trato de Dios con el hombre. Dios habló de dos maneras, no de una; ni de más de dos maneras; sino únicamente de dos maneras ha hablado Dios.

Estas indican lo que, en esencia, es el camino de Dios en cada cristiano[68]. Existe, después de su conversión, un tiempo de preparación y prueba, para ver si está dispuesto a sacrifica, de buena gana y de corazón, todo por causa de la plena bendición de Dios. Si en esta etapa persevera esforzándose y luchando seriamente, aprenderá las dos lecciones que el Antiguo Testamento pretendía enseñar. Llegará a ser más profundamente consciente de su propia impotencia, y se despertará en él el fuerte deseo de una vida mejor, la cual

---

[68] "Las características que antes marcaban la revelación misma, marcan ahora la compresión humana de la revelación final" — Brooke Foss Westcott (1825—1901).

encontrará en la plena revelación de Cristo, como el único capaz de salvar en plenitud (Hebreos 7:25; 9:28). Cuando se aprenden estas dos lecciones — la lección de la miseria de sí mismo y la de la única esperanza existente en Dios — el alma está preparada, si se somete con fe a la guía del Espíritu Santo (Romanos 8:14; Gálatas 5:18), para entrar verdaderamente en la vida del Nuevo Testamento detrás del velo (Mateo 27:51; Marcos 15:38; Lucas 23:45; Hebreos 6:19; 10:20), en el Lugar Santísimo, como se expone en esta Epístola.

La vida cristiana siempre estará llena de debilidad y de fracaso, cuando los cristianos, por causa de una instrucción defectuosa, o por negligencia y pereza, no entienden el camino de Dios para conducirlos a la madurez[69]. Lo mismo sucedía en el caso de los cristianos hebreos. Pertenecían al Nuevo Testamento, pero su vida, era cualquier cosa, menos la exhibición del poder y del gozo que Cristo vino a revelar. Estaban inclusive muy por debajo de lo que habían sido muchos de los santos del Antiguo Testamento; y la razón era ésta: no conocían el carácter celestial de la redención que Cristo había traído. No conocían el lugar celestial en el que Él ministra (Efesios 1:3,20; 2:6; 3:10; 6:12), ni la bendición celestial que Él dispensa (Gálatas 3:14), ni el poder celestial con el que asegura nuestro disfrute de estas bendiciones (Efesios 1:18-23). No conocían la diferencia entre los profetas y el Hijo; no conocían lo que significa que Dios nos haya hablado ahora en Su Hijo (Cf. Mateo 17:3-5). El único propósito de esta Epístola, es poner ante nosotros el Sacerdocio Celestial de Cristo, y la

[69] Nota del Traductor: O, perfección.

vida celestial a la que Él, en Su poder divino, nos da acceso. Esto es lo que da a la Epístola su valor inestimable para todos los tiempos, ya que nos enseña el camino para salir de la etapa elemental de la vida cristiana, a la del pleno y perfecto acceso en Dios.

Captemos y mantengamos firmemente la diferencia entre estas dos etapas. *En la primera*, la acción del hombre es más prominente: Dios habló en los profetas. *En la segunda*, la presencia y el poder divino se revelan de forma más plena: Dios ha habla en el Hijo, que lleva y trae la vida misma de Dios, y nos pone en contacto vivo con Dios mismo. *En una*, son las palabras humanas las que se ocupan e influyen, y nos ayudan a buscar a Dios; *en la otra*, la Palabra Divina que habita en nosotros revela Su poder interior. *En la una*, están la multitud de pensamientos y de verdades, las ordenanzas y los esfuerzos; *en la otra*, la simplicidad y la unidad del único Hijo de Dios, y la fe puesta únicamente en Él.

Cuántos han tratado de encontrar a Dios mediante el estudio, la meditación y la aceptación de las palabras de la Biblia; y, sin embargo, han fracasado en el intento. No sabían que éstas no eran más que las direcciones en el camino que nos señalaban hacia el Hijo viviente, era palabras que venían ciertamente de Dios, muy necesarias y provechosas; y que, sin embargo, no eran suficientes; y es que Su verdadera bendición sólo nos es dada, cuando se nos ha llevado a escuchar a Dios mismo hablando en Su Hijo.

Conclusiones:

1. No nos contentemos con una vida cristiana superficial. Veamos que la comunión personal con Dios, por medio del Espíritu Santo, es lo que Cristo da. Dios nos llama a ello; Cristo mora en el cielo para obrarla a través del Espíritu que nos otorga desde el cielo (Juan 15:26; 16:7; 1 Pedro 1:12).

2. Uno puede saber mucho de la Biblia y de las palabras de Dios; y, sin embargo, encontrarse en una condición débil espiritualmente hablando. Lo que uno necesita es conocer la Palabra viva (Juan 1:1; Hebreos 4:12) en la que Dios habla en nuestro interior con vida y con poder (Véase 2 Pedro 1:3).

3. Todos los profetas señalan al Hijo, como el verdadero Profeta (Deuteronomio 18:15, 18; Juan 6:14; 7:40). Tomémosles pues definitivamente como nuestros maestros, para revelar a Dios en nosotros.

4. Cuando digo una palabra, deseo que todo su significado y su fuerza entren en aquel a quien me dirijo[70]. Dios no tiene en estos últimos días más que una Palabra, Cristo Jesús. Él desea que todo lo que esa Palabra *es* y *significa*, entre y viva en nosotros. Abramos nuestros corazones, y Dios hablará en ellos esa única Palabra (Colosenses 4:3), diciendo: *"Este es Mi Hijo amado"*, de manera tal, que Él será realmente todo para nosotros (Véase Proverbios 4:20-21; Salmo 86:11).

---

[70] Nota del Traductor: O, hablo.

Capítulo 3: El Hijo, la gloria de Su persona

"En estos postreros días nos ha hablado en el Hijo, al cual constituyó Heredero de todo[71], y por el cual asimismo hizo el universo; el cual, siendo el resplandor[72] de Su gloria, y la impronta misma de Su substancia, y quien sustenta[73] todas las cosas con la palabra de Su poder, habiendo hecho la purificación de nuestros pecados en Sí mismo, se sentó a la diestra de la Majestad en las alturas"

(Hebreos 1:2-3).

Sabemos que todo aquello en lo que un hombre pone su corazón ejerce una poderosa influencia en su vida, y deja su huella en su carácter (Véase Mateo 6:21; Lucas 12:34). El que sigue la vanidad se vuelve vano. El que confía en un dios de su propia fantasía, encontrará que su religión es una ilusión. El que pone su corazón en el Dios vivo (Hebreos 3:12; 9:14; 10:31; 12:22), encontrará que el Dios vivo toma posesión de él y llena su corazón. Es esto lo que hace que sea de tan infinita importancia, que no sólo tengamos una idea general del Cristo

---

[71] Nota del Traductor: Conjunción griega *pantón* [G3956]: De todas las cosas, del universo entero, de todo.

[72] O, sumamente brillante. [Nota del Traductor: Se trata del nombre griego *apaugasma* [G541]: "el resplandor emitido hacia adelante desde". Es una palabra compuesta, que deriva de *apo*, fuera, separado de, y de *augazo͂*, relucir, brillar].

[73] Nota del Traductor: Es el verbo griego *pherón* [G5342], que aquí tiene el sentido de: soportar algo, sostener, tener algo a cargo, dirigir, gobernar. Dicho verbo, aparece también en la Septuaginta (LXX) en Número 11:14 y Deuteronomio 1:9.

a través del cual Dios nos habla, sino que lo conozcamos bien, y tengamos nuestro corazón lleno de todo lo que Dios ha revelado acerca de Él (Colosenses 3:16). Nuestro conocimiento de Él será el alimento de nuestra fe; y según sea nuestra fe, así será también nuestra experiencia de Su poder salvador, y de la comunión con Dios a la que nos conduce. Escuchemos pues lo que se nos enseña del Hijo en quien Dios nos habla.

Al cual constituyó Heredero de todas las cosas. El gran objetivo y propósito de Dios en la creación era tener una herencia para Su Hijo, en la que pudiera mostrar Su gloria y encontrar Su bendición. El Hijo es la causa final, el fin de todas las cosas (1 Pedro 4:7).

También es el Principio (Cf. Apocalipsis 3:14) *a través del cual también hizo el universo*[74]. Él es el origen y la causa eficiente de todo lo que existe. *"Todas las cosas por Él fueron hechas, y sin Él nada de lo que ha sido hecho, fue hecho"* (Juan 1:3). El lugar que ocupaba el Hijo en el Ser Divino[75] era tal, que la relación de Dios con todo lo que estaba fuera de Él[76] era sólo a través del Hijo. De todo lo que existe, el fin y el principio se encuentran en Él (Cf. Apocalipsis 1:8; 21:6; 22:13).

---

[74] Nota del Traductor: Literalmente dice: "los mundos".

[75] Nota del Traductor: Se refiere al aspecto esencial u ontológico del Triuno Dios.

[76] Nota del Traductor: Es decir, las *opera ad-extra* en la Deidad.

Y Él es también el Medio (Hechos 2:22; 13:38; 1 Corintios 8:6; Efesios 2:18; Colosenses 1:16, 20; 3:17; Hebreos 13:15), *y quien sustenta todas las cosas con la palabra de Su poder*. Él es el soporte[77] de todas las cosas, *"y todas las cosas en Él subsiste"* (Colosenses 1:17; Hebreos 2:10). Si en sus inicios[78] hubiesen sido creadas sin Él, podrían existir sin Él. Sin embargo, Él las sostiene en todo momento por la palabra de Su poder, así como por Su palabra fueron creadas (Juan 1:3; Colosenses 1:16; Hebreos 11:3). Este es el Hijo a través del cual Dios nos habla.

¿Y qué es lo que le hace digno de ocupar este elevado lugar entre el Creador y la criatura? Porque, como Hijo, es el único en quien se manifiesta la inconmensurable y totalmente incomprensible gloria de Dios, por medio del cual, como Mediador, el Dios increado y las obras de Su mano pueden entrar en contacto y en comunión. Su relación con la creación se basa en Su relación con el Padre. *Él es el resplandor de la gloria de Dios y la imagen misma de Su substancia*. Como sólo conocemos el sol por la luz que brilla[79] en él, así Cristo es el resplandor, la revelación de la gloria de Dios (2 Corintios 4:6). Como la luz que brilla del sol es de la misma naturaleza que él, así el Hijo es de la misma naturaleza que el Padre: *"Dios de Dios"*[80]. Y como un hijo lleva la semejanza de su padre, porque

---

[77] Nota del Traductor: O, Sostén.

[78] Nota del Traductor: Literalmente dice: "de pequeño".

[79] Nota del Traductor: O, que mana o irradia de él [del sol].

[80] Nota del Traductor: Una cita del Credo de Nicea-Constantinopla: "Creo en un solo Dios, Padre Todopoderoso, Creador del Cielo y de la tierra, de todo lo visible y lo invisible. Creo en un solo Señor Jesucristo, Hijo único de Dios,

tiene la vida y la naturaleza de él[81], así el Hijo de Dios es la imagen misma de Su substancia[82]. Él es de una sola substancia con el Padre — es Su impronta[83] — y, por lo tanto, tiene vida

---

nacido del Padre antes de todos los siglos: Dios de Dios, Luz de Luz, Dios verdadero de Dios verdadero, engendrado, no creado, de la misma naturaleza que el Padre, por quien todo fue hecho…".

[81] Nota del Traductor: La vida (1 Juan 5:11-12) y la naturaleza (2 Pedro 1:4) que Dios nos otorga también en la regeneración.

[82] Nota del Traductor: O, esencia, si se prefiere. Es el nombre griego *hypostaseôs* [G5287], que literalmente significa: "estar de pie debajo [como sosteniendo algo]".

[83] Nota del Traductor: El nombre griego empleado acá es *charaktêr* [G5481]. Alude a una herramienta para grabar que se utilizaba en los tiempos antiguos, es decir, para colocar una estampa o una impresión en un objeto, ya fuera una moneda o un anillo, etc., similar a un molde. La impresión que hacia esta herramienta, lleva y deja la imagen exacta en el objeto en que se deseaba plasmar dicho grabado u forma; de tal manera, que el resultado final era una reproducción exacta de la herramienta prototipo (Véase, por ejemplo: William Edwy Vine, *Vine Diccionario Expositivo de palabras del Antiguo y del Nuevo Testamento Exhaustivo*, Editorial Caribe, Pág. 441, 1999). De ahí que lo hayamos traducido como "impronta" en el Texto Bíblico Revisado de la Epístola en esta versión en español. "Esta frase expresa el hecho de que el Hijo «es a la vez personalmente distinto de; y con todo, literalmente igual a, aquel de cuya esencia Él es la impronta adecuada»" (Henry Parry Liddon, citado en *Vine Diccionario Expositivo de palabras del Antiguo y del Nuevo Testamento Exhaustivo*, Editorial Caribe, Pág. 441, 1999). En los tiempos antiguos, el rey colocaba su anillo de sellar sobre cera derretida para legalizar, garantizar o autentificar algo que era de su propiedad. La figura espiritual es maravillosa y fascinante; bíblicamente respaldada. El oro, con el que generalmente estaban hechos los anillos de sellar, representa la naturaleza divina de Dios el Padre; el anillo de sellar como tal, representa a Dios el Espíritu Santo (2 Corintios 1:22; Efesios 1:13; 4:30); y la imagen grabada en ese anillo de sellar, representa a Dios el Hijo (Romanos 8:29; 2 Corintios 4:4; Colosenses 1:15). Mientras que la cera, donde dicho sello se imprime, representa a nuestro espíritu humano (Romanos 8:16). Dios, el Triuno Dios, ha venido a ser el prototipo, en la persona [o hipóstasis] del Hijo y mediante Su resurrección, para producir muchos hijos de Dios (Hebreos 2:10), los cual llevan la imagen del Hijo

en Sí mismo, así como el Padre tiene vida en Sí mismo (Juan 5:26).

Alguien puede tener la tentación de pensar que se trata de misterios teológicos demasiado profundos para el cristiano promedio, y que no son necesarios para nuestra fe y vida cristiana. Y se sentirán inclinados a preguntar: ¿qué

---

grabada en su ser (Romanos 8:29; Colosenses 3:10). Sin embargo, este sellar va más allá, y continua su eficacia y operación durante todo nuestro peregrinar en esta tierra (Hebreos 11:13; 1 Pedro 2:11), con miras a introducirnos en la gloria misma de Dios (Romanos 3:23; 8:21; Hebreos 2:10; 2 Corintios 3:18; 1 Juan 3:2). El sellar continuo de Dios en el creyente es vertical y horizontal a la vez; por una parte, el Espíritu desciende interiormente para llenarnos en el espíritu (Efesios 5:18); y por otra, se desborda como un río desde nuestro espíritu para saturar nuestra alma: mente, voluntad y emociones, y la vida de los que nos rodean (Esto se puede ver en Juan 4:14; 7:37-39). Bíblicamente, este sellar continuo es comprobado por la expresión dicha en Efesios 4:30: "con el cual [el Espíritu] fuisteis sellados para [gr. *eis*: por, para o hasta] el día de la redención". Es decir, que desde la regeneración (Juan 3:5; Tito 3:5; 1 Pedro 1:23) y hasta el día de la redención de nuestros cuerpos mortales (Romanos 8:23, 11; Filipenses 3:21) el Espíritu nos está sellando continuamente de arriba hacia abajo y hacia afuera de nuestro ser interior con la imagen misma del Hijo, que es la imagen misma del ser de Dios. ¡Amados hermanos! Dios nos predestinó para que fuésemos *"hechos conformes a la imagen de Su Hijo"* (Romanos 8:29). Así que, *"por tanto, todos nosotros, a cara descubierta mirando y reflejando como un espejo la gloria del Señor, somos transformados de gloria en gloria en la misma imagen, como por el Señor Espíritu"* (2 Corintios 3:18). Es este sellar el que nos hace participantes de la naturaleza divina (2 Pedro 1:4). Y es ciertamente en el Lugar Santísimo, donde veremos Su rostro, que esta maravillosa Epístola a los Hebreos desea conducirnos. No perdamos entonces más nuestro tiempo, como lo hicieron los creyentes hebreos a los cuales iba dirigida esta Epístola; sino que más bien, diligentemente, adentremos hoy (Hebreos 3:15) en el lugar más santo de todos para ser *"transformados de gloria en gloria en la misma imagen* [de Dios], *por el Señor Espíritu"* ¡Aleluya!

importancia puede tener para un simple creyente saber todo esto? Hermano mío, no pienses así. Todo es importante para conocer la gloria de Jesús (Cf. Lucas 9:32). Cuanto más se sature el alma de esa gloria (Véase 2 Corintios 5:4; Romanos 8:21), y le adore[84] en ella (Efesios 1:6, 12, 14), más verá con qué confianza puede contar con Él para hacer una obra divina y sobrenatural en nosotros, y para llevarnos a una comunión viva y real con Dios como nuestro Padre (Juan 20:17; 16:7; Romanos 8:15; Gálatas 4:6; Juan 14:23). ¡Oh, no seamos tan egoístas y mezquinos como para contentarnos con la esperanza de que Jesús nos salve, mientras nos despreocupamos en tener una íntima relación personal con Él! Si no es por nosotros, entonces por Dios, y por Su infinito amor y gracia (2 Corintios 13:14), busquemos conocer bien a este bendito Hijo que el Padre nos ha dado. Apartémonos de la tierra, meditemos, contemplemos y adoremos, hasta que Él, que es el resplandor de la gloria divina, brille en nuestro mismo corazón (2 Corintios 4:6); y que Él, a quien el Padre ha dado tal lugar como Creador, Sustentador y Heredero de todo, ocupe también ese lugar en nosotros (Efesios 3:17), y sea para nosotros el principio, el centro y el final de todo (Apocalipsis 21:6).

Es a través de este Hijo que Dios nos habla. No sólo a través de las palabras del Hijo, pues también son palabras humanas y, al igual que las palabras inspiradas de los profetas, pueden

---

[84] Nota del Traductor: Es decir, a Dios.

ser de poco provecho[85]. Pero es por medio del Hijo — el Hijo vivo, poderoso, divino y directo — que Dios habla; sólo en el contacto vivo y directo con el Hijo se pueden aprovechar las palabras. Y el Hijo, no como lo pensamos superficialmente; sino el verdadero Hijo Divino, tal como Dios lo ha revelado (Mateo 16:17), como lo hemos conocido (2 Corintios 5:16), adorado (Filipenses 3:3) y como lo esperamos, como el resplandor de la gloria divina (Filipenses 3:20-21; 1 Juan 3:2); es en este Hijo de Dios, que entra en nuestro corazón y habita en él (Romanos 8:10; Efesios 3:17), en el que Dios nos hablará, y en el que nos acercaremos a Dios (1 Timoteo 2:5; Juan 14:6; Hebreos 4:16; 10:22). Cuando Cristo revela al Padre (Mateo 11:27; Lucas 10:22), no lo hace en la mente, para darnos nuevos pensamientos acerca de Él, sino en el corazón y en la vida (Véase Jeremías 20:8-9; Ezequiel 3:10; Oseas 2:14)[86], para que conozcamos y experimentemos el poder con el que Dios puede habitar y obrar en el hombre (Efesios 1:19-20), devolviéndole el disfrute de esa bendita comunión para la que fue creado (Efesios 2:10; Efesios 1:11-12), y que perdió por

---

[85] Nota del Traductor: Un ejemplo claro de esto, es lo descrito en Juan 5:39-40. Los judíos escudriñaban las Escrituras asiduamente, porque ellos consideraban que en ellas tenía la vida eterna; y ciertamente esto era así. Pero su conocimiento de las Escrituras, su erudición, en lugar de acercarlos, los alejo tanto del Cristo viviente del cual las Escrituras daban testimonio; a tal punto, que no querían venir a Él para que tuvieran vida. "*Porque la letra mata, más el Espíritu vivifica*" (2 Corintios 3:6). "*El Espíritu es el que da vida; la carne para nada aprovecha; las palabras* [gr. *rhêmata*: la palabra interior hablada para el momento] *que Yo os he hablado son espíritu y son vida*" (Juan 6:63).

[86] Nota del Traductor: El deseo de Dios de hablar al hombre al corazón y desde él, ya había sido prefigurado en el Antiguo Testamento, como lo muestran estos versículos; pero hayo su pleno cumplimiento por medio de la ascensión y el ministerio celestial del Cristo, que ha sido entronizado en el cielo y en nuestro corazón.

causa de la caída (Romanos 3:23). La gran obra de Dios en el cielo, el principal pensamiento y anhelo de Su corazón es: a través de Su Hijo, llegar a tu corazón y hablarte (Juan 6:29). ¡Oh, que sea la gran obra de tu vida, y el gran anhelo de tu corazón, conocer a este Jesús; como un humilde y manso discípulo (Juan 13:14) inclínate a Sus pies (Filipenses 2:10), y deja que te enseñe acerca de Dios y de la vida eterna! (Cf. Lucas 24:13-31, 44-49). ¡Sí!, incluso ahora, inclinémonos ante Él en la quíntuple[87] gloria en la que la Palabra lo ha puesto ante nosotros: (1) Él es el *heredero de todo* lo que Dios tiene (Juan 16:15; 17:10). (2) Él es su *Creador*. (3) También es el *Sostenedor*[88]. Y (4) Él también es *el resplandor de la gloria de Dios* y (5) *la imagen misma de Su substancia*. ¡Oh, mi Salvador! ¡Has cualquier cosa para que pueda conocerte mejor, y para que, en Ti, mi Dios pueda hablarme!

Conclusiones:

1. *"Nadie conoce al Hijo, sino el Padre, ni al Padre conoce alguno, sino el Hijo, y aquel a quien el Hijo lo quiera revelar"* (Mateo 11:27; Lucas 10:22). Cuánto necesitamos depender del Padre para conocer al Hijo (Véase Mateo 16:17); y del Hijo para conocer al Padre. Reconozcamos esta dependencia con profunda humildad, y creamos y esperemos, con mansedumbre en el alma, la revelación divina.

---

[87] Nota del Traductor: Literalmente dice: "la cuádruple", pero según el contexto, puede verse que Murray menciona cinco glorias, y no cuatro.
[88] Nota del Traductor: O, Sustentador.

2. Hay momentos en que surge en el alma un profundo anhelo de conocer a Dios. Las enseñanzas externas no satisfacen. Atesora ese anhelo como una atracción amorosa de parte de Dios (Véase Oseas 11:4). Apártate del mundo en la quietud del alma, y ejercita la fe en el poder secreto que Jesús puede ejercer en el corazón. Conviértete en discípulo de Jesús (Juan 2:11), en alguien que le sigue (Juan 10:4; Apocalipsis 14:4) y aprende de Él (Mateo 11:29).

3. ¡Oh Tú, que eres el Heredero, el Creador, el Sostenedor de todo, el resplandor de la gloria del Padre, y la imagen misma de Su substancia! ¡Oh mi Señor Jesús, revélame al Padre, para que pueda comprender que Dios me ha hablado!

Capítulo 4: El Hijo, la gloria de Su obra

"El cual, siendo el resplandor de Su gloria, y la impronta misma de Su substancia, y quien sustenta todas las cosas con la palabra de Su poder, habiendo hecho la purificación[89] *de nuestros pecados en Sí mismo, se sentó a la diestra de la Majestad en las alturas"*

(Hebreos 1:3).

A la descripción de la gloria de la persona de Cristo, le sigue la de la obra de este Hijo, en el que Dios nos ha hablado. Las palabras de Dios son obras[90] (Véase Juan 14:10). Es en lo que Cristo *es* y en lo que Él *obra*, que Dios nos habla (Juan 5:36; 10:25, 37-38). Es en Su divinidad y en Su encarnación que vemos lo que Dios nos ha dado. En Su vida, muerte y ascensión, vemos cómo el don de Dios (Juan 4:10) entra y actúa en toda nuestra vida humana, nos muestra cuán plena es nuestra salvación, y que es lo que Dios demanda de nosotros hoy. Toda la obra de Cristo es la Palabra de Dios para nosotros.

Esa obra consta de dos partes: una *en la tierra* y la otra *en el cielo*. De la primera se dice: *"habiendo hecho la purificación de nuestros pecados"*; de la segunda: *"se sentó a la diestra de la Majestad en las alturas"*. En una vida cristiana sana, debemos

---

[89] O, habiendo efectuado la limpieza. [Nota del Traductor: Se trata del nombre griego *katharismon* [G2512]: purificación, limpieza, lavamiento ceremonial].
[90] Nota del Traductor: O, hechos.

conocer y mantener ambas partes de la obra de Cristo. La obra que hizo en la tierra, no fue más que un comienzo de la obra que iba a realizar en el cielo; en esta última, la obra realizada en la tierra, encontró su perfección y su gloria. Como Sacerdote, *efectuó la purificación de los pecados* aquí abajo; como Sacerdote-Rey, *se sienta a la diestra del trono de la Majestad en las alturas* para aplicarnos Su obra en el poder celestial (Efesios 1:19-23; Filipenses 3:10), para dispensar Sus bendiciones (Gálatas 3:14) y para mantener en nosotros la vida celestial (1 Juan 5:11-12; Juan 1:4; 8:12; 2 Timoteo 1:10).

Habiendo hecho la purificación de nuestros pecados. La purificación de los pecados, como algo efectuado por Cristo antes de ir al cielo, es el fundamento de toda Su obra. Aprendamos, desde el principio, que lo que Dios tiene que decirnos en Cristo comienza aquí: *el pecado debe ser purificado.* Este es el pensamiento principal de la redención. Mientras busquemos la salvación, principalmente desde el deseo de nuestra confianza personal (Véase Filipenses 3:3), o abordemos el estudio de la persona y de la obra de Cristo como la revelación de lo que es verdadero, bello y bueno[91]; no podremos entrar plenamente en Su poder (Hebreos 7:16; 2 Pedro 1:3). Es en la purificación de los pecados en lo que Dios insiste; ya que fue en un deseo tan intenso que dio a Su Hijo para morir por ello (Hebreos 2:9; Filipenses 2:8); y, por tanto, debe ser en un deseo intenso, tras la purificación de los

---

[91] Nota del Traductor: Es decir, como algo superficial y cognoscitivo, como aquello que procede del árbol del conocimiento del bien y del mal, y no del árbol de la vida (Véase Génesis 2:9; 3:10-11, 22; Apocalipsis 2:7; 22:2, 14). Recordemos que "*también los demonios creen, y tiemblan*" (Santiago 2:19).

pecados, que, a lo largo de la vida cristiana, se encuentre la capacidad espiritual para acercarse y para entrar en la salvación de Cristo (Hebreos 2:3). Está en la raíz de todo. Es el secreto de la perfección cristiana. Sólo cuando lo hemos conseguido, tendremos la certeza de que se nos ha abierto el cielo (Cf. Hechos 7:56; Juan 1:51; Apocalipsis 19:11). La plena aceptación de la purificación de los pecados, tal y como el significado de la palabra se desarrollará más adelante, será también para nosotros la entrada en la vida celestial (Romanos 5:2; Efesios 2:18; 2 Pedro 1:11).

Cuando hubo realizado la purificación de los pecados, *se sentó a la diestra de la Majestad en las alturas*. Allí vive, abriendo y manteniendo abierto el bendito acceso a la presencia y a la comunión de Dios para nosotros; elevándonos y manteniéndonos en su disfrute; y en el poder que prevalece allí (Véase Mateo 26:64), haciendo que el reino de los cielos sea una realidad dentro del corazón[92]. El gran propósito de la Epístola, es hacernos comprender la gloria celestial de Cristo (Hebreos 2:7, 9) como la base de nuestra confianza (Hebreos

---

[92] Nota del Traductor: Cristo, como la Escalera Celestial (Génesis 28:12; Juan 1:51), nos comunica y nos hace participantes del reino de los cielos. Un extremo de esta Escalera Divina se encuentra sostenida en el cielo; mientras que el otro extremo, se encuentra apoyado en la tierra, específicamente en nuestro espíritu humano; de tal manera, que, por medio de Ella, los pobres en espíritu pueden tener la realidad del reino de los cielos hoy (Mateo 5:3). La realidad y el testimonio de nuestra entrada en el reino de los cielos se encuentra en nuestro espíritu (Romanos 8:16; Juan 3:3, 5). Todo esto, propiciado por Cristo, la Escalera Celestial, en el servicio de Su ministerio celestial a favor de nosotros (Hebreos 9:24). ¡El Cielo está hoy en nuestro espíritu, gracias Cristo, la Escalera Celestial!

3:6; 4:16; 10:19, 35), como la medida de nuestra expectativa y del carácter de la salvación interior que Él imparte (Efesios 3:16). El hecho de que Cristo, como nuestro Líder (Hebreos 2:10) y Precursor (Hebreos 6:20), haya rasgado el velo (Cf. Mateo 26:65; 27:51; Marcos 15:38; Lucas 23:45) y, con el poder de Su sangre, haya tomado posesión y asegurado el acceso al Lugar Santísimo (Véase Hebreos 9:12; 10:19; Efesios 2:18; Romanos 5:2; 2 Pedro 1:11), no significa solamente que vayamos a entrar en el cielo cuando muramos. Toda la enseñanza práctica de la Epístola se resume y se aplica en una sola palabra: *"Tenemos confianza para entrar, acerquémonos, entremos"*. Cristo sentado en el trono del cielo, significa que somos llevados realmente, en el poder sobrenatural que proporciona el descenso del Espíritu Santo (1 Pedro 1:12; Lucas 24:49; Hechos 1:8; 2:1-4; Romanos 15:13; cf. Lucas 3:22; 4:14; Hechos 10:38), a la santa presencia de Dios, y a vivir allí nuestra vida diaria (Hebreos 9:24; Judas 24; Hechos 2:28; 3:19; Apocalipsis 20:11). Fue porque los hebreos no sabían esto, porque se habían conformado con las verdades elementales sobre la fe (Hebreos 5:12; 6:1), la conversión (Hebreos 6:1), y de la vida en el cielo después de la muerte (Hebreos 6:2), que habían fracasado de manera tan significativa. Conocer verdaderamente a Jesús sentado a la diestra de la Majestad en las alturas, sería entonces la cura para sus enfermedades, el restablecimiento del gozo (Hebreos 12:2) y de la fuerza (Hebreos 11:11) de una vida conforme a su llamamiento[93] celestial (Hebreos 3:1).

---

[93] Nota del Traductor: O, vocación.

La Iglesia de nuestros días sufre del mismo mal; y, por tanto, necesita de la misma cura. Es mucho más fácil apropiarse de la obra de Cristo realizada en la tierra, que de Su obra realizada en el cielo. Es mucho más fácil aceptar la doctrina de un Sustituto (Gálatas 3;13) y de la expiación (Romanos 3:25; 1 Juan 2:2; 4:10), del arrepentimiento (Hebreos 6:1, 6) y del perdón (Efesios 1:7; Colosenses 1:14), que la de un Sumo Sacerdote que nos lleva a la presencia misma de Dios (Hebreos 8:1-2; 4:14; 9:24), y nos mantiene en una amorosa comunión con Él (1 Juan 1:3). No se trata únicamente del derramamiento de la sangre en la tierra (Romanos 3:24-25; Juan 19:34), sino de la sangre rociada en el cielo (Hebreos 9:12, 24), de la aspersión de la sangre desde el cielo en el corazón y en la conciencia (Hebreos 10:22), esto es lo que verdaderamente nos trae el poder de la vida celestial (Filipenses 3:10). Y esto es lo único que nos hace cristianos; los que no sólo buscan entrar por la puerta[94] (Cf. Mateo 7:13; Juan 10:9); sino que cada día avanzan por el camino nuevo y vivo (Hebreos 10:20; Juan 14:6), que conduce cada vez más adentro del Lugar Santísimo (Hebreos 10:19-22).

Que nadie piense que hablo de lo que es demasiado elevado. Hablo de lo que es vuestra herencia y vuestro destino (1 Pedro 1:4; Romanos 6:22). La misma porción que tenéis en Jesús en la cruz, la tenéis en Jesús en el trono. Estad pues dispuestos a sacrificar la vida terrenal por la celestial; a seguir plenamente

---

[94] Nota del Traductor: Se refiere a la puerta del Tabernáculo, o Tienda de Reunión, donde los judíos, como pueblo de Dios, presentaban sus ofrendas ante Dios, con la intervención de sangre (Véase, por ejemplo: Levítico 1:3, 5).

a Cristo en Su separación del mundo (Hebreos 7:26; 1 Juan 2:15) y en Su entrega a la voluntad de Dios (Juan 4:34; 5:30; 1 Pedro 4:2); y Cristo en el cielo, os hará experimentar en vuestro interior[95] la realidad y el poder de Su Sacerdocio Celestial. Que la purificación de los pecados sea para vosotros, como lo fue para Cristo, la entrada al Lugar Santísimo. El que efectuó la purificación en la tierra, y la aplica en el creyente desde el cielo, te conducirá con toda confianza, a toda la plenitud de la bendición que ha abierto para Él y para ti.

Conclusiones:

1. La fe tiene en sus cimientos cuatro grandes piedras angulares sobre las que descansa todo el edificio: (1) La divinidad de Cristo, (2) la encarnación, (3) la expiación en la cruz y (4) la ascensión al trono. La última es la más maravillosa de todas ellas, es la corona de todas las demás, la revelación perfecta de lo que Dios ha hecho en Cristo para nosotros. Y de igual manera, en la vida cristiana, debe de ser está lo más importante, el fruto glorioso de todo lo anterior[96].

2. El Espíritu Santo fue enviado después de la ascensión[97] (1 Pedro 1:12; Hechos 1:4-8; 2:1-4). ¿Por qué? Para que nos diera

---

[95] Nota del Traductor: Literalmente: "probará en vosotros".

[96] Nota del Traductor: Es decir, de la divinidad de Cristo, de la encarnación y de la expiación en la cruz.

[97] Nota del Traductor: Murray está hablándonos en este numeral desde la perspectiva de los creyentes como un todo colectivo, como Cuerpo (Romanos 12:4-5; Efesios 5:30; Colosenses 1:18). Es desde esa perspectiva, que los

testimonio de un Cristo celestial (Romanos 8:16; Juan 15:26; 1 Juan 5:6), y trajera el reino de los cielos a nuestros corazones y a nuestras vidas[98] (Juan 3:5).

3. *"La purificación de los pecados".* Alguien dijo una vez: "En ese momento vi claramente que todo lo que el Señor quería comunicar y dar a conocer de Sí mismo y del misterio de Su reino, lo haría de forma santa y pura". Hay dos lados desde los que podemos acercarnos a la verdad elevada de la Palabra de Dios, en cuanto a la santidad (2 Corintios 7:1; Hebreos 12:10) y a nuestra semejanza con Jesús (Romanos 6:5). Uno es el deseo de conocer plenamente toda la verdad de las Escrituras, para tener un sistema de doctrinas[99] completo y perfecto para nosotros. Y el otro, es el profundo e intenso anhelo de ser liberados del pecado, tan libres como solo Dios puede hacernos en esta vida. Es sólo desde este lado, que se dará acceso real a la vida celestial de Cristo.

---

creyentes han sido bautizados en un mismo Espíritu (1 Corintios 12:13), luego de la ascensión de Cristo. Pero esto es aplicado de manera individual en el creyente en el momento de su conversión, cuando es regenerado por Dios; es entonces cuando el Espíritu da testimonio a su espíritu de que es un hijo de Dios (Romanos 8:16; Juan 15:26; 1 Juan 5:6), y es cuando entra en el Reino de Dios (Juan 3:5). Esto es lo que Murray está tratando de explicar aquí.

[98] Nota del Traductor: Véase la nota 92 en este libro.

[99] Nota del Traductor: Es decir, una teología sistemática.

PRIMERA SECCIÓN — Hebreos 1:4-14

El Hijo de Dios es superior a los ángeles

Capítulo 5: El Hijo ha heredado un nombre más excelente

"Hecho tanto más excelente que los ángeles, por cuanto se le otorgó por herencia un más excelente nombre que ellos. Porque ¿a cuál de los ángeles dijo Dios jamás: 'Mi Hijo eres Tú, Yo te he engendrado hoy', y otra vez: 'Yo seré a Él Padre, y Él me será a Mí por Hijo'"
(Hebreos 1:4-5).

La excelencia superior del Nuevo Testamento sobre el Antiguo, consiste en que Dios nos ha hablado y nos ha salvado en Su Hijo. Toda nuestra Epístola es la revelación de la gloria de la persona y de la obra del Hijo. Cuanto más plenamente comprendamos esto, y tengamos nuestro corazón impregnado de ello, mejor comprenderemos la plenitud de la salvación que Dios ha provisto ahora para nosotros. Conocer a Jesucristo en Su gloria es la gran necesidad, la única salvaguarda, y el crecimiento seguro de la vida cristiana.

A menudo no hay mejor manera de conocer una cosa, que poniéndola en contraste con lo que es menos perfecto. Nuestra Epístola nos enseñará la gloria del Nuevo Testamento, poniéndolo en contraste con el Antiguo Testamento; especialmente con aquellos que fueron sus grandes mediadores y representantes. Nos mostrará la superioridad de Cristo sobre los ángeles, sobre Moisés, sobre Josué, sobre Abraham, sobre Leví y Aarón.

Inicia con los ángeles. *Hecho tanto más excelente[100] que los ángeles, por cuanto se le otorgó por herencia un más excelente nombre que ellos.* Aunque estas palabras pertenecen gramaticalmente a los versículos anteriores, son en realidad el encabezado de lo que le sigue. Constituyen la transición del tema a la primera parte del argumento: la excelencia de Cristo como Hijo de Dios por encima de los ángeles.

Los judíos consideraban como uno de sus más grandes privilegios, el hecho de que la ley hubiese sido dada por medio de la ministración de los ángeles (Hebreos 2:2; Hechos 7:38, 53; Gálatas 3:19), los cuales eran espíritus celestiales (Hebreos 1:7; Mateo 24:36; Marcos 13:32; Lucas 2:15), que venían directamente del trono de Dios (Véase Apocalipsis 5:11; 7:11). La manifestación de Dios fue frecuentemente por medio de un ángel; el así llamado: "ángel del Señor"[101], el cual

---

[100] La palabra "más excelente" o "mejor" (gr. *kreittôn* [G2909]: mejor, más grande, superior) es una de las palabras clave de esta Epístola. Aparece trece veces. Véanse las referencias [en el Texto Bíblico Revisado de la Epístola, impreso luego del prefacio de la obra original en este libro, y colocadas como notas a pie de página].

[101] Nota del Traductor: O, el ángel de Jehová (*Yahweh*). Véase Génesis 16:7, 9-11; 22:11, 15; Éxodo 3:2; Números 22:22-27, 31-32, 34-35; Jueces 2:1, 4; 5:23;

había sido el líder de Israel (Véase Éxodo 13:21; 14:19). Y, sin embargo, por grande que fuera el privilegio, no era nada comparado con el de la nueva revelación. Los ángeles no eran más que criaturas; podían ciertamente mostrar signos del poder celestial (Mateo 28:2; Juan 5:4; Hechos 12:7, 23; Apocalipsis 14:18; 2 Pedro 2:11) y hablar las palabras de la verdad celestial (Mateo 1:20; 2:13, 19-20; 28:5; Lucas 1:13, 19; 2:9-15; Hechos 10:22; 11:13); pero como criaturas, no podían hacer descender la vida de Dios mismo, ni llegar verdaderamente a la vida del hombre[102]. Aunque ciertamente, como un título de honor, habían sido llamados: *"hijos de Dios"* (Salmos 29:1; Véase, sobre todo: Job 1:6; 2:1; 38:7); sólo hay Uno a quien se le dijo: *"Mi Hijo eres Tú, Yo te he engendrado hoy"* (Salmos 2:7). Sólo Él, haciéndonos participantes de la vida misma de Dios (Juan 10:10; 20:31; Efesios 4:18), pudo acercar a Dios a nosotros (Véase Mateo 1:23; cf. Isaías 7:14), y pudo hacer que nosotros nos acercáramos a Dios (Efesios 2:13).

Es la superioridad del Hijo sobre los ángeles, lo que el escritor va a demostrar en este primer capítulo, mediante una serie de citas de la Escritura en el Antiguo Testamento. Sin embargo, no debemos considerarlas sólo como otros tantos textos de prueba de la divinidad de nuestro Salvador, sino como una revelación divina de la gloria de esa divinidad en sus diversos aspectos. Al principio de su argumentación, demostrará cómo

---

6:11-12, 21-22; 13:3, 13, 15-18, 20-21; 2 Samuel 24:16; 1 Reyes 19:7; 2 Reyes 1:3, 15; 19:35; 1 Crónicas 21:12, 15-16, 18, 30; Salmos 34:7; 35:5-6; Isaías 37:36; Zacarías 1:11-12; 3:1-2, 5-6; 12:8.

[102] Nota del Traductor: Es decir, en el interior.

el Antiguo Testamento ha dado siempre testimonio de la gloria del Hijo de Dios como el gran pensamiento, que, en la revelación de Dios al hombre, ha tenido siempre el primer lugar en Su corazón.

Antes de proceder al estudio de los textos mismos, es importante que observemos cómo los utiliza el escritor. Cuando nuestro Señor durante Su ministerio terrenal, o Pablo, citan el Antiguo Testamento en el Nuevo, generalmente dicen: *"Moisés dijo"* (Marcos 7:10; Romanos 10:19), *"David dijo"* (Mateo 22:43; Romanos 11:9), o *"los profetas dijeron"* (Juan 6:45; Hechos 13:40). Nuestra Epístola en cambio, cita en su mayoría las palabras como si saliesen de los labios mismos de Dios. En las siete citas de nuestro capítulo (Salmos 2:7; 2 Samuel 7:14; Salmos 97:7; 104:4; 45:6; 102:25; Isaías 51:6; Salmos 110:1), siempre se nos dice: *"Él dijo"* (Cf. Hebreos 1:13). Más adelante, encontramos más de una vez la expresión: *"como dice el Espíritu Santo"* (Véase Hebreos 3:7; 9:8; 10:15-17). La Escritura tiene dos caras, la humana y la divina. El conocimiento de todo lo que puede ilustrar las Escrituras como composiciones humanas tiene su gran valor como tal[103]. Pero es aún más importante, no olvidar nunca el lado divino; pues esto, nos llena de la plena convicción de que las Escrituras son realmente la Palabra de Dios; que Dios mismo, a través de Su

---

[103] Nota del Traductor: Se refiere a la calidad de lenguaje en que se escribió el Texto Sagrado, ya fuera en hebreo, arameo o griego; la lírica, el verso y la prosa en que se compusieron, cosas que, sin lugar a dudas, dejaron la impronta humana en el Texto Bíblico.

Espíritu, habló en los profetas (2 Pedro 1:21; cf. Hechos 28:25), y tiene el poder de Dios habitando en ella[104] (1 Corintios 1:18).

Esta convicción nos enseñará dos cosas, absolutamente necesarias para el estudio provechoso de la Epístola. La primera, que reconozcamos que estas Palabras de Dios contienen una profundidad divina de tal significado, que la mente humana nunca habría podido captarla o exponerla (Isaías 55:8-9; Job 11:7; 1 Corintios 2:9-11). La maravillosa exposición del Salmo 2 sobre el Hijo de Dios; la del Salmo 8 sobre la naturaleza humana de Jesús; la del Salmo 95 sobre el reposo de Dios; la del Salmo 110 sobre el sacerdocio de Melquisedec; todas ellas, nos demuestra cómo los escritores del Antiguo Testamento fueron inspirados por aquel Espíritu de Cristo que conocía de antemano lo que habría de venir (1 Pedro 1:10-12; 2 Timoteo 3:16); y ciertamente fue ese mismo Espíritu, el único que pudo haber enseñado a nuestro escritor a comprender y a desarrollar su divino significado.

La otra lección es ésta: que los pensamientos divinos, así depositados en el Antiguo Testamento como una semilla por el Espíritu Santo, y desarrollados por ese mismo Espíritu a lo largo del Nuevo Testamento, siguen necesitando la enseñanza del Espíritu para hacerlos vida y verdad en nosotros. Es Dios quien debe resplandecer en nuestros corazones para darnos el conocimiento de Su gloria en la faz de Jesucristo (2 Corintios

---

[104] Nota del Traductor: Es decir, la palabra de Dios.

4:6). Cristo, la Palabra[105], quien *"es Dios"* (Juan 1:1), y el cual nos habla como salido de la profundidad misma del corazón de Dios, es una Persona viviente. Sólo el corazón que se somete a la dirección del Espíritu Santo (Hechos 13:4; 16:6-7; Romanos 8:14; Gálatas 5:18), puede esperar beneficiarse de la enseñanza de la Palabra, y de conocer verdaderamente a Cristo en Su divino poder salvador (Colosenses 2:2). Las verdades sobre la filiación[106] (Romanos 8:15, 23; 9:4; Gálatas 4:5; Efesios 1:5), la divinidad (Isaías 9:6; 43:10-11; 44:6, 24; Mateo 1:23; Juan 1:1, 3; 5:17-18, 23; 8:24, 58; 10:30-33; 14:6-7, 9-11, 20:28; Hechos 4:12; 20:28; Colosenses 1:16; Filipenses 2:5-7; 1 Timoteo 3:16; Tito 2:13; Hebreos 1:8-9; 2 Pedro 1:1; 2 Juan 7; Apocalipsis 1:5-6, 8, 17-18; 2:8; 5:8-9; 22:13, 16), el sacerdocio (Hebreos 2:17; 3:1; 4:14, 15; 5:5, 10; 6:20; 7:26; 8:1; 9:11; Éxodo 19:6; 1 Pedro 2:5, 9) y la redención de Cristo (Lucas 1:68; 2:38; 21:28; Romanos 3:24; 8:23; 1 Corintios 1:30; Efesios 1:7, 14; 4:30; Colosenses 1:14; Hebreos 9:12, 15) fueron encomendadas al Espíritu Santo; Él las reveló en Su debido momento (Efesios 3:5); y sólo Él puede revelárnoslas (Gálatas 1:12, 15-16; Efesios 1:17). Todos tenemos libre acceso a las Palabras escritas; nuestra mente puede ver su significado; pero Su vida (Filipenses 2:16), Su poder (1 Corintios 1:18; Hebreos 1:3) y Su bendición (Gálatas 3:14; Salmos 133:3), la gloria del Hijo de Dios como poder de salvación (Hebreos 2:10; 2 Corintios 3:18; Colosenses 1:27; Romanos 1:16; 2 Tesalonicenses 2:14), esto no

---

[105] Nota del Traductor: O, el Verbo (Juan 1:1).

[106] Nota del Traductor: Traducción literal que Murray hace del nombre griego *huiothesias* [G5206], generalmente traducido como "adopción" en la mayoría de versiones de la Biblia, pero que en realidad significa: "colocar como hijo". Otorgando no solo los derechos legales; sino también la vida (1 Juan 5:11) y la naturaleza (2 Pedro 1:4) del que engendra (Cf. Juan 1:13).

se le otorga a nadie más, que solo a aquellos que esperan humildemente en el Espíritu de Dios (Mateo 5:5; Santiago 4:6; 1 Pedro 5:5) para que Él se las enseñe (1 Corintios 2:13; Juan 14:26).

Conclusiones:

1. Los ángeles trajeron mensajes maravillosos de Dios en el pasado; pero Dios se ha acercado ahora a ti, y espera hablarte de una manera mucho más maravillosa y bendita, revelando la Palabra eterna en tu corazón.

2. Palabras y maravillas podían traer estos ángeles. Pero traer la vida y el amor de Dios, e impartirlo en el corazón; esto sólo lo puede hacer el Hijo ¡Y ciertamente Él lo hace! [Cristo es la naturaleza divina manifestándose y comunicándose; no puedo tener contacto con Cristo o con Dios en Él][107], sino únicamente al recibirlo, como la naturaleza divina impartiéndose a sí misma (2 Pedro 1:4), tal como se manifestó[108] en Su vida, en Su voluntad y en Su carácter humanos.

3. Si fuéramos favorecidos hoy con la visita de un ángel, lo consideraríamos como un privilegio. Pero Cristo, el Hijo

---

[107] Nota del Traductor: El texto entre corchetes es un texto bastante ambiguo, que se ha traducido de manera literal, tal y como es expresado por Murray, respetando mayúsculas y minúsculas.

[108] Nota del Traductor: Es decir, tal y como se manifestó la naturaleza divina en la vida, voluntad y carácter humanos de Cristo cuando estuvo en la tierra.

sentado a la diestra del trono de Dios, no sólo me visita, sino que Él hoy mora dentro mí (Juan 14:23; Colosenses 1:27) ¡Oh, alma mía, ponte a la altura de tus privilegios! ¡Dios te habla en Su Hijo!

Capítulo 6: El Hijo, el Unigénito

"Porque ¿a cuál de los ángeles dijo Dios jamás: 'Mi Hijo eres Tú, Yo te he engendrado hoy [Salmos 2:7]', y otra vez: 'Yo seré a Él Padre, y Él me será a Mí por Hijo' [2 Samuel 7:14]. Y otra vez, cuando introduce al Primogénito en la tierra habitada, dice: 'Y adórenle todos los ángeles de Dios' [Salmos 97:7]"

(Hebreos 1:5-6).

Es por causa de que Cristo es el Hijo de Dios, superior a los ángeles; y por causa de que el Nuevo Testamento es más excelente que el Antiguo Testamento. Que, si queremos captar la enseñanza y obtener la bendición de nuestra Epístola, y llegar a ser realmente participantes del poder y de la gloria interior de la redención que Cristo nos ha traído, debemos permanecer aquí en profunda humildad, hasta que Dios nos revele lo que significa que *Su único Hijo* se haya convertido en nuestro Salvador. La excelencia infinita del Hijo por encima de los ángeles es la medida de la excelencia de esa vida celestial que Él trae y dispensa en nosotros. Los ángeles podían hablar de Dios y de la vida. Sin embargo, el Hijo *tiene* (Juan 5:26), y el Hijo *es*, esa vida de Dios (Juan 11:25; 14:6), y nos la imparte en nuestro interior. *"El que tiene al Hijo tiene la vida"* (1 Juan 5:12).

Mi Hijo eres Tú, Yo te he engendrado hoy. Estas son las palabras que se usan en Hechos 13:33, para referirse a la resurrección de Cristo. Así que la palabra *"Primogénito"* en el siguiente versículo (Hebreos 1:6), también hace referencia a la resurrección (Colosenses 1:18; Apocalipsis 1:5). El Hijo no sólo fue engendrado[109] por el Padre en la eternidad, sino que fue engendrado de nuevo en la resurrección[110]. En la encarnación,

---

[109] Nota del Traductor: Engendrado en la esencia de la Deidad, sin la intervención de tiempo o espacio.

[110] Nota del Traductor: Permítame amigo lector explicar esto en palabras sencillas. El Hijo ha sido siempre el Hijo de Dios desde la eternidad, donde no existe el tiempo ni el espacio, Él era el Hijo Unigénito de Dios que estaba en el seno del Padre (Juan 1:18; Romanos 8:3; 1 Juan 1:2), poseedor de la Divinidad en mutualidad con el Padre (Juan 1:1-2). Pero cuando vino el cumplimiento del tiempo (Gálatas 4:4), y se encarnó, Él continuó siendo el Hijo Unigénito del Padre (1 Juan 4:9; Juan 1:14; 3:16). En la encarnación, el Hijo se vistió de la humanidad (Filipenses 2:5-7) sin pecado (Juan 8:46; 2 Corintios 5:21; Hebreos 4:15; 7:26; 1 Pedro 2:22), ocultando momentáneamente Su gloria Divina en la humanidad. Cuando este Hijo Unigénito regresó a la gloria del Padre mediante la resurrección (Juan 16:5; 17:5), y en Su posterior ascensión (Marcos 16:19; Hechos 1:2, 22; 1 Timoteo 3:16), lo hizo con la humanidad que había ganado al encarnarse; pero esta, era algo ajeno al elemento divino, es decir, a la vida eterna, a la filiación divina. Dios tuvo entonces que declarar o vindicar tal naturaleza humana del Hijo, mediante la resurrección (Véase Romanos 1:4; Hechos 13:33; Hebreos 1:5), santificándola, elevándola y transformándola, para llevarla al mismo nivel que la Divinidad de Cristo, a fin de poderla introducir en el elemento divino, en la vida eterna que se haya en la gloria de la Divinidad (Cf. Juan 20:17; 1 Corintios 15:20, 23; Romanos 11:16). Esta humanidad del Hijo, fue introducida pues, *en la vida eterna*, en la filiación divina, *no en la esencia de la Deidad*; ya que la esencia divina es inmutable (Cf. Malaquías 3:6; Santiago 1:17). Ahora bien, al encarnarse y al vivir en la tierra, el Hijo Unigénito del Padre, poseía la naturaleza Divina y la naturaleza humana; Él era el único en Su género sobre la faz de la tierra con estas características; y por tal razón, Él era el Hijo Unigénito (Juan 1:14, 18; 3:16, 18; Hebreos 11:17; 1 Juan 4:9). Sin embargo, al resucitar, todos los creyentes elegidos y predestinados por el Padre (1 Pedro 1:2; Efesios 1:5), fueron resucitados juntamente con Él, en virtud de nuestra unión mística con Él (1 Pedro 1:3); siendo a su vez, de la misma manera que Su humanidad, engendrados por el Padre como los muchos hijos de Dios (Romanos 8:29; Hebreos 2:10). Es así,

que la resurrección, fue un nuevo nacimiento para el Hijo, y el fundamento de nuestra regeneración (Juan 3:3, 5-6; Tito 3:5). La aplicación e impartición de esto, ocurre cuando Él, por medio de la fe, sopla Su Espíritu en nosotros (Juan 20:22); es mediante tal suceso, que la naturaleza divina [es decir, los atributos comunicables de la Divinidad; no así los incomunicables: omnisciencia, omnipresencia, omnipotencia y el ser objeto de adoración] y todos los logros que el Hijo ganó a lo largo de todos Sus estados o "procesos", si se quieren llamar de esta manera [es decir, en la encarnación, vivir humano, muerte, resurrección y ascensión], nos son impartidos en nuestro espíritu, por medio del Espíritu, como la Realidad del Hijo, el Consumador y el Aplicador de la plena salvación de Dios. Fue de esta manera entonces, que el Cristo resucitado, dejó de ser el único en Su género, poseedor única y exclusivamente Él de la naturaleza Divina y de la naturaleza humana. Y, es que a través de todos Sus estados, en el desarrollo de Su ministerio terrenal, Él llegó a convertirse en el Prototipo, en el que se generaron una serie de hijos de Dios, que eran semejantes al Hijo, poseedores de la vida (1 Juan 5:11-12) y de la naturaleza divina (2 Pedro 1:4), juntamente con la naturaleza humana; y es por tal razón, que el Hijo Unigénito en resurrección, llegó a ser el Hijo Primogénito de Dios (Romanos 8:29; Colosenses 1:15, 18; Hebreos 1:6; Apocalipsis 1:5), el primero de entre muchos otros semejantes a Él, en vida y naturaleza, más no en la Divinidad [una diferencia que no debemos perder de vista]. La resurrección pues, llegó a ser un nuevo nacimiento para el Hijo, fue Su nacimiento de entre los muertos (Colosenses 1:18; Apocalipsis 1:5). Ahora Él, desde dentro de nosotros, desde nuestro espíritu, nos está llevando a la gloria (Colosenses 1:27; Hebreos 2:10; Romanos 8:21), la gloria de la cual fuimos destituidos por causa del pecado (Romanos 3:23). Está gloria, la obtendremos ya sea mediante la resurrección (1 Tesalonicenses 4:16), en el caso de que muriésemos antes de que Cristo regrese, o por medio de la transformación en el arrebatamiento de los santos (1 Corintios 15:51-53; 1 Tesalonicenses 4:17), en el caso de que viviésemos para cuando Él vuelva. De tal manera, que, así como Cristo tuvo dos nacimientos para obtener eterna y plena salvación para nosotros [es decir, la encarnación y la resurrección]; de la misma forma el creyente debe tener dos nacimientos para apropiarse de esa eterna y plena salvación que Él ha obtenido. Primero, nacemos del Espíritu en la regeneración (Juan 3:3, 5-6; Tito 3:5); y segundo, nacemos en la glorificación (Filipenses 3:21). El primer nacimiento introduce a Dios en nosotros; el segundo, nos introducirá en la vida eterna, que se encuentra en la gloria de Dios. El primer nacimiento es solo el inicio y el depósito de la capacidad para la unión entre la naturaleza divina y la humana no había hecho más que empezar; debían ser perfeccionadas por Cristo, en Su voluntad humana, sometiéndose a la voluntad de Dios hasta la muerte. En la resurrección, Cristo *"fue declarado Hijo de Dios con poder"* (Romanos 1:4); *ahí se completó el nacimiento pleno de la humanidad de Cristo en la comunión perfecta y en la igualdad con la Deidad*[111]; el Hijo del Hombre fue engendrado

---

obtener el segundo; ya que no hay que perder de vista, que la glorificación no es un acto instantáneo en sí mismo; sino, que, según la enseñanza del Nuevo Testamento, es un proceso que se está llevando a cabo desde el momento de nuestra regeneración, por el Jesús glorificado que mora dentro de nosotros (Véase Colosenses 1:27; Filipenses 1:6; 2 Corintios 3:18; 5:4; 2 Tesalonicenses 1:10); en la medida claro, en que le permitimos a este Señor Maravilloso, llevar a cabo Su ministerio celestial en nuestro interior, sin apagar ni contristar Su Espíritu (1 Tesalonicenses 5:19; Efesios 4:30; cf. Romanos 8:23-30).

[111] Nota del Traductor: Esta es la traducción literal del inglés: *"the full outbirth of humanity into the perfected fellowship and equality with Deity was completed"*. En esta nota reforzaré lo que he dicho en la anterior, quizás hasta de manera redundante; pero es un punto tan crucial en este libro, que me atreveré a hacerlo de esta manera. El hecho teológico es: que, en la resurrección de Cristo, la humanidad del Hijo fue introducida en la vida eterna, en la filiación divina. Llegando de esta manera a ser el Prototipo, y el primero en su género [el Primogénito], de los muchos hijos de Dios que habría de llevar a la gloria (Hebreos 2:10). De ser el Unigénito en la encarnación (Juan 1:14, 18; 3:16, 18; 1 Juan 4:9), pasó a ser el Primogénito por medio de la resurrección de entre los muertos (Romanos 8:29; Colosenses 1:15, 18; Hebreos 1:6; Apocalipsis 1:5). En la encarnación introdujo a Dios en la humanidad, para redimirnos del pecado (Tito 2:14); en la resurrección en cambio, introdujo al hombre en Dios, para conducirnos a la gloria de Dios (Juan 14:6). He ahí el misterio de la deificación, tan ampliamente desarrollado en la Iglesia Ortodoxa; lo que en el caso de los creyentes, de los muchos hijos, no comporta, en manera alguna, la participación de la Divinidad como tal, es decir, de llegar a obtener la omnisciencia, omnipotencia, omnipresencia ni mucho menos de llegar a ser objeto de adoración; sino que únicamente comporta la participación de la vida (1 Juan 5:11-12; Juan 14:6) y de la naturaleza divina (2 Pedro 1:14), las cuales

en toda la semejanza y la gloria del Hijo de Dios. Así es aplicado por Pablo en Hechos 13:33: *"Dios ha cumplido a los hijos de ellos, a nosotros, resucitando a Jesús; como está escrito también en el salmo segundo: 'Mi Hijo eres Tú, Yo te he engendrado hoy'"*. Fue entonces que se convirtió en el primero en ser engendrado de entre los muertos.

Y otra vez: "Yo seré a Él Padre, y Él me será a Mí por Hijo". Estas palabras fueron pronunciadas a David acerca de un hijo que Dios le daría[112], pero con la clara indicación de que su significado alcanzaba mucho más de lo que cualquier simple mortal podría llegar a ser. Fue en el Hijo del Hombre, que en la resurrección fue resucitado con poder y declarado Hijo de Dios, que estas palabras hallaron su pleno cumplimiento.

Y otra vez, cuando introduce al Primogénito en la tierra habitada, dice: "Y adórenle todos los ángeles de Dios". La cita de este Salmo, habla de la venida de Jehová [o Yahweh] para redimir a Su pueblo: el Hijo está tan unido con el Padre (Juan 10:30), que como el Padre obra únicamente por medio de Él (Colosenses 1:16, 20), y sólo puede ser conocido en Él (Mateo 11:27; Lucas 10:22); de igual forma, la adoración sólo puede surgir hacia Dios también por medio de Él (Colosenses 3:17; cf. Hebreos

---

derivan en virtud de nuestra unión mística u orgánica con Cristo (Efesios 1:4, 11, 13; Romanos 11:17, 24), la Vid Verdadera (Juan 15:1-11).

[112] Nota del Traductor: Es decir, con referencia a Salomón, un tipo antiguotestamentario de Cristo.

2:12). Los ángeles adoran a Cristo el Libertador como Jehová[113] [o Yahweh].

¡Cristo es el Hijo de Dios! ¿Qué significa esto para nosotros, y cuál es la bendición que aporta a nuestra fe? Nos señala en primer lugar, el gran misterio de que Dios tiene un Hijo. Este es el misterio del amor divino; y dicho misterio tiene un doble significado. Porque Dios es amor (1 Juan 4:8, 16), engendró un Hijo, al que da todo lo que Él *es* (Juan 5:26; 10:30) y *tiene* (Juan 16:15; 17:10), y en cuya comunión encuentra Su vida (Colosenses 3:3) y Su deleite[114] (Mateo 3:17; 17:5; Marcos 1:11; Lucas 3:22; 2 Pedro 1:17), y a través del cual puede revelarse (Mateo 11:27; Lucas 10:22; Juan 1:18), compartiendo con Él la adoración de todas Sus criaturas (Hebreos 1:6; Salmos 2:12). Y como Dios es amor, este Hijo de Dios[115] se convierte en el Hijo del Hombre[116], y el Hijo del Hombre, habiendo sido perfeccionado para siempre (Hebreos 5:9; 7:28), entra por medio de la muerte y la resurrección, en toda la gloria que le

---

[113] Nota del Traductor: El inglés lee: "*The angels worship the deliverer as Jehovah*". Que literalmente se traduciría: "Los ángeles adoran al Libertador como Jehová". Acá ciertamente Murray lo aplica a Cristo, y se ha de entender desde el punto de vista esencial u ontológico de la Deidad, donde el Padre y el Hijo comparten la misma esencia, son la misma esencia, ya que ambos en realidad son uno (Juan 10:30). Diferentes, pero no separados. Por tanto, no existe problema teológico alguno en esta declaración de Murray, ni tampoco en la traducción adoptada.

[114] Nota del Traductor: O, complacencia.

[115] Nota del Traductor: Al decir esto, Murray afirma lo que la Escritura, también declara que Cristo era el Hijo desde la eternidad (Véase Juan 1:18; 17:5, 24).

[116] Nota del Traductor: Es decir, por medio de la encarnación.

pertenecía al Hijo de Dios (Véase Juan 17:5). Y ahora este Hijo de Dios, es para nosotros la Revelación (Apocalipsis 1:1) y el Portador del amor del Ser Divino (Juan 3:16; Romanos 5:8; Efesios 1:5; 2:4-7; 1 Juan 4:10). En Él habita el amor de Dios (Juan 15:10; 2 Juan 3); en Él entramos y descansamos en ese amor (Juan 17:26; 2 Corintios 13:11; 2 Tesalonicenses 3:5; 1 Juan 2:5-6; 4:9). Cuando Dios nos habla en este Su Hijo, Su amor infinito se imparte en nosotros, convirtiéndose en la vida interior de nuestra vida (1 Juan 2:5; Romanos 5:5; 2 Corintios 3:17).

Y si preguntamos cómo puede hacerse esto, nuestra respuesta es la segunda gran lección que nos enseña la verdad de que Cristo es el Hijo de Dios; fue al ser engendrado por Dios, por medio de un nacimiento divino, que Cristo se convirtió en el Hijo. En la eternidad tuvo un nacimiento; mientras que en la resurrección tuvo otro nacimiento de entre los muertos (Colosenses 1:18; Apocalipsis 1:5). Y así, sólo por causa de un nacimiento divino, es que el Hijo, que es el amor de Dios (Juan 3:16), puede entrar en nosotros y tomarnos como posesión Suya. Es por generación eterna que Él es el Hijo de Dios. En la eternidad no hay pasado; lo que Dios *es* y *hace* está todo en el poder infinito de un ahora perpetuo[117]. Y es así que, en el poder de esa generación eterna, que el Padre nos engendra en Su Hijo[118] (1 Juan 5:1-18), y engendra a Su Hijo en nosotros[119];

---

[117] Nota del Traductor: O, siempre presente.

[118] Nota del Traductor: Así como el Hijo es el Hijo desde la eternidad, siendo engendrado en la esencia misma de la Deidad, sin intervención del tiempo ni del espacio; de igual forma, *en unión con Cristo*, hemos sido engendrados en

de esta manera, el Padre habla la Palabra eterna *a* nosotros y *dentro de* nosotros. *La Palabra de Dios es el Hijo* (Juan 1:1, 14), que sale del corazón del Padre, que habla en nuestros corazones y que habita en ellos (Efesios 3:17). El Hijo es el amor de Dios; como ocurre en el Hijo, así el amor de Dios es engendrado en nosotros, haciéndonos, por un nuevo nacimiento, participantes de Su propia naturaleza (2 Pedro 1:4) y bendición.

Si queremos aprender la lección de la Epístola, y experimentar en nuestra vida cristiana el pleno poder de la redención eterna, debemos sobre todo aprender a conocer mejor a Jesús. El conocimiento general que teníamos de Él antes, en el momento de la conversión, no es suficiente para un crecimiento fuerte y saludable. Dios desea que lleguemos a una estrecha amistad, a un conocimiento íntimo, con Su amado Hijo; que seamos los testigos amorosos y gozosos de la plena salvación que Él efectúa ¡Hagámoslo! Recordando que los ángeles y los profetas, sólo podían señalar al que habría de venir (1 Pedro 1:10-11; Romanos 5:14; Colosenses 2:17). Las palabras de la Escritura, e incluso las del propio Cristo, sólo aprovechan en la medida en que despiertan la expectativa de algo más elevado, esperemos entonces para que Dios nos hable en Su Hijo. El hecho de que Dios hable en nosotros, será una poderosa manifestación de Su poder creativo (2 Corintios

---

predestinación (Efesios 1:3-5) desde esa misma eternidad *en Él*. Este es un pensamiento bastante profundo presentado por Murray.

[119] Nota del Traductor: Es decir, en la regeneración.

4:6), y un nuevo nacimiento de Su amor en nosotros (1 Pedro 1:23; 1 Juan 2:5).

¡Oh, Dios!, enséñanos que el bendito secreto de Tu plena salvación es éste: ¡Cristo, nuestro Salvador, que es el Hijo de Dios!

Conclusiones:

1. El amor de Cristo, el Hijo de Dios, está en su corazón y en el mío.

2. *"Adórenle todos los ángeles de Dios"*. Todos los sirvientes alrededor de Su trono apuntan hacia Él; es a Él a quien debemos mirar (Isaías 45:22; Hebreos 12:2). Y esto, en adoración. Es la adoración, la adoración, la adoración, la que debe tener el Hijo. Es al corazón que lo adora, que Él se dará a conocer. Que nuestro estudio de la gloria de Cristo en esta Epístola, sea todo hecho en un espíritu de adoración, todo debe tender a postrarnos en adoración.

3. El Hijo es un Hijo sólo en el poder de un nacimiento divino. Y eso no sólo en la eternidad, y en la resurrección, sino también en nuestro corazón. Este es el misterio de la vida divina; inclinémonos en profunda impotencia e ignorancia, y esperemos que el Dios Todopoderoso nos revele al Hijo.

4. El Hijo es la Palabra, porque el hablar divino, no es sino otro aspecto del engendrar divino. El hablarnos en Su Hijo es plenamente realizado en el poder de una vida divina. El hablar, al igual que el engendrar, es el amor que se imparte y se comunica en el poder divino como vida interior, es porque Dios nos habla en el Primogénito, que somos engendrados por Él.

Capítulo 7: El Hijo, es Dios mismo

"Y ciertamente de los ángeles dice: 'Él que hace a Sus ángeles vientos, y a Sus ministros llama de fuego' [Salmos 104:4]. Más al Hijo dice: 'Tu trono, oh Dios, por el siglo del siglo; cetro de equidad[120] es el cetro de Tu reino. Has amado la justicia, y aborrecido la maldad; por lo cual te ungió Dios, el Dios Tuyo, con óleo de alegría más que a Tus compañeros [Salmos 45:6-7]'"

(Hebreos 1:7-8).

En contraste con lo que se dice de los ángeles como siervos, el Espíritu Santo ha dicho del Hijo: *"Tu trono, oh Dios, por el siglo del siglo"*. Cristo no es sólo el Hijo, sino que también es Dios. Es uno con el Padre (Juan 10:30). Como Hijo, es participante de la propia naturaleza y del mismo ser del Padre.

Cristo es Dios (Véase Juan 20:28). Para muchos cristianos esto ha sido un artículo de fe muerto, únicamente sostenido y probado por la Escritura, pero sin ninguna influencia viva en el alma. Para el verdadero creyente es una de las verdades más profundas y preciosas para alimentar la vida interior. *Cristo es Dios*. El alma lo adora como el Todopoderoso (Apocalipsis 1:8; 4:8), capaz de hacer una obra divina en el poder de la omnipotencia divina (Efesios 6:10). *Cristo es Dios*. Así como Dios obra en toda la naturaleza desde su interior y

---

[120] Nota del Traductor: O, de justicia. Es el nombre griego *euthytêtos* [G2118]: equidad en rectitud.

en secreto, así el alma confía en Cristo como el que está presente en todas partes (Mateo 18:20; 28:20), y como el que mora (Juan 14:23; Romanos 8:10), realizando Su obra salvadora, en las profundidades ocultas de su ser (Filipenses 1:6; Colosenses 1:27). *Cristo es Dios.* En Él entramos en contacto vivo con la persona y con la vida misma de Dios (Juan 1:1; 11:25; 14:6). Esta verdad es el fundamento de nuestra Epístola y de la vida cristiana que es edificada[121]. *Cristo es Dios.*

Tu trono, oh Dios, por el siglo del siglo. Como Dios, Cristo es Rey (Mateo 25:34; 27:11; 1 Timoteo 6:15; 1:17; Apocalipsis 17:14; 19:16), el trono del cielo le pertenece (Salmos 93:2; 132:11; Lucas 1:32). Cuando un padre terrenal ha engendrado un hijo, pueden estar separados el uno del otro por una gran distancia, tanto en lugar como en carácter; y por esta razón, puede que no se conozcan tan íntimamente. En el Ser Divino no es así. El Padre y el Hijo son inseparables (Juan 10:30), son uno (Juan 17:21-22) en la vida (Juan 1:1, 3) y en el amor (Juan 15:10); todo lo que el Padre *es* y *tiene*, el Hijo también lo *es* y lo *tiene* (Juan 5:26; 16:15; 17:10). El Padre está siempre en el Hijo, y el Hijo está siempre en el Padre[122] (Juan 8:29; 10:38; 16:32; 17:21). Dios está en el trono y Cristo está en Él; el trono y el reino son también de Cristo (Véase Apocalipsis 22:1; Efesios 5:5).

---

[121] Nota del Traductor: Es decir, de la vida cristiana que recibe edificación directa de la Cabeza, de Cristo Jesús (Colosenses 1:18; cf. Mateo 16:18).

[122] Nota del Traductor: Murray está aludiendo acá a la mutua interpenetración existente entre las Hipóstasis [o Personas] divinas, hecho que es también llamado en teología: coinherencia. Véase James Leo Garrett, *Teología Sistemática*, Tomo 1, Casa Bautista de Publicaciones, 1° Edición, pág. 301, 1996.

Por el siglo del siglo[123]. Cristo es el Rey eterno (Jeremías 10:10; 1 Timoteo 1:17). Su dominio es un dominio eterno (Daniel 4:3, 34; 7:14, 27; 1 Timoteo 6:16). El significado completo de la palabra *"eterno"* nos quedará claro más adelante. *Eterno* es aquello que en cada momento y siempre, existe en su fuerza plena, inamovible e inmutable. *"Recibimos un reino que es inconmovible"* (Hebreos 12:28), porque nuestro Rey es Dios, y Su reino es por los siglos de los siglos. El gobierno de Cristo nuestro Sacerdote-Rey, incluso ahora, en nuestras almas, se encuentra en el poder de una vida indestructible (Hebreos 7:16), imperecedera. La fe que recibe esto lo experimentará.

Cetro de justicia es el cetro de Tu reino. Cristo es un Rey justo (Salmos 89:14; cf. Juan 5:30), es Melquisedec, el Rey de Justicia (Hebreos 7:2). En Su reino todo es justicia y santidad (Salmos 96:10; Mateo 6:33; Romanos 14:17; Efesios 4:24). Allí, *"la gracia* [reina] *por medio de la justicia"* (Romanos 5:21). *Su reino* es el reino de los cielos[124], en donde se hace la voluntad de Dios en la tierra como en el cielo (Mateo 6:10). Y cuando además se dice: *"Has amado la justicia, y aborrecido la maldad"*, se nos recuerda que la justicia no es sólo Suya como atributo divino, sino que la misma es el fruto de Su vida en la tierra (Véase

[123] Nota del Traductor: Traducción literal, siguiendo al *Nuevo Testamento Griego* de Nestle-Aland en su 28° Edición. Algunas versiones lo traducen como: "por los siglos de los siglos", pero el nombre griego *aiôna*, en las dos ocasiones en que se repite en el versículo, no se encuentra en plural.
[124] Nota del Traductor: Véase Mateo 4:17; 5:19-20; 7:21; 8:11; 11:11-12; 13:31, 33, 44-45, 47, 52; 16:19; 18:1, 3-4, 23; 19:12, 14, 23; 20:1; 23:13; 25:14.

Hebreos 5:8; Hechos 3:14; 2 Timoteo 4:8; 1 Pedro 3:18; 1 Juan 2:1). Allí fue probado y perfeccionado (Hebreos 4:15; 2:10), para ser hallado como hombre (Filipenses 2:6-11), digno de sentarse en el trono de Dios (Mateo 25:31; Apocalipsis 3:21). El trono que le pertenecía, como Hijo de Dios y heredero de todas las cosas, tuvo que ganarlo como Hijo del Hombre (Véase Mateo 25:31; cf. Apocalipsis 14:14). Y ahora reina sobre Su pueblo (Colosenses 1:13; Efesios 2:19; Apocalipsis 19:6), enseñándoles con Su propio ejemplo (Mateo 11:29; 1 Pedro 2:21), capacitándoles con Su propio Espíritu (Filipenses 1:19), para *cumplir toda justicia* (Mateo 3:15). Como Rey de Justicia gobierna sobre un pueblo justo (Mateo 5:20; 13:43).

Por lo cual te ungió Dios, el Dios Tuyo, con óleo de alegría[125] *más que a Tus compañeros.* Él es un Rey ungido (Salmos 2:2; 89:20; 92:10; 132:17). Debido a que amó la justicia y aborreció la maldad, Dios le ungió. Cuando ascendió al cielo y se sentó a la diestra del trono de la Majestad, recibió del Padre de nuevo y en toda su extensión, como Hijo del Hombre, el don del Espíritu Santo (Hechos 2:38; 10:45; Hebreos 6:4) para otorgarlo a Su pueblo (Hechos 2:33). Ese Espíritu fue para Él el óleo[126] de alegría (Cf. Hechos 10:38), *el gozo que le había sido puesto por delante* (Hebreos 12:2), la alegría de Su día de coronación (Hebreos 2:9), cuando vio las obras de Su alma consumadas. Esta fue una unción por encima de todos Sus compañeros, pues que no había nadie como Él. Dios le dio entonces el

---

[125] Nota del Traductor: Compárese Números 35:25.

[126] Nota del Traductor: O, aceite. Un símbolo que representa al Espíritu (Véase Isaías 61:1).

Espíritu sin medida (Juan 3:34). Y, por dicha causa, a Sus compañeros, Sus redimidos, a quienes como Cabeza (Efesios 1:22) ha hecho miembros de Su Cuerpo (Efesios 5:30). Les ha otorgado el privilegio de llegar a ser participantes de Su unción (Véase el Salmo 133:1-3; 1 Juan 2:20, 27) y de Su gozo (Isaías 29:19; Malaquías 4:2). Como Él dijo: *"El Señor me ha ungido para dar* el óleo de alegría"[127] (Isaías 61:1-2; Lucas 4:18). Cristo, nuestro Rey, nuestro Dios, ha sido ungido con óleo de alegría; y ha sido ungido también, para impartir a Su pueblo este maravilloso óleo de alegría (Véase Tito 3:5-6); gracias a ello, Su reino es un reino de gozo eterno (Romanos 14:17; 2 Pedro 1:11), de gozo inefable y glorioso (1 Pedro 1:8).

¡Oh, almas redimidas por Cristo, contemplad a vuestro Dios, al Hijo en el que habla el Padre! Que esto sea el punto principal para todo lo que viváis: conocer, honrar y servir a vuestro Dios y Rey. Este es el Hijo en el que Dios os habla con todo el misterio divino (Véase Marcos 4:11), pero también con todo el poder (Colosenses 1:11) y la bendición divina (Efesios 1:3), lo cual engloba todo el hablar de Dios. Que nuestros corazones se abran de par en par para recibir al Rey que Dios nos ha dado (Véase Salmos 24:7, 9).

---

[127] Nota del Traductor: Murray está parafraseando el texto de Lucas 4:18: "El Espíritu del Señor está sobre Mí, por cuanto me ha ungido *para dar buenas nuevas* a los pobres". Para Murray, las "buenas nuevas" son en realidad "el óleo de alegría", es decir, el Espíritu. Y ciertamente tal afirmación no es atrevida, pues recordemos que en Gálatas se nos dice que el Espíritu es el cumplimiento de la promesa dada a Abraham (Gálatas 3:5, 14; cf. Efesios 1:13); por tanto, el Espíritu es la aplicación del evangelio, de las buenas nuevas.

Y por más que seamos tentados, como los hebreos, a la pereza (Hebreos 5:11), al miedo (Hebreos 2:15; 13:6) o a la incredulidad (Hebreos 3:12), que ésta sea nuestra consigna y nuestra fuerza: *Mi Redentor es Dios*. Con esta fe, adorémosle. *Mi Redentor es Dios*; que todo mi corazón se abra a Él, para recibir, como una flor recibe la luz del sol, Su obra secreta, poderosa y divina en mi interior. *Mi Redentor es Dios*. Permíteme confiar en este Señor omnipotente para que realice en mí cada una de Sus promesas (Hebreos 6:12; 8:6; 11:11; 13, 17, 33), y para que establezca Su trono de justicia en mi alma con un poder que está por encima de todo lo que pedimos o entendemos (Efesios 3:20). *Mi Redentor es Dios*; déjame esperar en Él (Salmos 33:20), déjame contar con Él (1 Juan 5:14), para que se revele en el amor que sobrepasa todo entendimiento (Filipenses 4:7). ¡Bendito sea el Nombre de Dios por los siglos de los siglos! ¡*Mi Redentor es Dios*!

Conclusiones:

1. ¿Quién es Dios? ¿Y qué es Dios para nosotros? Él es Aquel *"en quien vivimos, nos movemos y existimos"* (Hechos 17:28). Él es la vida del universo (Colosenses 1:17). Y qué maravillosamente perfecta es toda esa vida en Su naturaleza[128]. Cuando conocemos a este Dios como nuestro

---

[128] Nota del Traductor: No se refiere a la naturaleza divina; sino al conjunto de cosas que existen en el universo.

Redentor (Job 19:25; Salmos 19:14; 78:35; Proverbios 23:11; Isaías 41:14; 43:14; 44:6, 24; 47:4; 48:17; 49:7, 26; 54:5, 8; 59:20; 60:16; 63:16; Jeremías 50:34), *"en quien vivimos, nos movemos y existimos"*, en un sentido más elevado, entonces tenemos la certeza, de que Él impartirá Su *novedad de vida* (Romanos 6:4) en nosotros de una forma tan maravillosa y perfecta.

2. Este fue Su camino al trono (Hebreos 5:8; Hechos 3:14; Apocalipsis 3:21); este es el único camino para nosotros, viviendo y amado la justicia (1 Juan 2:29; 3:7), y aborreciendo todo lo que es pecado (1 Pedro 1:24; Hebreos 12:1; cf. 1 Pedro 2:21).

Capítulo 8: El Hijo, el Creador Eterno

"Y: 'Tú, oh Señor, en el principio fundaste la tierra habitada; y los cielos son obras de Tus manos. Ellos perecerán, más Tú permaneces para siempre; y todos ellos se envejecerán como una vestidura; y como un manto los envolverás, y serán mudados como vestido; pero Tú eres el mismo, y Tus años no pasarán jamás [Salmos 102:25-27]'" (Hebreos 1:10-12).

Venid y escuchad una vez más lo que el mensaje divino tiene que decirnos acerca de la gloria del Hijo, en quien el Padre nos habla. Venid para ver cómo en verdad Él es uno con Dios (Juan 10:30; 17:21-22), y comparte con Él toda Su gloria (Juan 17:5). Cuanto más profunda sea nuestra comprensión de la verdadera Deidad de nuestro Señor Jesucristo, de Su perfecta unidad con Dios (Juan 8:29; 10:38; 16:32; 17:21-22), más seguros estaremos de que, con un poder divino, nos hará participantes de Su obra (Filipenses 1:6; 1 Corintios 15:58; Hebreos 13:21), de Su vida (Juan 11:25; 14:6; 1 Juan 5:11-12), y de Su morada (Juan 14:23).

Encontramos a Cristo aquí, presentado como el Creador, a quien todo debe su existencia (Juan 1:3; Colosenses 1:16-17); como el Eterno e Inmutable, a quien solamente, cuando todo envejece y perece (Isaías 34:4; 50:9; 51:6; Salmos 102:26; Mateo 24:35; 2 Pedro 3:10-12; Apocalipsis 6:12-14; 20:11), se puede decir: *"Tú permaneces"* (Salmos 102:26), *"Tú eres el mismo, y Tus años no se acabarán"* (Salmos 102:27). En Isaías, Dios habla de Sí mismo, diciendo: "*¿No has sabido, no has oído que el Dios eterno es Jehová* [o Yahweh], *el cual creó los confines de la tierra? No desfallece, ni se fatiga con cansancio, y Su entendimiento no hay quien lo alcance*" (Isaías 40:28). En nuestro texto, vemos al Hijo como el Creador Todopoderoso, el Eterno e Inmutable, para que sepamos quién es por medio de quien Dios nos habla, y a quien ha confiado la obra de nuestra salvación.

Las palabras están tomadas del Salmo 102. El lector común no pensaría que aquí se habla del Mesías o del Hijo. Pero, enseñado por el Espíritu Santo (1 Corintios 2:13; Juan 14:26), nuestro escritor ve cómo toda la redención se lleva a cabo sólo a través del Hijo; y cómo, por consiguiente, es llevada a cabo la edificación de Sion[129] y la manifestación de Su gloria[130] (Salmos 102:16). El mirar por debajo de los cielos, desde Su excelso santuario[131], y el desatar de los condenados a muerte[132] (Salmos 102:20), todo ello apunta al Hijo como Redentor. Y por consiguiente lo que sigue, es también verdad acerca de Él. Es: "*Desde la antigüedad Tú fundaste la tierra, y los cielos son la obra de Tus manos. Ellos perecerán, pero Tú permaneces; y todos ellos como una vestidura se desgastarán, como vestido los mudarás, y serán cambiados. Pero Tú eres el mismo, y Tus años no tendrán fin*" (Salmos 102:25-27). Dios es el Todopoderoso (Génesis

---

[129] Nota del Traductor: Simbolizando la edificación de la iglesia.

[130] Nota del Traductor: Simbolizado la manifestación de la gloria de los hijos de Dios (Romanos 8:21), cuando la iglesia será plenamente edificada (Apocalipsis 21:2-3).

[131] Nota del Traductor: Simbolizando la misericordia de Dios, al dignarse ver al hombre pecador.

[132] Nota del Traductor: Simbolizando la obra del Ungido (Véase Lucas 4:18-19).

17:1) y el Eterno (Génesis 21:33; Deuteronomio 33:27): estos son los atributos de Aquel a quien se le confía nuestra salvación.

Escucha, tu creyente. Cristo, tu Redentor, es el Todopoderoso (Apocalipsis 1:8). Dios vio que nadie más que Su Hijo podía satisfacer tu necesidad: ¿lo has visto tú también, que éste, Su poder omnipotente, ha sido reclamado y apropiado para tu vida diaria? ¿Has aprendido a no pensar en Él de otra manera que no sea la de Aquel que *"llama las cosas que no son, como si fuesen"* (Romanos 4:17), y crea lo que de otra manera no podría existir (Juan 1:3)?

Cristo, tu Redentor, es el Eterno e Inmutable: ¿le has oído hablar? *"Porque Yo Jehová* [o Yahweh] *no cambio; por esto... no habéis sido consumidos"* (Malaquías 3:6), y has aprendido a confiar en Él como Aquel que es en cada momento para ti todo lo que puede ser; y que, sin *"mudanza, ni sombra de variación"* (Santiago 1:17), mantendrá con poder incesante Su vida dentro de ti? ¡Oh, aprende que Dios vio la necesidad de hablarte a través de alguien que pudiera llegar al corazón y llenarlo con el poder de Su Palabra eterna! El Hijo Todopoderoso, por medio del cual Dios ha creado todas las cosas (Colosenses 1:16), que sostiene y llena todas las cosas con la palabra de Su poder (Hebreos 1:3; Efesios 1:23; 4:10); éste es el que, con el poder de Su divinidad, sostendrá y llenará toda tu vida y todo tu ser (Véase Efesios 5:29; Salmos 119:28, 116). Tu Creador es tu Redentor (Véase Isaías 44:24).

Una gran causa de la debilidad y de la recaída en la vida cristiana es el poder de las circunstancias. A menudo decimos que las tentaciones que nos vienen por causa de nuestra posición en la vida, por la lucha que sostenemos en nuestro diario vivir, por la conducta nociva de nuestros semejantes, nos alejan de Dios, y son la causa de nuestra caída en el pecado. Si tan solo creyéramos que nuestro Redentor es nuestro Creador. Él nos conoce; Él se encarga y ordena nuestro destino (Cf. Efesios 1:11); nada nos ocurre, sino lo que está en Sus manos (Juan 13:3; 10:29). Él tiene el poder de hacer de nuestras circunstancias, por difíciles que sean, una disciplina celestial, una ganancia y una bendición. Él las ha incluido todas en el plan de vida que tiene trazado para nosotros como Redentor (Véase Romanos 8:28). Si creyéramos en esto, con qué gusto enfrentaríamos cada acontecimiento con un acto de adoración y de fe. Mi Creador, que todo lo ordena (Véase Salmos 119:133), es mi Redentor que todo lo bendice (Salmos 115:14; 133:3; Isaías 44:3).

Y ahora permítanme exhortar una vez más a mi lector, a que observe bien la lección que este capítulo nos enseña y el propósito que tiene por delante. Que nadie piense, como yo mismo pensé durante mucho tiempo, que, porque creemos firmemente en la divinidad de nuestro Salvador, este capítulo, con sus textos de comprobación, no tiene ningún mensaje especial para nuestra vida espiritual; y que, por lo tanto, podemos apresurarnos a lo que la Epístola tiene que enseñarnos más adelante. ¡No!, recordemos que éste es el capítulo de los fundamentos[133]. La divinidad de Cristo es la roca sobre la que descansamos (Mateo 16:18). Es en virtud de Su divinidad, que Él efectuó una verdadera purificación y expulsión del pecado, es en virtud de ella que Él puede realmente comunicar y mantener la vida divina en nosotros, es por medio de ella que Él puede entrar en nuestro ser más íntimo, y habitar allí. Si abrimos nuestros corazones y nos tomamos un tiempo para recibir la impresión completa de esta verdad, veremos que todo lo que hemos de aprender de la persona y de la obra de Cristo, tiene su valor y su poder en esto: que Él es Dios. Nuestro Creador, de quien hemos recibido nuestra vida[134], es el único que puede entrar en nosotros para otorgarnos la vida nueva[135]; es Él, bendito sea Su Nombre, quien lo hará ahora. ¡*Aleluya*! Como Dios, Él es la base oculta de toda la existencia, y tiene el poder para entrar en todo y llenarlo todo con Él mismo (Efesios 1:23). Cada parte de Su obra tiene el carácter y el poder de una obra divina. ¡Si tan sólo creyéramos que Cristo el Hijo es Dios, es Jehová[136] [o Yahweh], el Eterno y el Creador! ¡Cómo haría de

---

[133] Nota del Traductor: Se refiere al capítulo 1 de la Epístola.

[134] Nota del Traductor: Se refiere a la vida humana, dada por Dios mediante el engendramiento, en el vientre de nuestra madre (Salmos 139:16).

[135] Nota del Traductor: Es decir, la vida divina, impartida en nosotros en la regeneración en nuestro espíritu humano.

[136] Nota del Traductor: Cristo es Jehová en la esencia de la Divinidad (Juan 10:30); sin que esto cambie el hecho, de que son diferenciables el Uno del Otro. Son diferentes desde la perspectiva de las procesiones *ad intra* de la Divinidad; y también lo son, en ciertas actividades realizadas desde el aspecto económico del Triuno Dios, en Sus *opera ad extra*. Siempre hay que tener en cuenta que son diferentes, pero no separados. Por tanto, no hay ningún problema, en que Murray afirme que Cristo es Jehová (o *Yahweh*). Ciertamente, que no hay aquí rastro alguno de modalismo.

nuestra vida interior una prueba fehaciente de Su poder omnipotente!

Pablo dijo: "*Y ciertamente, aun estimo todas las cosas como pérdida por la excelencia del conocimiento de Cristo Jesús, mi Señor*" (Filipenses 3:8). Hagámoslo también nosotros. En la vida cristiana lo principal, lo único necesario, es el conocimiento[137] de Cristo. No la compresión intelectual de la verdad, sino el conocimiento vivo y experimental, del corazón del que proviene la fe y la comunión con Él, del amor y de la obediencia. ¡Que sea este el nuestro!

Conclusiones:

1. Dios es el incomprensible. En todos tus pensamientos sobre Él, en todos tus esfuerzos por conocerlo como se revela en Cristo, recuerda que el verdadero conocimiento de Dios es algo que está por encima del sentido y de la razón. Como la luz se revela al ojo abierto que ha sido creado para ella, Dios se revela al corazón que le anhela. Toda la enseñanza de los ángeles y de los profetas, de las palabras y de las verdades de la Biblia, no puede sino indicar el camino: deja que Dios en

---

[137] Nota del Traductor: Murray acá tiene en mente, la diferencia existente entre *gnôsis* [G1108], el conocimiento cognoscitivo, y *epignôsis* [G1922], el conocimiento interior y experimental, que aparece en el Nuevo Testamento Griego en: Romanos 1:28; 3:20; 10:2; Efesios 1:17; 4:13; Filipenses 1:9; Colosenses 1:9-10; 2:2; 3:10; 1 Timoteo 2:4; 2 Timoteo 2:25; 3:7; Tito 1:1; Filemón 1:6; Hebreos 10:26; 2 Pedro 1:2-3, 8; 2:20.

Cristo hable en tu corazón. Entonces lo conocerás. Inclínate en adoración y adora a Cristo. *"Cantad alabanzas al Señor, vosotros Sus santos, y alabad Su santo nombre"* (Salmos 30:4). Es la adoración, no el estudio, lo que nos preparará para conocer a Cristo.

2. *"Perecerán; todos envejecerán"*; esto es lo que es la criatura, aunque haya sido creada por Dios, con toda su experiencia, aunque provenga de Dios. *"Tú permaneces"* (Salmos 102:26), *"Tú eres el mismo"* (Salmos 102:27): ésta es nuestra seguridad y nuestro gozo. Cristo, mi Redentor, es el Inmutable: cada momento es el Mismo, es mi Guardián[138] y mi Vida (1 Juan 5:11-12).

---

[138] Nota del Traductor: Traducción del nombre griego *episkopon* [G1985] en 1 Pedro 2:25. En español se traduce de esta manera en: RVR-1977, Biblia Textual, Biblia de las Américas, Nueva Traducción Viviente, Peshitta, Nácar-Colunga, Nueva Biblia de Jerusalén, entre muchas otras versiones.

Capítulo 9: El Hijo, a la diestra de Dios

"Pues, ¿a cuál de los ángeles dijo Dios jamás: 'Siéntate a Mi diestra, hasta que ponga a Tus enemigos por estrado de Tus pies?' ¿Acaso no son todos espíritus ministradores, enviados para servicio en favor de los que están a punto de heredar la salvación? [Salmos 110:1]"
(Hebreos 1:13-14).

Siéntate a Mi diestra, hasta que ponga a Tus enemigos por estrado de Tus pies. Estas palabras son tomadas del Salmo 110. Martín Lutero lo llamó el principal de todos los Salmos. El primer versículo; y el cuarto, referente a Melquisedec, contienen los misterios ocultos, los cuales nunca habríamos entendido sin la exégesis del Espíritu Santo (1 Corintios 2:13; Juan 14:26). Esta expresión que procede de este Salmo, y que se ha convertido en uno de los grandes artículos de nuestra fe: *"Y está sentado a la derecha del Padre"*[139], ha pasado a formar parte también del Nuevo Testamento. Nuestro Señor citó las palabras cuando enseñó acerca de David, cuando dijo: *"Dijo el Señor a Mi Señor: Siéntate a Mi derecha, hasta que ponga a Tus enemigos por estrado de Tus pies"* (Mateo 22:41-45). Reconociendo de esta manera David, que el Mesías, que tendría que ser su Hijo, también sería su Señor. Al comparecer ante Caifás, Cristo habló de Sí mismo, como: el *"Hijo del Hombre sentado a la diestra del poder de Dios"* (Mateo 26:64; cf. Hechos 7:56). Marcos, en lo referente al relato de la ascensión, utiliza las palabras, diciendo: *"el Señor Jesús, después de hablar con ellos, fue recibido en el cielo y se sentó a*

---

[139] Nota del Traductor: Murray alude al Credo de Nicea-Constantinopla.

la diestra de Dios" (Marcos 16:19). En el día de Pentecostés, Pedro demostró a partir de este texto, que David había profetizado acerca del Mesías (Hechos 2:34-35). Pablo, aplica también estas palabras a la conquista final de todos los enemigos del Señor Jesús (1 Corintios 15:23-28). Y escribiendo a los Efesios, les habla acerca de: *"la operación del poder de Su fuerza, la cual Dios hizo obrar en Cristo, resucitándole de los muertos y sentándole a Su diestra en los lugares celestiales"* (Efesios 1:19-22). Nuestra Epístola utiliza la expresión cinco veces[140]. Es así, que las palabras de David, pronunciadas por medio del Espíritu Santo, de lo que él ni tan siquiera podía comprender, se convirtieron, por medio de Jesús y los apóstoles, en la revelación de lo que es la suprema gloria de Cristo, y la mayor fortaleza de nuestra fe y de nuestra esperanza.

La expresión sugiere dos pensamientos. Uno, que como Hijo del Hombre es admitido en la perfecta comunión e igualdad con Dios; el otro, que ahora es poseedor de la autoridad y del poder divino y universal. Estamos tan familiarizados con esta verdad, que su infinita magnificencia apenas nos impresiona. Dios es el Dios que es, y debe ser, infinitamente celoso de Su honor: *Su gloria no le será dada a nadie* (Éxodo 20:5; 34:14; Deuteronomio 4:24; 5:9; 6:15; Josué 24:19; Ezequiel 39:25; Nahúm 1:2). Cuando Jesús, el Hijo del Hombre crucificado, ocupa Su lugar a la diestra de la Majestad en las alturas, sólo

---

[140] Nota del Traductor: Murray remite aquí al lector a las referencias cruzadas. Las cuales en esta versión en español se encuentran a pie de página en el Texto Bíblico Revisado de la Epístola, impreso luego del prefacio de la obra original.

puede ser por causa de que también es el Hijo de Dios, es decir, porque es Dios mismo. Y nos asegura que ahora, el poder y el dominio de Dios mismo están en Sus manos, para llevar a cabo la obra de la redención hasta su consumación plena, hasta que todos Sus enemigos hayan sido puestos debajo de Sus pies (Lucas 20:43; Hechos 2:35; Hebreos 1:13; 10:13), y entregue el reino al Dios y Padre (1 Corintios 15:24-25).

Cuando el escritor cita las palabras del Salmo 110, lo hace con la interrogante: *¿a cuál de los ángeles dijo Dios jamás?* Y, a su vez, da la respuesta: *¿Acaso no son todos espíritus ministradores, enviados para servicio en favor de los que están a punto de heredar la salvación?*

Quiere inculcarnos profundamente el pensamiento, de que los ángeles, aunque proceden del trono de Dios y son los instrumentos de Su poder, siguen siendo infinitamente distintos al Hijo. No pueden comunicar la redención del pecado, la verdadera comunión con Dios, la vida y el amor de Dios. Es en el Hijo, sentado a la diestra de Dios, actuando con el poder de Dios, en quien debemos buscar la redención eterna, la verdadera liberación interior del pecado y la salvación completa. Los ángeles, por el contrario, nos señalan al Hijo, sentado como Hombre en el trono, como la prueba fehaciente (y lista para impartirla en nosotros) de la restauración perfecta de la comunión con el Altísimo en el Lugar Santísimo.

Este es el Hijo en el que Dios nos habla. La frase: *"Siéntate a Mi diestra"*, ha sido pronunciada a nuestro oído y a nuestra vista. En esa frase se nos ha concentrado todo el hablar de Dios. Vean, dice, cómo lo he exaltado a Él, a su Hermano (Hebreos 2:11), a su Fiador (Hebreos 7:22), a su Cabeza (Efesios 5:23; Colosenses 1:18; 2:19), a Mi diestra, en señal de Mi perfecta aceptación de Su obra; Su perfecta admisión a Mi presencia y al disfrute de todo el poder de la vida celestial; Su plena participación, en lo más íntimo de Mi ser, de lo que es el reino de los cielos. *¡Siéntate a Mi diestra!* Que la frase entre y domine todo nuestro corazón y nuestra vida. He dicho que aparece cinco veces en la Epístola. Compara estos pasajes, y los otros que tienen referencia al lugar de Cristo en el cielo[141], y observa cómo la gran verdad que debemos aprender es ésta: el conocimiento de que Jesús ha entrado en el cielo por causa de nosotros, y nos ha llevado *en unión con Él* a una vida celestial, esto es lo que liberará al cristiano de toda bajeza y de toda debilidad, y lo que lo elevará a una vida de gozo y de fortaleza. Contemplar al Cristo celestial en la presencia del Padre, a quien todas las cosas están sujetas, nos transformará en cristianos celestiales (Hebreos 12:2; 2 Corintios 3:18; Apocalipsis 14:14; 1:13), que habitan todo el día en la presencia de Dios (Hebreos 9:24; 2 Corintios 4:2; 1 Timoteo 5:21; 2 Timoteo 2:14; 4:1; cf. Lucas 1:19; 1 Reyes 17:1; 18:15; 2 Reyes 3:14; 5:16), y que vencen a todo enemigo (Apocalipsis 3:21; 12:11). ¡Sí!, mi Redentor, sentado a la diestra de Dios. ¡Sí!,

---

[141] Murray remite aquí al lector a las referencias cruzadas de Hebreos 1:3. Las cuales en esta versión en español se encuentran a pie de página en el Texto Bíblico Revisado de la Epístola, impreso luego del prefacio de la obra original.

lo conozco bien y confío en Él, como el único capaz de salvarme completamente, Él me hará más que vencedor (Romanos 8:37; cf. Apocalipsis 2:7, 11, 17, 26; 3:5, 12, 21; 21:7).

Si queremos obtener este bendito conocimiento de nuestro Señor, y la bendita vida en la experiencia de Su poder, la Escritura tiene una oración para nosotros, la cual haremos bien en orar de forma habitual: *"que el Dios de nuestro Señor Jesucristo, el Padre de gloria, os dé espíritu de sabiduría y de revelación en el pleno conocimiento de Él, alumbrando los ojos de vuestro entendimiento, para que sepáis cuál es la esperanza a que Él os ha llamado, y cuáles las riquezas de la gloria de Su herencia en los santos, y cuál la supereminente grandeza de Su poder para con nosotros los que creemos, según la operación del poder de Su fuerza, la cual Dios hizo obrar en Cristo, resucitándole de los muertos y sentándole a Su diestra en los lugares celestiales, sobre todo principado y autoridad y poder y señorío, y sobre todo nombre que se nombra, no sólo en este siglo, sino también en el venidero; y sometió todas las cosas bajo Sus pies"* (Véase Efesios 1:17-22). Oremos por este espíritu de iluminación divina; estudiemos y adoremos el poder de la fuerza de Dios que lo elevó al trono; y creamos con gozo, que ese poder obra en nosotros cada día para elevarnos y capacitarnos para vivir como los que están sentados juntamente con Él en los lugares celestiales (Efesios 2:5-6; Colosenses 2:12-13; 3:1; 1 Tesalonicenses 5:10). Y cantemos sin cesar: ¡Alabado sea Dios por tal Salvador!

Conclusiones:

1. *"Lo más importante de todo lo dicho es esto: que tenemos tal Sumo Sacerdote, que se sentó a la diestra del trono de la Majestad en los cielos"* (Hebreos 8:1). ¡Sí!, esto es lo más importante: Jesús en el cielo, manteniéndolo abierto para mí, atrayéndome (Cf. Cantares 1:4) a entrar en el Lugar Santísimo, y manteniéndome en él, enviando el cielo continuamente a mi corazón[142].

2. *"El que descendió, es el mismo que también subió por encima de todos los cielos, para llenarlo todo"* (Efesios 4:10). En la tierra todo está limitado por el tiempo y el espacio; en el cielo, todo está impregnado por un poder divino que todo lo llena (Efesios 1:22-23). Como la luz del sol impregna todo el aire; la luz y el espíritu del cielo pueden llenar todo en nuestro corazón. ¡El Cristo celestial lo llena todo!

3. Mira cómo adoran al que está sentado en el trono del cielo (Apocalipsis 5:8-14; 7:9-12), y deja que todo el pensamiento[143] de Jesús en el trono, te conduzca a la adoración. Fue en la medida que, durante diez días, los discípulos adoraron al que acababa de sentarse a la diestra de Dios, que ellos fueron llenos del Espíritu Santo (Hechos 1:3-4; 13-14; 2:1-4). El don de Pentecostés es nuestro ahora (Cf. Hechos 2:38; 10:45); aquí está el lugar y la actitud en la que debemos entrar en Su plena experiencia.

---

[142] Nota del Traductor: Cristo, como la Escalera Celestial, nos envía continuamente el cielo a nuestro espíritu. Véase la nota 92 en este libro.
[143] Nota del Traductor: O, contemplación de parte nuestra.

PRIMERA ADVERTENCIA — Hebreos 2:1-4

Prestar atención al hablar del Hijo (vs. 1-4).

Capítulo 10: El peligro de descuidar una salvación tan grande

"Por tanto, es menester que con más diligencia[144] atendamos a las cosas que hemos oído, no sea que naufraguemos y vayamos a la deriva. Porque si la palabra dicha por los ángeles fue firme, y toda transgresión y desobediencia recibió su justa paga en retribución, ¿cómo escaparemos nosotros, si tuviéremos en poco una salvación tan grande? La cual, habiendo sido proclamada inicialmente por el Señor, nos fue confirmada posteriormente por aquellos que la oyeron; testificando Dios juntamente con ellos, con señales y prodigios, y diversas obras maravillosas, y repartimientos[145] del Espíritu Santo según Su voluntad"

(Hebreos 2:1-4).

El primer capítulo de la Epístola a los Hebreos, nos ha presentado la gloria divina de Cristo el Hijo, en quien Dios nos ha hablado en estos postreros días (Hebreos 1:1-2). En este segundo capítulo, la humanidad y la humillación de Jesús van a ser reveladas. Antes de proceder con ello, el escritor se detiene para hacer sonar una llamada de advertencia.

---

[144] O, más súper abundantemente.
[145] O, distribuciones.

Recuerda a sus lectores que es mayor la responsabilidad y mayor el peligro, en caso de cualquier negligencia, como consecuencia de los mayores privilegios que se les han otorgado, y les insta a que presten con una atención más seria y diligente, a lo que Dios dice en Su Hijo.

Por lo tanto, está es la relación existente entre la enseñanza del capítulo uno, con respecto a la divinidad y a la gloria del Hijo, y a la advertencia que viene a continuación. El Dios eterno nos habla en Su Hijo; sin duda alguna debemos prestarle más atención.

Con más diligencia[146] *atendamos.* En esta frase aparece la misma palabra que se usa en Hebreos 6:17: "*Queriendo Dios mostrar más abundantemente*[147] *a los herederos de la promesa la inmutabilidad de Su consejo*". En el *hablar* y en el *hacer* [u obrar] de Dios, todo es con el deseo de mostrarnos más abundantemente, es decir, en una medida más plena y desbordante, cuál es el propósito de Su corazón. Para ello, habla nada más ni nada menos que en Su propio Hijo. Él tiene derecho a exigirnos que nos encontremos con Él, con la correspondiente firmeza de corazón, y que prestemos una *atención más abundante* a lo que Él habla. Nada menos le

---

[146] Nota del Traductor: Es el adjetivo griego *perissoterós* [G4057], que aparece también en Hebreos 13:9.

[147] Nota del Traductor: Se trata del adjetivo griego *perissoteron* [G4053], que deriva de *perí*, alrededor, por encima de. Se traduce de forma general como: superabundante, más abundante, mucho, grande. Aparece también en Hebreos 7:15.

satisfará a Él; nada menos, en la propia naturaleza de las cosas, nos satisfará a nosotros, porque nada menos que la *atención más abundante* del hombre, es capaz de recibir la *gracia más abundante* de Dios. La falta de esta atención más seria, la carencia de una intensa seriedad, de dar el primer lugar a Dios y a la religión, y de ofrecer las mejores capacidades de nuestra vida, todo esto, es la raíz de la debilidad y de la correspondiente enfermedad de la vida cristiana. Dios nos habla en Su Hijo; por lo tanto, debemos prestarle más atención.

No sea que naufraguemos y vayamos a la deriva[148], con mayor certeza y en forma más terrible que los que pecaron en el

---

[148] Nota del Traductor: Acá se trata del verbo griego *pararryômen* [G3901]. Es un verbo compuesto, que deriva de *pará*, de, con, para, y de *rhéō*, fluir. Tiene el sentido de flotar o pasar a la deriva, como en el caso de un barco; o fluir, como en el caso de un río. En sentido figurado, tiene el sentido de deslizarse, ya que sugiere un movimiento gradual y casi inadvertido que aleja a un objeto de un punto específico. De ahí que, al referirse a una persona, se use como moverse sigilosamente, como en el caso de un ladrón. Se emplea también figuradamente, siempre en referencia a una persona, como: deslizarse o desviarse de algo, como en el caso de la verdad divina, de la ley o de los preceptos. Sólo aparece aquí en Hebreos 2:1, donde se usa en sentido absoluto, en el sentido de transgredir. En la Septuaginta (LXX) aparece su variante: *pararryes*, en Proverbios 3:21, donde Wilhelm Jünemann Beckschäfer, lo traduce como: "disipes"; la RVR-1960, lee: "no se aparten". En nuestro caso, hemos decidido traducido en el Texto Bíblico Revisado de la Epístola, como: "naufraguemos y vayamos a la deriva". Ya que "naufragar" es un verbo intransitivo, que hace referencia a hundirse o a una embarcación que queda destruida mientras navega; en el caso del cristiano, la destrucción no está presente, se trata solo de estar flotando en medio de la mar de este mundo (Salmos 98:7), en espera de que su corriente (Efesios 2:2) los arrastre, los lleve de un punto a otro, y los aleje de la presencia misma de Dios en el Lugar

Antiguo Testamento. Allí la palabra pronunciada, juntamente con su amenaza, era firme, y toda transgresión era castigada de manera inmediata. *¿Cómo escaparemos nosotros, si tuviéremos en poco una salvación tan grande?* El evangelio no disminuye, como muchos piensan, sino que aumenta nuestro peligro del castigo divino. No disminuye, sino que intensifica terriblemente la gravedad del castigo en aquellos que la descuiden[149]. ¡Oh, hagamos sonar la advertencia!: no es sólo la enemistad positiva[150] o el pecado abierto lo que será castigado. ¡No!, sino que se trata del simple hecho de *"no prestar atención"*, de *"dejarse llevar"* inconscientemente por la corriente de la mundanalidad y de la religión a medias[151], de *"descuidar"* la supremacía de la salvación, dejando de lado la devoción total que ella exige, esto es lo que hará imposible que

---

Santísimo. Es por esta causa, que se tradujo de esta manera; y como veremos más adelante, Murray concordará con ella en su exposición de este capítulo 10.

[149] Nota del Traductor: Es decir, a la salvación tan grande.

[150] Nota del Traductor: Una frase filosófica, frecuentemente empleada en los escritos teológicos antiguos, por ejemplo, en *El Tesoro Escondido*, Gioacchino Ventura Di Raulica (1792—1861), Librería de D. Leocadio López, 2° Edición, Pág. 299, 1861. Charles Haddon Spurgeon (1834—1892) también la emplea, y la explica de la siguiente manera: "Y para concluir, permítanme recordarles — y al fin y al cabo está en el texto — que este cambio debe ser obrado por un poder superior al suyo. Un enemigo puede convertirse en amigo; pero la enemistad no puede. Si ser enemigo no es más que un agregado de su naturaleza, puede convertirse en amigo; pero si la esencia misma de su existencia es la enemistad, es decir, enemistad positiva, la enemistad entonces no podrá cambiar en sí misma" (*The Carnal Mind Enmity Against God* [La mente carnal es enemiga de Dios], Romans 8:7, New Park Street Pulpit Volume 1, Sunday, April 22, 1855). Se trata entonces de la enemistad absoluta de nuestra mente en contra de Dios (Véase Colosenses 1:21), algo que es imperceptible ante los ojos de los demás creyentes.

[151] Nota del Traductor: O, del mero formalismo religioso.

podamos escapar *del castigo divino* (O, *juicio*; véase 1 Pedro 4:17).

¿Y por qué? ¿Cómo podemos mostrar a los hombres que es justo y conveniente que así sea? ¿Y cuál es el motivo que incitará a los hombres a prestar una mayor atención? La respuesta está en una sola frase: la *salvación tan grande*. La comprensión de la gloria más abundante, la gloria divina, la grandeza del hecho de que esta salvación lo supera todo, es lo que obligará a los hombres a renunciar a todo (Mateo 19:27; Marcos 10:28; 2 Corintios 4:2), y los llevará a comprar esta perla de gran valor (Mateo 13:45-46).

¿Y en qué consiste la grandeza de esta salvación? En que viene a nosotros *desde* y *a través* del DIOS TRIUNO; la Santísima Trinidad se revela de manera combinada para obrar esta salvación para nosotros. Escuchad: *"Una salvación tan grande, la cual, habiendo sido proclamada inicialmente por el Señor, nos fue confirmada posteriormente por aquellos que la oyeron"*. Cristo el Hijo, el resplandor de la gloria del Padre, y la imagen misma de Su substancia, fue Él en quien Dios nos habló; fue Él, el Redentor, el Dios y Rey, quien primero predicó el reino (Mateo 4:17) que estableció cuando efectuó la purificación de nuestros pecados, y se sentó a la diestra del trono de la Majestad en las alturas (Hebreos 1:3, 5, 8; Apocalipsis 3:21).

¡Qué gran salvación! Habló primero el Señor, *testificando Dios juntamente con ellos, con señales y prodigios, y diversas obras maravillosas.* El mismo Dios el Padre puso Su sello desde el cielo en la predicación de la palabra. La existencia de Su iglesia, es Su señal y maravilla permanente, la prueba de Su poder divino (Véase Mateo 16:18; Romanos 8:38-39). No prestar atención y descuidar la salvación tan grande, es nada más ni nada menos, que despreciar a Dios mismo.

Dios también dio testimonio, por *repartimientos del Espíritu Santo según Su voluntad.* No sólo Dios dio testimonio de la salvación tan grande por medio de señales, prodigios y diversas obras maravillosas sino, sobre todo, por el Espíritu Santo enviado del cielo (1 Pedro 1:12). El Espíritu Santo es Dios viniendo a morar en la tierra (1 Corintios 3:16; Santiago 4:5), para luchar (Efesios 3:16; 6:12; cf. Zacarías 4:6), suplicar (Romanos 8:26-27) y testificar en los corazones de los hombres (Romanos 8:16; 9:1; Juan 15:26; 1 Juan 5:6). No hay comunión con el Padre, sino es a través del Hijo (1 Juan 1:3; 1 Corintios 1:9); y no hay comunión con el Hijo y Su salvación, sino es a través del Espíritu Santo en nosotros (2 Corintios 13:14). Entremos pues en el estudio de la persona y de la obra de Cristo en esta Epístola con esta fe delante de nosotros. ¡Sí!, esta es la grandeza de la salvación tan grande; en su oferta, el DIOS TRIUNO viene a nosotros. El *Señor predicó,* el *Padre dio testimonio,* y el *Espíritu Santo vino como poder de Dios* para obrar en los creyentes. ¡Qué salvación tan grande! ¡Qué pecado será descuidarla! Que Dios nos revele, al estudiar esta Epístola, la gloria de esta salvación tan grande, a fin de que podamos prestarle más atención.

Conclusiones:

1. Conocer al Hijo que habla y revela al Padre; conocer al Padre, a quien (Juan 8:29; 16:32), y cuyo amor, nos trae el Hijo (Cf. Juan 5:42-43); conocer al Espíritu Santo con Sus maravillosos dones de gracia (Romanos 12:6; Efesios 3:7) y de poder (1 Corintios 2:4); ser restaurados a la imagen (Génesis 1:26; Romanos 8:29; 2 Corintios 3:18; Colosenses 3:10) y a la comunión de la Santa Trinidad (1 Juan 1:3; 2 Corintios 13:14); esto, es la salvación tan grande.

2. Que todo pensamiento de la gloria de Cristo, de Dios, del Espíritu, y de la salvación tan grande, deje esta única impresión en nosotros: *"presta más atención a lo que oyes"*. Atiende a la abundante gracia de Dios (Véase Hechos 4:33; 1 Timoteo 1:14) con un abundante deseo de escuchar y de creer.

3. En la predicación de Cristo y de los apóstoles, Dios dio testimonio. Si esto fue necesario; entonces, cuánto más lo será ahora, que nos encontramos tan distantes de aquellos días de gozo y de poder celestiales. Pide, para el estudio de la Palabra en esta Epístola, que Dios dé testimonio del Espíritu Santo. Reclámalo y espéralo. Sin esto (1 Corintios 2:13; Juan 14:26), incluso la enseñanza del mismo Cristo a los apóstoles no hubiese servido de nada.

4. Una vez más. Esta es la grandeza de la salvación: el Padre eterno en Su amor me habla a mí mismo en el Hijo. El Hijo me muestra, trae y me imparte todo lo que el Padre habla; y yo

tengo al Espíritu Santo en mí interior (Romanos 8:9; 1 Corintios 3:16; Santiago 4:5), como Aquel que es apto para oír, conocer (1 Corintios 2:10), poseer y disfrutar todo lo que el Padre en el Hijo habla y da (Véase Juan 16:13-15). Sobre todo, mantengamos esto: que no hay testimonio divino, ni seguridad, ni experiencia de la salvación que Cristo efectuó, sino en la medida en que el Espíritu Santo, que vino del cielo (1 Pedro 1:12), la comunica y la mantiene en nosotros (Véase Romanos 5:5; cf. 2 Tesalonicenses 2:10; Hechos 2:38; Juan 14:17, 6)[152]. Prestemos, pues, más atención al Espíritu Santo que está en nosotros, en el que el Padre y el Hijo vienen a nosotros (Juan 14:16-17; Mateo 28:20; Juan 14:23)[153].

---

[152] Nota del Traductor: Estos versículos son cruciales, los hemos ordenado de forma progresiva y relacionada, será provechoso al lector si los lee detenidamente y con mucha oración.

[153] Nota del Traductor: Esta es otra serie de versículos cruciales que deben leerse en el orden señalado, con mucho detenimiento y oración.

SEGUNDA SECCIÓN — Hebreos 2:5-18.

Jesús como hombre es superior a los ángeles

La razón de Su humillación

Capítulo 11: El mundo fue sometido al hombre, no a los ángeles

"Porque no sujetó a los ángeles el mundo venidero, del cual estamos hablamos; pero alguien testificó en cierto lugar, diciendo: '¿Qué es el hombre, para que te acuerdes de él, o el hijo del hombre, para que le visites? [Salmos 8:4-8] *Tú le hiciste un poco inferior que los ángeles, le coronaste[154] de gloria y de honra[155], y le colocaste sobre las obras de Tus manos; todas las cosas las sujetaste debajo de sus pies'. Porque en cuanto le sujetó todas las cosas, nada dejó que no le sea sujeto a Él; más aun no vemos que todas las cosas le sean sujetas. Sin embargo, vemos a Jesús, coronado de gloria y de honra, quien fue hecho un poco menor que los ángeles, para padecer la muerte, para que por la gracia de Dios gustase la muerte por todas las cosas"* (Hebreos 2:5-9).

---

[154] Nota del Traductor: Es el verbo griego *estephanôsas* [G4737]: adornar, coronar, premiar. Aparece únicamente en Hebreos 2:7, 9 y 2 Timoteo 2:5. El Señor Jesús fue coronado de gloria y de honra por el Padre; en el tribunal de Cristo, los ancianos (o sobreveedores) vencedores, serán coronados con "la corona inmarcesible de gloria" por parte del Príncipe de los pastores (1 Pedro 5:1-4).

[155] Nota del Traductor: Se trata del nombre griego *timê* [G5092]: Honor, respeto, aprecio, reconocimiento, precio, valor.

Como Hijo de Dios, Cristo es superior a los ángeles. Como Hijo del Hombre, Jesús es también superior a los ángeles. Ciertamente, como hombre, fue hecho un poco menor que los ángeles; y, sin embargo, porque al hombre le fue sometió el mundo venidero, del que habló el Espíritu de Cristo en los profetas, tuvo un lugar de honor y de dominio que los sobrepasó ampliamente. No sólo la divinidad, sino la humanidad de Cristo, demostrarán cuán infinitamente superior es la nueva dispensación, en comparación con la que fue dada por la intervención del ministerio de los ángeles.

Porque no sometió a los ángeles el mundo venidero, ese mundo que el salmista esperaba, era el reino del Mesías, el reino de los cielos sobre la tierra (Daniel 4:26; 2:34, 44-45). Este Salmo no habla directamente del Mesías, sino del hombre y de su destino. Pero se aplica con toda justicia al Mesías, porque en Él; tanto este Salmo, como el hombre mismo, encuentran su pleno cumplimiento de lo que fue prometido.

El salmista habla primero de la inferioridad del hombre y de la maravilla de que Dios se fijase en él. *¿Qué es el hombre, para que te acuerdes de él, o el hijo del hombre, para que le visites?* A continuación, señala lo elevado que es el lugar que ocupa el hombre. Su naturaleza es un poco menor a la divina. *Le hiciste un poco menor que los ángeles, le coronaste de gloria y de honra.* Y le asignaste el dominio universal: *Y le colocaste sobre las obras de Tus manos. Todas las cosas las sujetaste debajo de sus pies.* Nuestra Epístola señala cómo esta promesa, aunque todavía no es cierta para el hombre, ha recibido su cumplimiento en Jesús: *Más aun no vemos que todas las cosas le sean sujetas. Sin embargo, vemos a Jesús, coronado de gloria y de honra.* Lo que era cierto para el hombre en dicha promesa, lo vemos cumplido en Jesús; lo que vemos en Jesús, ciertamente se hará realidad en el hombre. Qué maravillosos pensamientos sugiere este Salmo.

¡Qué glorioso es el destino del hombre! Creado a imagen y semejanza de Dios (Génesis 1:26), iba a ser semejante a Él[156] en esto también; en el que, como rey, iba a ser el gobernante de todo. Todo el mundo futuro le fue sometido. El hombre ha recibido de Dios una vida, una naturaleza y un espíritu (Zacarías 12:1), capaz de participar de Su propia vida y de Su propio espíritu (Cf. Juan 4:24). Capaz de participar de Su voluntad y de Su santidad (Hebreos 12:10), capaz de asemejarse a Él y de tener comunión con Él (1 Juan 1:3), hasta sentarse en Su trono, y compartir con Él el dominio sobre toda la creación (Cf. Apocalipsis 3:21; 2:26-27). ¡Qué destino más maravilloso!

¡Qué gloriosamente vemos ese destino cumplido en Jesús! Fue porque el hombre había sido creado con una naturaleza capaz de tal destino, que el Hijo de Dios pudo hacerse hombre, y no considerar indigno de Su gloria divina, al llevar a cabo ese destino. Vino y demostró lo que debía ser la vida del hombre. Cómo la humildad y la sujeción a Dios eran el camino seguro

---

[156] Nota del Traductor: Es decir, a Dios.

hacia la gloria y la honra. Vino y glorificó una vida de humillación como una escuela de entrenamiento para la exaltación a la diestra de Dios; cumpliendo el destino del hombre en Él mismo, como el Hijo del Hombre; Él, como Hijo de Dios, lo cumplió también para nosotros.

¡Cuán gloriosa y eficazmente se ha de realizar el destino del hombre! Jesús, el Hijo del Hombre, vino como el postrer Adán (1 Corintios 15:45). Está con nosotros en una relación tan cercana, tan real y tan íntima, como la que tuvimos en Adán. Tan completa como fue la impartición *en Adán*, de una naturaleza pecaminosa en nosotros (Véase Romanos 5:12); así será la impartición *en Cristo*, de una nueva naturaleza (Véase 1 Corintios 15:22), es decir, de Su propia naturaleza en nosotros (2 Pedro 1:4). Como Hijo de Dios, Creador y Sustentador de todo, en quien todas las cosas subsisten, Él posee un poder divino capaz de vivir en nosotros todo lo que Él es en Sí mismo. Su humanidad es la revelación de lo que podemos ser en esta tierra; Su divinidad es la garantía de que podemos serlo en la eternidad[157]. Todavía no vemos todas las cosas sujetas al hombre; sin embargo, y esto es más que suficiente, vemos a Jesús coronado de gloria y de honra.

---

[157] Nota del Traductor: El texto en inglés es: "His divinity the pledge that we can be it". Literalmente sería: "*Su divinidad es la prenda eso podemos serlo*". Murray está haciendo alusión aquí, a la antigua doctrina de la deificación: 'hechos Dios, en vida y naturaleza, más no en la Deidad'. Compárese, por ejemplo, lo dicho por Atanasio de Alejandría: "Porque el Hijo de Dios se hizo hombre para hacernos Dios" (*De Incarnatione*, 54, 3: PG 25, 192B).

Fue por Su unión con nosotros en nuestra vida en la carne, por Su identificación con nuestra naturaleza, que Jesús pudo reclamar, realizar y entrar en posesión de la gloria que Dios había prometido al hombre. Al recibir Su naturaleza e identificarnos con Él en esta vida en la tierra y en el cielo, lo que Él ha logrado para nosotros, puede ser realmente nuestro. En este punto, al comienzo mismo de nuestra Epístola, debemos comprender bien la verdad, de que lo que Cristo hace como nuestro Líder, como nuestro Sacerdote y como nuestro Redentor, no es nada externo a nosotros. Todo lo que Dios obra en la naturaleza en el cielo o en la tierra, en las estrellas o en los árboles, lo hace desde dentro, por causa de las leyes que impregnan toda su existencia. Todo lo que Adán hizo en nosotros, ocurrió desde dentro de nosotros, por un poder que gobierna nuestra vida más íntima. Y todo lo que Cristo hace por nosotros, ya sea como Hijo de Dios o como Hijo del Hombre, es igualmente, y por completo, una obra realizada dentro de nosotros. Cuando sepamos que Él es uno con nosotros y que nosotros somos uno con Él (Juan 15:5), tal como sucedió en el caso de Adán, solo entonces sabremos cuán verdaderamente se llevará a cabo nuestro destino en Él. Su unidad con nosotros es la garantía, y nuestra unidad con Él es el poder de nuestra redención.

Conclusiones:

1. ¡Tu destino, oh hombre, es sentarte con Jesús en Su trono (Apocalipsis 3:21)! Vive como alguien que se prepara para

ello. Cultiva verdaderamente tu espíritu. Permanece en Él, y Él permanecerá en ti.

2. El mundo sometido al hombre. Qué terrible es la ruina del pecado, por la que el hombre fue sometido al mundo. Su rey se convirtió en su esclavo, y ciertamente es así, en el momento justo cuando parece dominarlo más. Pero Cristo nos enseña a conquistar el mundo, negándolo; al tenerlo sometido y no perteneciendo a él (1 Juan 2:15). Sólo en el camino de la humillación y de la abnegación, puede realizarse el destino del hombre.

3. La Epístola tiene dos cosas que enseñarnos acerca de Jesús, como aspectos inseparablemente relacionados con nosotros: (1) el lugar de gloria donde está ahora; y (2) el camino de humillación que lo llevó allí. Trata de preocuparte por seguir a Cristo en Su humildad; Él se encargará de llevarte a Su gloria.

4. Estudia para ver la íntima relación, la unidad real existente entre Cristo y tú. Es el espíritu, el que está sujeto a Dios en la tierra, y al que Dios somete todas las cosas en el cielo. El alma que se humilla en la tierra y hace a Dios su todo, es la única apta para heredar los cielos, cuando Dios se manifieste en Su gloria como el Todo, y en todos (Colosenses 3:11).

Capítulo 12: Vemos a Jesús coronado de gloria y de honra

"Todas las cosas las sujetaste debajo de sus pies. Porque en cuanto le sujetó todas las cosas, nada dejó que no le sea sujeto a Él; más aun no vemos que todas las cosas le sean sujetas. Sin embargo, vemos a Jesús, coronado de gloria y de honra, quien fue hecho un poco menor que los ángeles, para padecer la muerte, para que por la gracia de Dios gustase la muerte por todas las cosas" (Hebreos 2:8-9).

¡Qué contraste tan glorioso! Todavía no vemos todas las cosas sometidas a Él, es decir, al hombre; pero — lo cual es mucho mejor — vemos a Jesús coronado de gloria y de honra. Cuando contemplamos este mundo, con todo su pecado y su miseria, no parece que el hombre estuviera destinado a ser superior a los ángeles y a dominar todas las obras de las manos de Dios. Pero cuando recordamos que Jesús se hizo hombre para gustar la muerte por todos los hombres (Hebreos 2:9), y que Él, un hombre en el trono, vive ahora como nuestra Garantía, nuestro Redentor y nuestra Cabeza, basta para que veamos al hombre coronado de gloria y de honra. No vemos todavía todas las cosas sometidas al hombre, sino que vemos a Jesús coronado de gloria y de honra. ¡Que bendito contraste!

El correcto conocimiento y uso de esta antítesis, es el secreto de la vida de fe. *"Todavía no vemos todas las cosas sujetas a él"*, esta frase expresa exactamente la decepción y el fracaso que es a menudo la experiencia del creyente, cuando su primer gozo y esperanza comienzan a pasar. Descubre que el pecado es más fuerte de lo que creía; que el poder del mundo, de la carne y del 'yo', aún no se han sometido a él como esperaba. A veces es como si sintiera que las promesas de Dios, y las expectativas que se suscitan en su corazón, fuesen vanas. O bien, si reconoce que Dios es realmente fiel para cumplirlas; reconoce que el camino para alguien tan débil como él, y en sus circunstancias, es demasiado difícil para obtener estas promesas. Las promesas de Dios de someternos todas las cosas y hacernos más que vencedores (Romanos 8:37), son, en efecto, preciosísimas; pero, por desgracia, siempre llegará la amarga experiencia: *"el hombre todavía no ve todas las cosas sometidas a él"*.

Dichoso el hombre que sabe entonces decir, con fe viva: *"Pero vemos a Jesús coronado de gloria y de honra"*. Bendito el hombre que sabe apartar la mirada de todo lo que encuentra en sí mismo, de imperfección y de fracaso, para mirar hacia arriba, y contemplar toda la perfección y la gloria que se encuentra en Jesús. ¡Sí!, bendito el hombre que encuentra su deleite y su vida en el encuentro de cada decepción y de cada dificultad, con el bendito: *"Pero, vemos a Jesús, coronado de gloria y de honra"*. Esto es todo lo que necesito; esto satisface el alma, y le da paz, gozo y fortaleza.

La Epístola está a punto de exponernos el gran misterio de por qué el Hijo de Dios fue hecho un poco inferior a los ángeles.

Fue para que, por la gracia de Dios, gustase la muerte por todos los hombres, y así abriera de nuevo la entrada a la presencia y al favor de Dios. La necesidad y el significado de Sus sufrimientos y de Su muerte nos los presenta en tres aspectos diferentes. El primero (Hebreos 2:10), que en el sufrimiento y en la muerte, Cristo mismo debe ser perfeccionado (Hebreos 2:10; 5:8), para que como nuestro Líder, pueda abrirnos el camino de la perfección[158], y preparar esa nueva naturaleza, esa nueva forma de vivir, en la que hemos de ser conducidos a la gloria. La segunda (Hebreos 2:14-15), para que por medio de la muerte, al hacer propiciación por el pecado, destruyera al diablo, con su poder de muerte, y nos otorgará una perfecta liberación de todo temor, que ella pudiera ejercer sobre nosotros. Y la tercera (Hebreos 2:16-18), para que en lo que padeció, fuera hecho un fiel y misericordioso Sumo Sacerdote, capaz de garantizar nuestra perfecta confianza[159], y de brindarnos el socorro que tanto necesitamos.

Pero antes de que el escritor nos revele el significado de la humillación de Cristo, primero nos señala hacia Su gloria. Es esto, lo que constituye la excelencia del Nuevo Testamento, lo que le da a nuestra fe su poder de fortaleza y de victoria: *"vemos a Jesús ahora a la diestra de la Majestad de Dios"*. Mantengamos esto como el pensamiento principal de la Epístola, como la única gran lección que los hebreos, y que

---

[158] Nota del Traductor: O, de la madurez.
[159] Nota del Traductor: O, seguridad.

todos los cristianos débiles y reincidentes[160], necesitan: Jesús, que sufrió por nosotros; Jesús, que, en Su sufrimiento como nuestro Líder (Hebreos 2:10), nos abrió un camino nuevo y vivo hacia Dios (Hebreos 10:20); Jesús, que se compadece de nosotros (Hebreos 4:15); este Jesús, está coronado de gloria y de honra (Hebreos 2:7, 9). Verlo a Él es comprender que tenemos todo cuanto pudiésemos necesitar (Hebreos 12:2).

¿Quieres, lector mío, prestar más atención a la salvación tan grande? ¿Quieres experimentar cuán plenamente Jesús es capaz de salvar? ¿Anhelas tanto el amor y la presencia, la santidad, el gozo y el poder de Dios en ti, como hay en Jesús para ti? ¡Aquí tienes el secreto de todo! En medio de todo el pecado y la debilidad, en medio de toda la oscuridad y la duda, en medio de todo el fracaso y la perplejidad, mantén esta única verdad, dedícate a este único ejercicio de fe: *más aun no vemos que todas las cosas le sean sujetas. Sin embargo, vemos a Jesús, coronado de gloria y de honra.* Esto, da la paz, la victoria y el gozo indecible.

Y si quieres saber cómo mantener siempre el corazón vuelto hacia Jesús (2 Corintios 3:15-18), recuerda que Él vino a salvar a Su pueblo de sus pecados (Mateo 1:21). Es el corazón que está cansado de sí mismo y de sus pecados, que acepta plenamente el hecho de la total corrupción y de la total

---

[160] Nota del Traductor: O, fluctuantes. Que pecan de manera deliberada, se arrepiente, retornan a Dios; pero luego, continúan pecando, creado para sí mismos un círculo vicioso sin fin.

impotencia, de todo lo que es de la vieja naturaleza y del 'yo', es este corazón el que se encontrará atraído con un fuerte deseo hacia este poderoso Redentor. En un corazón así, Jesús, el Coronado, no será sólo un objeto distante; sino, que, por el Espíritu Santo, será una presencia que habita en él. La venida del Espíritu Santo está inseparablemente conectada con — es nuestra única prueba de — la glorificación de Jesús (Juan 7:38-39; 16:14; 17:10). El Espíritu es nuestra única participación real en las bendiciones que fluyen de Él[161]. Que toda nuestra adoración a Él, *coronada de gloria y de honra*, sea en la fe de que el Espíritu de Pentecostés lo glorifica en nosotros, de modo que todo nuestro ser interior será lleno de Su presencia.

Conclusiones:

1. Jesús fue hecho un poco menor que los ángeles. Jesús, por el sufrimiento de la muerte, fue coronado de gloria y de honra. Mirad no sólo la gloria, sino mirad tan bien el lugar de su nacimiento, ya que fue esta la forma en que fue ganada[162]. Es en el camino en el que tú andas ahora. Aprende a recibir la humillación y el sufrimiento como la semilla, como el poder del que surge la gloria, como el camino, en el que Jesús en la gloria, te está preparando para la gloria futura.

---

[161] Nota del Traductor: Es decir, de Cristo, la Roca hendida (Números 20:11), de donde fluyen los ríos de agua viva del Espíritu (Juan 4:14; 7:38-39). Procuremos pues sacar con gozo cada día, agua de los manantiales de la salvación (Isaías 12:1).

[162] Nota del Traductor: Es decir, la gloria.

2. *Vemos a Jesús coronado de gloria y de honra.* Que toda experiencia de este contraste — *todavía no vemos todas las cosas sujetas al hombre* — se convierta en una advertencia, en un motivo y en una ayuda para acudir a Jesús. Dediquemos tiempo a contemplar esto, y a adorar a Dios, hasta que toda nuestra alma se llene de la convicción[163], de que: *"esta vida de humillación, es únicamente el vástago de la gloria eterna"*. Jesús en la gloria, es la prueba fehaciente de que esto así; es la garantía de que será así con nosotros. Que esta sea nuestra vida: Ver a Jesús, que, por el sufrimiento de la muerte, fue coronado de gloria y de honra.

---

[163] Nota del Traductor: Literalmente: "de la fe".

Capítulo 13: Jesús gustó la muerte por todos los hombres

"Sin embargo, vemos a Jesús, coronado de gloria y de honra, quien fue hecho un poco menor que los ángeles, para padecer la muerte, para que por la gracia de Dios gustase[164] la muerte por todas las cosas" (Hebreos 2:9).

Aquí tenemos la única gran razón por la que era conveniente que Jesús fuera hecho *un poco menor que los ángeles* (Hebreos 2:7). En el consejo de la gracia divina y en el gran plan de la redención, éste fue uno de los primeros objetivos de la encarnación: el nacimiento fue por causa de la muerte. Sin ese maravilloso nacimiento — de la Palabra, que era Dios hecho carne (Juan 1:1, 14) —, la muerte no nos habría beneficiado. Sin ese maravilloso nacimiento, la muerte de Cristo nos habría servido de poco. Lo que Dios ha unido, que no lo separe el hombre (Mateo 19:6; Marcos 10:9). Guardémonos de exaltar lo uno a costa de lo otro. El nacimiento y la muerte son dos partes inseparables del único *proceso* por el que Cristo fue perfeccionado (Hebreos 2:10; 5:8) como Primogénito de entre los muertos (Colosenses 1:18), y se convirtió en nuestro Rey y Libertador. La humanidad y la humillación de Jesús fueron necesarias para Su muerte *por*, o *en nombre de*, todo hombre.

---

[164] Nota del Traductor: Es el verbo griego *geusétai* [G1089]: Gustar, saborear, probar, comer. Es el mismo verbo griego que aparece en Hebreos 6:4, en referencia a "gustar el don celestial".

¿Y cuál fue el significado de esta muerte? ¿Y en qué consiste su eficacia? En la Escritura hay un doble aspecto en el que la muerte de Cristo, como nuestra Cabeza (Efesios 5:23; Colosenses 1:18), se presenta ante nosotros. El primero, es que murió por el pecado (Cf. 1 Corintios 15:3), soportando su maldición (Gálatas 3:10, 13) y sufriendo la muerte como el justo juicio de Dios (Romanos 1:32; 2 Tesalonicenses 1:5) a causa de él[165]. Su muerte nos abrió el camino hacia Dios (Hebreos 10:20; Juan 14:6). Hizo por nosotros lo que nosotros no podemos ni necesitamos hacer; llevó a cabo una salvación consumada; que no tenemos nada más que hacer, sino aceptar y descansar en ella. Según el otro aspecto, murió al pecado (Cf. Romanos 6:9-10). Su muerte fue una prueba de Su fortaleza ante el pecado y a Su tentación, de Su disposición a renunciar a la vida, antes que ceder al pecado; una prueba de que no hay manera de liberarse completamente de la carne y de su conexión con el pecado, sino cediendo la antigua vida a la muerte, para recibir de nuevo, y directamente de Dios, una vida completamente nueva (Cf. Hebreos 11:17-19). Desde este punto de vista, Su muerte fue un acto de infinito valor moral y espiritual, fue la consumación de la obra que Dios realizó cuando lo perfeccionó mediante el sufrimiento.

El primer aspecto, es decir, la muerte por el pecado en favor nuestro, tiene su valor desde el segundo aspecto, que revela lo que constituye su verdadera naturaleza y poder. Y, aun así, la fe en la muerte por el pecado, debe llevarnos a la muerte al pecado. El primer punto de vista es el de la *sustitución*: Cristo,

---

[165] Nota del Traductor: Es decir, del pecado.

haciendo lo que yo no puedo hacer. El otro, es el de la *comunión*: Cristo haciendo en mí lo que yo veo en Él. La primera es *una obra consumada*, y me da la fortaleza de manera inmediata y para siempre, para confiar en Dios. La segunda es *el poder de la santificación*, ya que la muerte y la vida de Cristo actúan en mí (Filipenses 3:10; Colosenses 1:29).

Ambos puntos de vista se encuentran en la Epístola en perfecta armonía. Vean con qué claridad se manifiesta la primera en este capítulo. Es por el sufrimiento de la muerte, que Él ha sido coronado de gloria y de honra. *Fue hecho un poco menor que los ángeles, para padecer la muerte, para que por la gracia de Dios gustase la muerte por todas las cosas*, para beber el cáliz de la muerte (Juan 18:11; cf. Mateo 26:39; Marcos 14:36; Lucas 22:42), como fruto del pecado, por todos nosotros. Algunos hombres mueren sin gustar la amargura de la muerte; Jesús probó su amargura (Cf. Mateo 27:34; Hechos 8:23), como la maldición del pecado, en toda su extensión. Luego leemos, Hebreos 2:14-15, que se hizo hombre: *"para destruir por medio de la muerte al que tenía el imperio de la muerte, es decir, al diablo, y librar a los que por el temor de la muerte estaban para toda la vida sujetos a esclavitud"*. Su muerte logró para nosotros lo que nunca nosotros pudimos hacer, y lo que ahora no necesitamos hacer. Y Hebreos 2:17 nos dice, que Su condición de hombre (Filipenses 2:8) fue para llegar a ser Sumo Sacerdote en lo que a Dios se refiere, para hacer propiciación por [o expiar] los pecados del pueblo. Todas estas expresiones — "padecer la muerte", "gustar la muerte por todos", "destruir al diablo", "hacer propiciación [o expiación] por los pecados del pueblo" — hacen referencia a la obra consumada que Cristo realizó, el fundamento eterno y seguro en el que puede descansar nuestra fe y nuestra esperanza.

En su enseñanza posterior, la Epístola nos mostrará cuál es el edificio que descansa sobre este fundamento, cuál es el poder celestial, la vida celestial, la bendita cercanía y el servicio a Dios, a los que el Sumo Sacerdote, nuestro Líder y Precursor, nos lleva en comunión con Él, por el camino nuevo y vivo que abrió para nosotros. Sin embargo, nuestro escritor quiere que comencemos aquí, y que enraicemos nuestra fe en la obra que Cristo (Colosenses 2:7), como nuestro Sustituto, realizó en el Calvario. Estudiemos las palabras cuidadosamente, y recordémoslas bien, y creámoslas plenamente: Cristo gustó la muerte por todos y vació la copa; Cristo destruyó al diablo; Cristo hizo la propiciación por el pecado. La muerte, el diablo y el pecado han sido eliminados, han sido reducidos a nada. Se ha efectuado una liberación completa. Los sufrimientos y la muerte de Cristo tienen un valor y una preciosidad tan infinitos a los ojos de Dios, que ningun alma que esté resuelta a no tener nada más que ver con el pecado, debe temer ya; sino que puede encontrarse con su Dios con toda certeza y seguridad. La muerte de Cristo ha actuado con gran poder en el cielo, en la tierra y en el Hades. Ha satisfecho y deleitado a Dios; ha conquistado la muerte, el pecado y el Hades; ha redimido y liberado a la humanidad. Deja que esa muerte viva en tu corazón; allí también obrará sus poderosas maravillas. Y encontrarás a Jesús en tu corazón, por el sufrimiento de la muerte, coronado de gloria y de honra.

Conclusiones:

1. El primer Adán gustó el fruto prohibido (Génesis 3:6) y ganó la muerte para todos (Romanos 5:12). El postrer Adán gustó esta muerte (1 Corintios 15:45), y sacó a la luz la vida y la inmortalidad para todos (2 Timoteo 1:10). Para todos los que lo aceptan, el poder, la morada y la energía de la vida, no es menos verdadera y real, que la del pecado y de la muerte (Véase Romanos 8:2; 1 Corintios 15:56). "Vemos a Jesús, que, por el sufrimiento de la muerte, ha sido coronado de gloria y de honra".

2. Jesús gustó la amargura de tu pecado y de tu muerte, ¡oh alma mía!, para que pudieras gustar la dulzura de Su vida y de Su amor. ¡Oh, gustad y ve que bueno es el Señor! (Salmos 34:8; cf. Salmos 119:103; Cantares 2:3; 5:1; Hebreos 6:4-5; 1 Pedro 2:2-3).

3. "Para que por la gracia de Dios gustase la muerte por todo hombre". "*Donde abundó el pecado, sobreabundó la gracia; para que, así como el pecado reinó para muerte, así también la gracia reine por la justicia para vida eterna*" (Romanos 5:20-21).

Capítulo 14: Jesús, el Líder de nuestra salvación

"Porque convenía que Aquel, para quien son todas las cosas y por quien son todas las cosas, que, habiendo de llevar[166] a la gloria a muchos hijos, perfeccionase[167] por las aflicciones al Autor[168] de la salvación de ellos" (Hebreos 2:10).

Hemos visto que hay más de una razón para la humillación del Señor Jesús, incluso hasta llegar al sufrimiento de la muerte. Aquí tenemos la primera. Fue como Líder de nuestra salvación, a través del cual Dios conduce a Sus hijos a la gloria, que pudo abrir la senda, el camino de la vida (Salmos

---

[166] O, liderar, guiar, conducir. [Es el verbo griego *agagonta*].

[167] Nota del Traductor: Es el verbo griego *teleiôsai* [G5048]: completo, completar, maduro, hacer perfecto alcanzando la meta prevista. Esta es la primera ocasión en que este verbo griego es mencionado en la Epístola, pero aparece también en: Hebreos 5:9; 7:19, 28; 9:9; 10:1, 14; 11:40 y 12:23. El pensamiento aquí, en este versículo, así como en Hebreos 5:9, no es que Jesús sufriera de alguna deficiencia de carácter o de naturaleza, y que a través del sufrimiento se propiciara en Él una mejora moral. Sino más bien, que la perfección de Cristo se refiere a Su calificación como Salvador. Al recorrer el camino señalado por Dios para llegar a ser Salvador, siguió la senda de la prueba. Ante las dificultades y los sufrimientos más acuciantes, Jesús permaneció obediente a Su Padre. Habiendo soportado satisfactoriamente la prueba de la vida, se demostró que era apto para ser el Salvador del pueblo de Dios.

[168] O, el Líder. [Es el nombre griego *archêgon*. *Archêgon* es un nombre compuesto, que deriva de *archê*, alguien que ejerce gobierno, y de *agô*, liderar, guiar, conducir. La traducción más apropiada sería entonces: el "Gobernante Líder" o el "Gobernante Conductor".

16:11; Proverbios 5:6; 10:17; 12:28; 15:24;), para que pudiésemos conducirnos en él. Para ello era necesario, que se perfeccionara mediante el sufrimiento y la muerte. Sólo así podría convertirse en un Líder[169], en el verdadero y pleno sentido de la palabra. En el sufrimiento, Su voluntad fue perfeccionada (Juan 5:30; 6:38-39), Su carácter modelado (Mateo 4:4; Lucas 4:4), Su dependencia de Dios (Mateo 26:45; Juan 8:29) y el deleite en Su voluntad (Juan 4:34) fueron confirmados y manifestados. En el sufrimiento, Su obediencia hasta la muerte (Filipenses 2:8) abrió el camino nuevo y vivo (Hebreos 10:20), que es el único a través del cual la criatura puede alcanzar al Creador con la más profunda humildad y entrega absoluta. Como Líder, abrió el camino de la vida, un modo de vivir y de actuar, que nosotros debemos seguir.

De esto también hablamos como un segundo aspecto de la muerte de Cristo. Esa muerte no es sólo la propiciación, sino también la comunión. Sólo en el sufrimiento, al estar crucificados y muertos con Cristo (Romanos 6:6; Gálatas 2:20; Colosenses 2:20), es que podemos conocer a Cristo y a Su salvación. Cristo se perfeccionó mediante el sufrimiento para poder ser el Líder, para que, en conformación con Él

---

[169] La versión holandesa tiene: "El Líder en Jefe". La traducción "Líder" hace más clara la conexión con el contexto siguiente: "Dios guiando (*agagonta*) hace perfecto al Líder-en-Jefe (*archêgon*)". Se traduce como "Capitán" en la Versión Autorizada [en inglés] y como "Autor" en la Versión Revisada [en inglés], Westcott dice: "Ninguna de las dos palabras da la plenitud del sentido. El propio *archêgon* participa primero en lo que establece". Westcott en Hebreos 12:2, adopta la palabra "Líder" en su traducción. Jesús es el Líder y el Consumador de la fe.

(Romanos 8:29), y participando de Su Espíritu (Filipenses 1:19) y semejanza (Filipenses 3:10), podamos encontrar el camino hacia Dios y hacia la gloria (1 Pedro 4:13).

La obra de un líder supone tres cosas. *La primera*, Él mismo debe guiarnos por el camino, pasando por todas sus dificultades y peligros, conociéndolo y mostrándoselos a los que le siguen (1 Pedro 2:21; Juan 10:4, 27; Apocalipsis 14:4). *La segunda*, los que le siguen deben someterse enteramente a su guía, andando como Él anduvo (1 Juan 2:6). *La tercera*, Él debe hacerse cargo de Sus seguidores, teniendo cuidado de que todos los obstáculos sean removidos (Efesios 2:14), y proveyendo para todas sus necesidades (Efesios 5:29; Filipenses 1:19). Veamos cuán benditamente se cumple todo esto en Jesús, y qué consuelo nos da saber que Jesús lleva también este nombre: *el Líder de nuestra salvación*.

El camino que buscábamos en vano, era uno que nos sacara del dominio del pecado, tanto en cuanto a su culpabilidad como en cuanto a su transgresión contra Dios, que nos librara de su poder, como la muerte para todo aquello que es *"santo, justo y bueno"* (Romanos 7:12). No había manera posible de salir de este estado de pecado, culpa y muerte, sino únicamente mediante la sumisión al juicio de Dios, y ofreciendo evidencias, al soportar ese juicio, de una entrega absoluta y voluntaria a la voluntad de Dios. No había manera de salir de la naturaleza caída, con el poder del 'yo' y de nuestra propia voluntad gobernada por ella, sino únicamente muriendo completamente a ella; sufriendo cualquier cosa posible, antes que dejarla salirse con la suya. Este era el camino por el que Jesús tendría que conducirnos. Y Él mismo tuvo que recorrerlo. *Al llevar a muchos hijos a la gloria, Dios tuvo que perfeccionar al Líder de su salvación mediante el sufrimiento.* Cristo era perfecto desde Su nacimiento; cada deseo e inclinación eran los que debían ser: una disposición, un poder, que necesitaban ser probados, desarrollados y fortalecidos por medio de la prueba. Lo que el sufrimiento y la muerte efectuaron en Cristo de forma personal, al perfeccionar Su carácter humano, es el fundamento de lo que efectuó en favor nuestro. Era necesario que Dios lo perfeccionara a través del sufrimiento; la perfección que viene a través del sufrimiento es la mansedumbre y la dulzura, la paciencia y la perfecta resignación a la voluntad de Dios. Por causa de la humildad, la mansedumbre y la humildad de corazón que el Cordero de Dios mostró aquí en la tierra (Mateo 11:29; Juan 1:29), es ahora el Cordero en el trono (Apocalipsis 5:6; 21:1). A través del sufrimiento se perfeccionó y *fue hallado digno* de ser nuestro Sumo Sacerdote (Cf. Apocalipsis 5:9, 12).

Un líder debe ser seguido; sus seguidores deben caminar por la misma senda por la que él anda (1 Juan 2:6). Jesús vino y fue hecho como nosotros (Filipenses 2:7-8); nosotros debemos venir entonces y ser hechos como Él es (1 Juan 3:2). Su sufrimiento y Su muerte no son únicamente sustitución y propiciación. Ciertamente eso son, gracias a Dios, pero también son mucho más que eso. Son un llamado a la comunión y al descanso. La sustitución descansa en la identificación; en ese descanso encuentra su crecimiento y su fortaleza. El Cordero de Dios no tiene ninguna salvación ni perfección que darnos, sino Su propio espíritu manso de total dependencia y absoluta sumisión a Dios. La mansedumbre y la humildad que necesitaban ser perfeccionadas por Dios en Él, son igualmente necesarias para nosotros. Debemos sufrir, ser crucificados y morir con Él (Cf. Juan 11:16). La muerte al 'yo' (Gálatas 2:20) y al mundo (Colosenses 2:20), a costa de cualquier sufrimiento o negación de nosotros mismo, es el único camino a la gloria que el Líder de nuestra salvación nos ha abierto (1 Pedro 4:13; 5:10).

Un líder cuida de sus seguidores; no dice: "¡Quien pueda sígame!". Cuida de todos, especialmente de los más débiles. Recuerden el cuidado que tuvo Stanley *"En el África más oscura"*[170], para reunir a los rezagados, para dejar a los débiles en el campamento y para esperar a que se repusieran y volviesen con él. Jesús es un Líder, compasivo y comprensivo, y sumamente fiel; con toda la fidelidad y la fortaleza con la que Él mismo recorrió ese camino en la tierra, ayudará pues a

---

[170] Nota del Traductor: Se refiere a Henry Morton Stanley (1841-1904). A Stanley se le asignó la tarea de ir a África en buscar de David Livingstone (1813-1873), desaparecido desde hacía tres años en algún lugar del Continente Africano (Véase el libro: *How I found Livingstone: travels, adventures, and discoveries in Central Africa, including four months' residence with Dr. Livingstone* [Cómo encontré a Livingstone: viajes, aventuras y descubrimientos en África Central, incluyendo cuatro meses de residencia con el Dr. Livingstone], 1871). Aquí Murray está haciendo referencia a la obra de este: *In darkest Africa; or, the quest, rescue, and retreat of Emin, governor of Equatoria* [En el África más oscura; o, la búsqueda, rescate y retirada de Emin, gobernador de Ecuatoria], publicada en dos volúmenes en 1890.

todos los que únicamente confíen en Él y le obedezcan con mansedumbre, a caminar por ese camino hasta el final.

Hermanos míos, ¿comprendéis lo que significa que el Padre, al llevaros a la gloria, haya hecho de Jesús *el Líder en Jefe* de nuestra salvación? Jesús es responsable de ti. Tómalo a Él y confía en Él como tu Líder. La gran necesidad en alguien que sigue a un líder es un espíritu tierno y fácilmente enseñable. Alégrate de que tienes a un Líder así, que se ha perfeccionado en la mansedumbre y en la sumisión a través del sufrimiento (Hebreos 2:10; 5:8), para poder guiarte en el bendito camino que lo llevó a Él, y que te llevará con la misma seguridad a ti, a la gloria del Padre (Véase Romanos 6:4; 1 Pedro 4:13; 5:10; cf. Lucas 24:26).

Y recuerda quién es este Líder: el Hijo de Dios, el divino Hacedor y Sostenedor de todas las cosas (Hebreos 1:3). No sólo nos guía como el Hijo del Hombre, como un Líder fuera de nosotros, influyendo en nosotros con el ejemplo y la instrucción, con la autoridad y la bondad. ¡No!, sino que también nos guía como el Hijo de Dios, que obra dentro de nosotros por Su Espíritu, ¡Sí!, que es Él mismo habitando en nosotros[171]. Así como Dios obró en Él y lo perfeccionó, Él,

---

[171] Nota del Traductor: Acá Murray identifica a Cristo con el Espíritu Santo, sin que ello afecte, en manera alguna, el hecho de que Murray comprenda, que ambos son diferentes Él uno del Otro (Cf. Romanos 8:11 con Romanos 8:10; 2 Corintios 3:17-18). Para más detalles sobre esta verdad bíblica, teológica y espiritual, véase el libro: *El Espíritu de Cristo* de Andrew Murray.

como Dios, obrará ahora en nosotros y nos perfeccionará (Filipenses 1:6).

Conclusiones:

1. Cristo vino a darnos una concepción totalmente nueva de lo que es la verdadera vida, a mostrarnos una nueva manera de pensar y de vivir, a enseñarnos que la vida celestial consiste en renunciar a todo lo que tiene la más mínima *relación con el pecado* (Hebreos 9:28), para agradar perfectamente al Padre (Juan 8:29). Este es el camino nuevo y vivo que Él abrió a través del velo rasgado de la carne (Mateo 27:51; Marcos 15:38; Lucas 23:45; Hebreos 10:20).

2. "A Dios le convenía perfeccionarlo". Todo lo que Cristo hizo, y todo lo que se hizo en Él, lo hizo Dios. Se entregó a Dios. No hizo nada por Sí mismo; permitió que Dios lo hiciera todo en Él. Este es el camino de la perfección, el camino de la gloria, en el que Jesús nos guía. Su divinidad es inexpresablemente preciosa para nosotros, por causa de lo que puede *ser* y *hacer* en nosotros. Pero igual de inexpresablemente preciosa es su humanidad, que nos muestra cómo fue perfeccionado (Hebreos 2:10; 5:8), cómo Dios obró en Él, lo que nosotros debemos ser, lo que a través de Él podemos ser con toda certeza.

3. Procurad tener muy clara esta verdad, de que Él sólo es un Salvador en la medida en que es un Líder. La salvación es ser

guiados por Él (Romanos 8:14; Gálatas 5:18; 2 Corintios 3:17-18).

Capítulo 15: Para quién y por quién son todas las cosas

"Porque convenía que Aquel, para quien son todas las cosas y por quien son todas las cosas, que, habiendo de llevar[172] a la gloria a muchos hijos, perfeccionase por las aflicciones al Autor[173] de la salvación de ellos" (Hebreos 2:10).

Para quien son todas las cosas. Dios es la causa final de todo lo que existe (Véase Romanos 11:36; 1 Corintios 8:6; Colosenses 1:16). Las mismas existe con el único propósito de mostrar Su gloria (Salmos 19:1; 148:13; Isaías 6:3). Cada objeto de la naturaleza tiene su única razón de ser, en que la maravillosa bondad y el poder de Dios brillen a través de él (Romanos 1:20). Sobre todo, el hombre fue creado para que el Ser Adorable[174], cuya naturaleza misma es el amor (1 Juan 4:8, 16), tuviera la oportunidad de demostrar en él, cuán gratuita y plenamente lo haría participante de las riquezas de Su gracia (Efesios 1:7; 2:7) y de Su gloria (Romanos 9:23; Efesios 1:18; 3:16; Filipenses 4:19; Colosenses 1:27).

Para quien son todas las cosas, para que en ellas se den a conocer Su gloria y Su bondad. *"¡Digno eres Tú, Señor y Dios nuestro, de recibir la gloria y la honra y el poder; porque Tú creaste todas las*

---

[172] O, liderar.
[173] O, el Líder.
[174] Nota del Traductor: Es decir, Dios.

cosas, y por Tu voluntad ellas existen, y fueron creadas!" (Apocalipsis 4:11).

Por quien son todas las cosas. Dios es la causa eficiente de todo lo que existe. Dios es el fin y el objetivo de todas las cosas, porque Él es Su principio y Su origen. Todo debe volver a Él, porque *todo procede de Él* (1 Corintios 11:12), y únicamente existe por causa de Él (Véase Romanos 11:36). No hay vida, ni bondad, ni belleza, que no se remonte a Él, su única fuente y manantial. *"Hay un solo Dios, el Padre, de quien proceden todas las cosas y nosotros somos para Él"* (1 Corintios 8:6). *"Un solo Dios y Padre de todos, que está sobre todos, por todos y en todos"* (Efesios 4:6).

El apóstol podría haber escrito únicamente en Hebreos 2:10: "A Dios le convenía perfeccionar al Jefe[175] de nuestra salvación mediante el sufrimiento". Sin embargo, no lo hizo de esta manera; sino que antes, con un propósito definido, introdujo aquí el carácter con el que Dios actuó al perfeccionar al Hijo como el Líder de nuestra salvación. Cuando el hombre pecó y se apartó de Dios (Génesis 3:1-24; Romanos 3:23; 5:12), perdió juntamente las dos benditas verdades en las que se había mantenido su relación con Dios. Primero, su santa lealtad a Dios, es decir, el tener todas las cosas para Él; segundo, su bendita dependencia de Dios, es decir, el tener todas las cosas por medio de Él; en lugar de estas dos, vino el

---

[175] Nota del Traductor: Véase el capítulo anterior para más detalles sobre esta traducción.

reino del 'yo', entregando su vida por completo para el 'yo' y para vivir por medio del 'yo' (Cf. Gálatas 2:20).

De esta vida del 'yo' vino Jesús a redimirnos, a devolvernos a Dios, a conocerle y honrarle como Dios y Padre, *para quien son todas las cosas y por quien son todas las cosas*. Al hacer esto, abrió de nuevo el único camino que podía llevar a la gloria (Cf. Génesis 3:24; Hebreos 9:5). Lo hizo primero mostrándonos en Su vida, como Hombre, cómo los hombres deben vivir *para* Dios y *por* Dios. Y luego, liberándonos por medio de Su muerte, del dominio del pecado (Romanos 8:2), y ganando para nosotros el poder de la vida celestial (Hebreos 7:16).

Para quien son todas las cosas y por quien son todas las cosas. Fue en este carácter que Dios perfeccionó a Cristo a través de los sufrimientos. Fue en este carácter que Cristo reveló y honró a Dios en Sus sufrimientos. Es para ganar (Filipenses 3:8; Romanos 9:5; 2 Corintios 4:7) y llevarnos a conocer (Juan 8:19; 14:6, 9-11), a amar (1 Juan 4:7-8) y a servir a Dios (Hebreos 12:28) en este carácter, que Jesús es el Salvador.

Para quien son todas las cosas. A lo largo de toda Su vida, no hubo otra cosa que Jesús intentara inculcar en Sus discípulos de forma más clara que esto: que Él era el Mensajero (Juan 8:28; 14:10) y el Siervo del Padre (Mateo 12:18-21); que no pensaba en hacer Su propia voluntad (Juan 6:38) ni en buscar Su propia honra (Juan 5:41-44; 8:50); que sólo buscaba y hacía lo que era para el deleite (Juan 8:29) y para la gloria del Padre (Juan 7:18). Nos dio el ejemplo de un hombre en la tierra que vive absoluta y enteramente para Dios en el cielo (Cf. Juan 3:13). Su vida en la tierra fue la exhibición aquí en la carne, la traducción al lenguaje humano, de la afirmación divina: "Todo para Dios" (Cf. 1 Corintios 10:31; 15:28). Su lealtad a Dios fue absoluta. Nos demostró que el destino del hombre, la bendición y la gloria eterna, se encuentran en esto: en vivir enteramente para Dios.

Por quien son todas las cosas. También la vida de Cristo fue la exposición de esto. No se avergonzaba de decir continuamente que no podía hacer nada por Sí mismo (Juan 5:19, 30), y que sólo podía obrar y hablar cuando el Padre se lo mostraba o le hablaba (Juan 9:4; 14:10; 3:34). Consideraba que esta era Su bendición y Su fortaleza: no poder hacer nada por Sí mismo, sino esperar continuamente en Dios y en Su obra. Él sabía y nos enseñó, que el hombre que ha dicho, en profunda devoción y de todo corazón, a Dios: "Todo para Dios", puede decir también con toda confianza: "Todo por Dios".

"Todo para Dios", "Todo a través de Dios". Jesucristo ha hecho posible que hagamos de éstas nuestras consignas. En todas las aspiraciones de un camino más íntimo con Dios, en todos los esfuerzos por una vida más pura, más verdadera, más elevada, estos, son los dos polos entre los que debe moverse el alma. Son las marcas seguras de ese verdadero misticismo bíblico, que tienen tanta atracción para todas las almas hambrientas que anhelan conocer y complacer a Dios perfectamente.

"Todo para Dios", absolutamente, sin exceptuar ni un momento, ni un pensamiento, ni una palabra, ni una persona, ni una posesión; *todo para Dios*, éste es el único deseo del alma. Ella ha visto que Dios es digno de esto, que lo reclama, y que, en la naturaleza misma de las cosas, nada menos puede satisfacer el corazón que Dios hizo para que se llenara de Él.

¡Todo para Dios! Cuanto más claro se hace el objetivo de ser *todo para Dios*, y cuanto más profundamente se hunde el alma en su propio vacío e impotencia, bajo la convicción de que con el hombre todo es imposible (Marcos 10:27; Lucas 18:27); más pronto entonces, se levantará la fe para ver que no sólo podemos decir, sino que más bien nos atrevemos a decir: ¡Todo para Dios!, porque también podemos decir: ¡Todo es por medio de Dios! Dios mismo lo obrará en nosotros (Filipenses 2:13; 1:6).

Este es el Dios que se nos ha revelado en Su Hijo (Mateo 11:27; Lucas 10:22). A Él, *para quien son todas las cosas y por quien son todas las cosas*, le correspondió perfeccionar al Líder en Jefe de nuestra salvación a través de los sufrimientos. ¡Adorémosle! ¡Adorémosle! Ofrezcámosle el sacrificio de la lealtad plena y de la dependencia infantil, mientras las palabras resuenan en el corazón y en la vida: ¡Todo por Dios! ¡Todo por Dios! ¡Dios es todo!

Conclusiones:

1. *La práctica de la presencia de Dios*[176] es un ejercicio espiritual muy necesario y bendito. A medida que el alma se inclina en la quietud y en la humildad, y adora en silencio, entra en el espíritu correcto para reconocer su propia nada, y darse cuenta de que Dios es todo, que todo es para Él, y que todo es través de Él.

2. Todo para Dios: esa es la consagración. Todo por Dios: esa es la fe. Este fue el espíritu con el que Cristo se entregó a Dios: consagración y fe.

3. Este fue el Dios que perfeccionó a Cristo. Conocer y honrar a Dios en este carácter es el secreto de la perfección, pues en él puede hacer Su obra. Este es el Dios que lleva a muchos hijos a la gloria; conocerlo y honrarlo es el camino hacia la gloria. Para revelar a este Dios y Sus pretensiones, para mostrarnos cómo entregarle todo, para esto vino Cristo. Esta es la vida que nos trajo, el camino que nos abrió, la salvación que nos da.

---

[176] Nota del Traductor: Una posible alusión de Murray al libro del Hermano Lawrence (1614–1691) que lleva ese mismo título. Este libro fue publicado en 1692, y fue una compilación de Joseph de Beaufort en memoria de Lawrence.

Capítulo 16: Jesús nos llama hermanos

"Porque el que santifica y los que son santificados, de[177] *uno son todos; por lo cual no se avergüenza de llamarlos hermanos, diciendo: 'Anunciaré a Mis hermanos Tu nombre, en medio de la congregación*[178] *te alabaré'* [Salmos 22:22]. *Y otra vez: 'Yo confiaré en Él'* [Salmos 18:2]. *Y de nuevo: 'He aquí, Yo y los hijos que Dios me dio'* [Isaías 8:18]" (Hebreos 2:11-13).

Tenemos aquí la explicación de lo que precede. ¿Por qué era necesario que Dios, al llevar a muchos hijos a la gloria, perfeccionara al Líder de su salvación mediante el sufrimiento? O, ¿Cómo es que al perfeccionar a Cristo podía hacer a los muchos hijos perfectos y traerlos a la salvación? La respuesta es que *el que santifica*, es decir, Jesús, y *los que son santificados*, los hijos de Dios, *son todos de uno*, es decir, son de Dios. Para demostrar esto, se citan tres textos, en los que Jesús nos llama *hermanos*, tomando Su lugar con nosotros en la confianza en Dios, y hablando de nosotros como aquellos *hijos que Dios le dio*. Es porque Jesús, el Hijo Primogénito (Hebreos

---

[177] Nota del Traductor: Griego *ex* [G1537], es una preposición primaria que denota origen, *el punto de donde procede el movimiento o la acción*, de ahí que se traduzca como: "de". Es decir, que de uno son y *proceden* todos, el que santifica y los que son santificados.

[178] Nota del Traductor: Es el nombre griego *ekklésias* [G1577]: la asamblea llamada a salir fuera de, la iglesia. Aparece también en Hebreos 12:23, con relación a la iglesia o congregación de los primogénitos. El Cristo morador (Romanos 8:10; Colosenses 1:27) alaba a Dios en medio de la iglesia, cada vez que nosotros nos congregamos (Hebreos 10:25) ¡Que maravillosa verdad es esta!

1:6), y los hijos que lleva a la gloria (Hebreos 2:10), son uno en Su ser engendrado por Dios (Cf. Mateo 1:20; Hechos 13:33), que Su perfección garantiza la salvación de los muchos hijos. La unidad de Jesús con nosotros es lo que le permite a Él ser el Líder de la salvación.

Esta unidad tiene su origen en la verdad de la vida divina (Juan 17:3, 21-23). *Tanto el que santifica como los santificados proceden de uno solo.* Jesús es el Unigénito, el Hijo eterno, uno con el Padre en Su Ser Divino y en Majestad (Juan 10:30; 17:5). Nosotros somos hijos de Dios, ya que participamos de la vida divina *a través* de Él y *en* Él (Juan 10:10; 1 Juan 5:12). *A pesar de la diferencia entre Su filiación y la nuestra, siendo la Suya original y la nuestra derivada, en el fondo son una sola; la vida de ambos tiene su origen en la vida de Dios*[179]. Es esta unidad de Cristo con nosotros en origen, lo que hizo posible que Él se hiciera uno con nosotros en nuestra humanidad, y así ser el Líder de nuestra salvación. Es esta unidad la que hace posible que nos comunique[180] esa perfección, esa perfecta mansedumbre y deleite en la voluntad de Dios, que se forjó en Su naturaleza humana a través del sufrimiento, esa santidad Suya con la que debemos ser santificados.

Porque el que santifica y los que son santificados, de uno son todos. Jesús es el Santificador, nosotros somos los santificados. El objeto por el que Cristo se convirtió en el Líder de nuestra

---

[179] Nota del Traductor: Véase lo expuesto en la nota 110 de este libro.
[180] Nota del Traductor: O, imparta.

salvación, la gran obra que tiene que hacer por nosotros, el vínculo de la unidad entre el Hijo y los hijos de Dios (Juan 15:5), la prueba de que llevan Su imagen y semejanza (Romanos 8:29; 1 Juan 3:2), y la característica de su verdadera unidad (1 Juan 3:14-15), es la Santidad (Véase Juan 17:17-19, 22-24).

La palabra *"Santo"* es una de las más profundas de la Escritura. Significa mucho más que ser apartado o consagrado para Dios. El Triuno Dios[181] es el "Tres Veces Santo" (Isaías 6:3); la santidad es el misterio más profundo de Su Ser, la maravillosa unión de Su justicia y de Su amor. Ser santo es estar en comunión con Dios, poseído por Él. Por eso el Espíritu lleva especialmente el nombre de *"Santo"*, porque es el Portador para nosotros del amor de Dios (Romanos 5:5), y el que mantiene la comunión divina es Su obra especial (2 Corintios 13:14). Jesús es el Santo de Dios (Marcos 1:24; Lucas 4:34; Juan 6:69), que nos hace santos al llenarnos de Su Espíritu Santo (Efesios 4:30)[182]. La diferencia entre Jesús y nosotros es grande; sin embargo, la unidad es mayor. Él y nosotros somos uno, participamos juntos de la vida de Dios y de la santidad de Dios. Prestemos más abundante atención a esta salvación tan grande.

---

[181] Nota del Traductor: Traducción literal del inglés: "Triune God".

[182] Aquí y en toda la Epístola, la palabra 'santo' y 'santificar', incluye mucho más de lo que ordinariamente significa la doctrina de la santificación. "Santificar aquí incluye todo lo que Dios hace para nuestra restauración, ya que Él llama, justifica y glorifica [Romanos 8:30]". Carl Heinrich Rieger (1726-1791) en *Lange's Commentary on the Holy Scriptures* sobre Hebreos 10:10 (Compárese Hebreos 9:13-14; 10:10, 14, 29; 13:12).

Esta unidad encuentra su manifestación en el nombre de "hermanos" que Jesús nos da. *Por lo cual no se avergüenza de llamarlos hermanos, diciendo: "Anunciaré a Mis hermanos Tu nombre...".* El escritor había hablado de nuestra unidad interna con Jesús. ¡Oh!, ¡pero qué diferencia es la vida real, una diferencia tan terrible que bien podría avergonzarse de nosotros! ¡Sí!, ante los ángeles (Lucas 12:8-9), así como ante el mundo, ¡cuántas veces Sus santos le han avergonzado, le han dado razones para avergonzarse de Su relación con ellos! Pero, bendito sea Su Nombre, ya que Su encarnación fue un acto de condescendencia, que tenía su origen en el sentido de Su unidad con nosotros, como si fuéramos uno con Él en Dios, esto tenía su fuerza en el amor, como el que tiene un hermano mayor hacia sus hermanos más pequeños.

Se citan ahora tres textos: el primero del Salmo 22:22, en el que el Mesías sufriente promete dar a conocer el nombre del Padre a Sus hermanos; el segundo y tercero del Salmo 18:2 e Isaías 8:18, en los que, en tipología profética, se expresa Su comunión con todo Su pueblo en la vida de fe y confianza, y Su lugar como Cabeza de aquellos que Dios le dio como hijos.

¡Qué pensamientos tan maravillosos! ¡Nosotros, tan verdaderamente como Jesús, somos de Dios! Es a la luz de esta verdad que Jesús nos mira, y nos ama, y trata con nosotros. Es a la luz de esta verdad que debemos mirar a Jesús, amarlo, y tener una estrecha relación con Él. Y a la luz de esta verdad, mirémonos también a nosotros mismos. Esta es la vida de la fe: ver a Jesús y vernos a nosotros mismos como Él nos ve, pensar como Él piensa, vivir en Su corazón. Entonces se nos cumplirá la promesa: *"Anunciaré Tu nombre a Mis hermanos"*, *"para que el amor con que Me has amado, esté en ellos, y Yo en ellos"* (Juan 17:26). Mientras nos inclinamos en un silencio humilde y expectante ante Él, el alma le oirá decir: "Hermano mío, permíteme que te revele al Padre (Mateo 11:27; Lucas 10:22)". Y el Nombre, el amor y la cercanía del Padre tendrán un nuevo significado cuando podamos decir: ¡Jesús me llama Su hermano! ¡Dios me ha hablado en Su Hijo (Hebreos 1:2)! Entonces comprenderemos que, para la fe, la incomprensible realidad de la unidad con Jesús, se convierte en la bendita y consciente experiencia del alma en su vida cotidiana.

Conclusiones:

1. ¡Oh, la unión con Jesús al nacer de Dios, el ser santo, al ser reconocidos por Él como hermanos! ¡Qué vida tan bendita! ¡Qué salvación tan grande!

2. *"Porque todo aquel que hace la voluntad de Dios, ése es Mi hermano, y Mi hermana"* (Marcos 3:35; cf. 1 Juan 2:17). ¿Quieres conocer el santo gozo de Jesús diciéndote: "hermano"? Que tu vida sea entonces lo que fue la Suya: hacer la voluntad de Dios. En esto se perfeccionó en el sufrimiento. En esto se manifestará Su Espíritu y Su vida en ti, y el nombre de "hermano" será el indicador, no sólo de Su compasión, sino

de la unidad en el Espíritu (Efesios 4:3) y de la semejanza en la conducta, la cual compruebe que verdaderamente eres un hijo de Dios.

3. La santificación, la santidad, no es más que una vida en unión con Jesús. Es esto, nada más y ni nada menos. El que santifica, y los santificados, de uno son todos. Vivir en esa unidad, tener a Jesús viviendo en nosotros, es la manera de ser santos.

4. *Y otra vez: "Yo confiaré en Él"* (Salmos 18:2). Jesús vivió por la fe en Dios. Él es el Líder y el Perfeccionador de la fe (Hebreos 2:10). Él nos abrió el camino de la fe y nos conduce por él (Hebreos 10:20; Juan 10:4).

Capítulo 17: Para que pueda destruir al diablo

"Así que, por cuanto los hijos participaron de carne y sangre, Él también participó de lo mismo, para destruir[183] *por medio de la muerte al que tenía el imperio de la muerte, es decir, al diablo, y librar a los que por el temor de la muerte estaban para toda la vida sujetos a esclavitud"* (Hebreos 2:14-15).

Los versículos anteriores hablaban de la unidad de Jesús y Sus hermanos desde el lado divino: todos son uno. Aquí se nos presenta desde su lado humano: *por cuanto los hijos participaron de carne y sangre, Él también participó de lo mismo.* Ya hemos dicho que, para esto, para que Cristo se hiciera hombre, había más de una razón. *La primera,* para que, como nuestro Líder, pudiera perfeccionarse a Sí mismo, y así preparar un camino, una forma o estado de vida, una naturaleza, una vida, en la que pudiéramos acercarnos a Dios. *La segunda,* para liberarnos del poder de la muerte y del diablo. *La tercera,* para que en toda Su obra *por* nosotros y *en* nosotros, fuera un misericordioso y fiel Sumo Sacerdote en las cosas que pertenecen a Dios (Hebreos 2:17), capaz de comprender y simpatizar con nosotros, y dispuesto a soportar y a socorrer. Aquí se pone de manifiesto el segundo de estos tres aspectos

---

[183] Nota del Traductor: Es el verbo griego *katargésé* [G2673]: reducir a nada, dejar sin efecto, dejar inactivo, inútil, ineficaz, abrogar, anular, eliminar, poner fin, destruir, hacer cesar, acabar con, poner fin a. Es el mismo verbo griego que aparece en Gálatas 5:4: "Cristo ha venido a ser *reducido a nada* para vosotros, los que por la ley os justificáis; de la gracia habéis caído".

de la encarnación de Cristo: Se hizo hombre para enfrentarse, vencer y destruir el poder de la muerte y del diablo.

Por cuanto los hijos participaron de carne y sangre, Él también participó de lo mismo. Por muy familiar que sea el pensamiento de la encarnación, intentemos de nuevo comprender plenamente todo lo que significa. Así como Adán nunca podría habernos sometido al poder del pecado y de la muerte, si no hubiera sido nuestro padre, comunicándonos su propia naturaleza (Romanos 5:12; 1 Corintios 15:21), así Cristo nunca podría salvarnos, sino tomando nuestra naturaleza sobre Él, haciendo en esa naturaleza todo lo que necesitaríamos hacer, si nos hubiera sido posible librarnos; y comunicando a su vez, el fruto de lo que Él efectuó, como una nueva naturaleza dentro de nosotros, para que fuera el poder de una vida nueva y eterna. Como una necesidad divina, sin la cual no podría haber salvación, como un acto de amor y condescendencia infinitos, el Hijo de Dios se hizo partícipe de la carne y de la sangre. Sólo así pudo ser el Postrer Adán (1 Corintios 15:45), el Padre de una nueva raza (Hebreos 2:13; cf. Juan 14:18).

Para destruir por medio de la muerte al que tenía el imperio de la muerte, es decir, al diablo. La muerte es un poder que tiene su sentencia de parte de Dios. En la naturaleza misma de las cosas, no podía ocurrir de otra manera, que el hombre, cuando se apartó de Dios, la fuente de la vida (Jeremías 2:13;), hacia Satanás y hacia el 'yo', cayó bajo el poder de la muerte. Se había entregado a Satanás (Juan 8:44; 1 Juan 3:10), y Satanás tenía poder sobre él. Como el carcelero mantiene al prisionero bajo la autoridad del rey, Satanás mantiene al pecador en el poder de la muerte (Juan 8:34; Romanos 6:23), mientras no se le dé una verdadera liberación legal. La única manera de salir del poder de *Satanás* y de la *muerte*, era despojarse de esa naturaleza caída sobre la que *ellos* tenían poder, salir de esa vida pecaminosa muriendo a ella; y, al morir, ser enteramente liberados de ella. Nosotros no teníamos poder para hacer esto. Jesús entró en todas las condiciones de nuestra humanidad caída (Hebreos 4:15; 9:28). Entró en nuestra muerte, y la soportó como la pena del pecado, y, soportándola (2 Corintios 5:21; Filipenses 2:8), satisfizo la ley de Dios (Mateo 5:17; Gálatas 3:13-14; Romanos 8:4). Y así, como la ley había sido la fuerza del pecado (1 Corintios 15:56), le quitó al pecado y al diablo el poder de la muerte sobre nosotros. Soportó la muerte como el fin de la vida de la carne (Romanos 8:3), en pleno reconocimiento del justo juicio de Dios (Romanos 2:5; 2 Tesalonicenses 1:5), entregando su espíritu al Padre (Lucas 23:46). La muerte, como la pena de la ley (Cf. Hebreos 10:28), la muerte como el fin de la vida de la naturaleza caída, la muerte como el poder de Satanás sobre el hombre, fue destruida, y el que tenía el poder de la muerte fue anulado. Y ahora, tan poco derecho o poder como la muerte tiene sobre Él, lo tiene sobre aquellos que *están en Él* (Romanos 8:1), sobre aquellos en los que el poder de Su vida actúa ahora (Hebreos 7:16). *Él también participó de lo mismo, para destruir por medio de la muerte al que tenía el imperio de la muerte, es decir, al diablo.*

Y librar a los que por el temor de la muerte estaban para toda la vida sujetos a esclavitud. El poder de la muerte y del diablo ha sido roto tan completamente, que ahora hay una liberación perfecta de ese miedo a la muerte que mantiene a tantos en la esclavitud. Bajo el Antiguo Testamento, la vida y la inmortalidad aún no habían salido a luz (2 Timoteo 1:10). No es de extrañar que los santos de la antigüedad, a menudo vivieran y hablaran como aquellos que estaban sujetos a la esclavitud. Pero qué triste es que los redimidos de Jesucristo, Sus hermanos, demuestren tan a menudo que no conocen la realidad y el poder de su liberación, o el canto de gozo: *"¡Sorbida es la muerte en victoria!"* (1 Corintios 15:54). *"¡Más gracias sean dadas Dios, que nos da la victoria por medio de nuestro Señor Jesucristo!"* (1 Corintios 15:57).

Hermano mío, ¿estás viviendo la experiencia plena de esta bendita verdad? Porque compartes la carne y la sangre, Cristo vino y también participó de lo mismo, para que hubiera una perfecta unidad entre Él y tú. ¿Vives en esta unidad? Con Su muerte destruyó al diablo, para que fueras enteramente liberado de su poder. ¿Vives en esta libertad? Él libera del temor a la muerte y de la esclavitud que conlleva, cambiándola por el gozo de la esperanza de la gloria (Romanos 5:2; Colosenses 1:27). ¿Es este gozo tu porción? Creamos que Él, que ahora está coronado de gloria y de honra, es capaz de hacernos todo realidad, para que, como aquellos que son uno con Él, por el doble vínculo del nacimiento de Dios, y el nacimiento en carne y hueso, seamos Sus redimidos, Sus santificados, Sus hermanos amados. Él se entregó a Sí mismo para ser totalmente *como* nosotros y *para* nosotros (Gálatas 2:20; Efesios 5:2, 25); ¿no deberíamos nosotros entregarnos para ser totalmente *como* Él y *para* Él? (Cf. 1 Juan 3:2; Romanos 11:36).

Conclusiones:

1. *"Para destruir por medio de la muerte al que tenía el imperio de la muerte"*. La muerte tenía su poder desde el principio. No había manera de vencerla, sino cumpliendo su demanda. A través de la muerte, Él destruyó a la muerte. Este es el camino para nosotros también. A medida que me entregue a la muerte, a medida que me abandone la vida pecaminosa, y muera al 'yo' en el poder de la muerte de Cristo, el poder de Su liberación obrará en mí.

2. La vida a través de la muerte. Esta es la ley de la naturaleza, como se ve en cada grano de trigo (Juan 12:24-25). Esta es la ley de la vida de Cristo, como se ve en Su resurrección (). Esta es la ley de la vida de la fe, que debe ser sentida y experimentada cada día, a medida que el poder de la muerte que Cristo murió, y la Nueva Vida que Él vive, y obra en nosotros.

3. El primer capítulo de la Epístola a los Hebreos nos reveló la divinidad de Cristo, como fundamento del evangelio, para que sepamos que todo lo que Él realizó en Su humanidad, se ha efectuado en la realidad divina, y actúa en nosotros con el poder creador divino.

Capítulo 18: Un Sumo Sacerdote capaz de socorrer

"Porque ciertamente no socorrió a los ángeles, sino que socorrió a la simiente[184] de Abraham. Por lo cual, debía ser hecho en todo semejante a Sus hermanos, para venir a ser[185] misericordioso y fiel Sumo Sacerdote en lo que a Dios se refiere, para hacer propiciación por los pecados del pueblo. Porque debido a que Él mismo padeció siendo tentado, es poderoso para socorrer a los que son tentados"
(Hebreos 2:16-18).

En el primer capítulo de esta Epístola, vimos que el escritor citaba un texto tras otro del Antiguo Testamento, con el fin de hacernos comprender plenamente la verdad y el significado de la divinidad de nuestro Señor Jesús. En este capítulo, le vemos reiterar de la misma manera, una y otra vez, el hecho de la humanidad de nuestro Señor, para que nos demos cuenta plenamente de todo lo que esto significa. Así ocurre aquí. Acababa de decir: *"Así que, por cuanto los hijos participaron de carne y sangre, Él también participó de lo mismo"*. Es como si sintiera la insuficiencia de las palabras, y por eso vuelve a repetir y a confirmar su afirmación: *Porque ciertamente no socorrió a los ángeles, sino que socorrió a la simiente de Abraham.* El hombre puede haber sido hecho inferior que los ángeles, pero

---

[184] Nota del Traductor: Es el nombre griego *spermatos* [G4690]: simiente, descendencia. Aparece también en Hebreos 11:11 en esta Epístola, en referencia a concebir.
[185] O, convertirse, volverse. [Nota del Traductor: Es el verbo griego *genêtai* [G1096]: llegar a ser, hacerse, producirse].

este honor no lo tienen ellos, que Él no los *tomó de la mano*[186] a ellos; Él tomó de la mano a la simiente de Abraham (Romanos 4:12, 16-25; Hechos 3:25; Gálatas 3:16, 29).

¿Y cómo se aferra a esta simiente? No hay otra forma en que Dios pueda asirse de una criatura que no sea entrando en ella con Su vida (1 Juan 5:11-12) y Su espíritu (Romanos 8:9; 2 Timoteo 1:14), impartiendo así Su propia bondad y poder, y llevándola a la unión consigo mismo (Juan 5:5). Así se apoderó Jesús del hombre. Entró en la humanidad y se hizo uno con ella (Juan 1:14). Y así se apodera de las almas individuales, entrando en cada una de ellas en unión y comunión personal (Romanos 8:10).

Por lo tanto, estando así dispuesto a asirse del hombre, le correspondía, era divinamente correcto y apropiado, y, en la naturaleza misma de las cosas, era una necesidad absoluta, como consecuencia de Su propósito, ser hecho semejante en todo a Sus hermanos. El aferrarse implicaba Su identificación con ellos, y esto también era imposible sin ser hecho como ellos en todas las cosas. Sólo así podía salvarlos. En efecto, era necesario que se convirtiera en un *misericordioso y fiel Sumo Sacerdote en lo que a Dios se refiere, para hacer propiciación por los pecados del pueblo.*

---

[186] Nota del Traductor: Literalmente: "se asió".

Aquí tenemos, por primera vez, la palabra *"Sumo Sacerdote"*, una palabra que no se utiliza en ningún otro libro del Nuevo Testamento de nuestro Señor Jesús, pero que en esta Epístola es su pensamiento central. Veremos más adelante (en el capítulo 5) cómo están inseparablemente unidas Su filiación divina y Su sacerdocio. Aquí se nos enseña que Su humanidad real es igualmente esencial para ello. Una de las cosas notables de la Epístola, es que revela tan maravillosamente el valor del desarrollo personal en la vida de nuestro Señor. Siempre conecta la persona y la obra de Cristo como inseparables.

Véalo aquí. La obra que tenía que hacer era la de *propiciar* [o expiar] *los pecados del pueblo*. El pecado había provocado la ira de Dios (Romanos 1:18), y Su amor no podía fluir hacia los hombres hasta que el pecado hubiera sido cubierto, expiado, quitado. En cumplimiento de todo lo que se nos había enseñado en relación con los sacrificios del Antiguo Testamento (Véase Levítico capítulos 1 al 7), Cristo vino para hacer todo esto, tal cual se había descrito. Quitó el pecado mediante el sacrificio de Sí mismo y obtuvo eterna redención (Hebreos 9:12). De esto hablará la Epístola más adelante. Lo que aquí trata de recalcar, es que Cristo se hizo hombre, no sólo para morir y expiar los pecados; sino para que, al hacerlo, fuera hecho un misericordioso y fiel Sumo Sacerdote. Su relación con nosotros debía ser personal. Él mismo debía ministrarnos la salvación que había logrado. Todo dependería de que se ganara nuestra confianza, de que se apoderara de nuestro corazón y de nuestro amor, y de que, como Líder viviente, nos guiara por el camino hacia Dios. Esto es lo que hace que Su vida humana en la tierra sea tan preciosa para nosotros. Su vida humana ha demostrado Su fidelidad: nos atrevemos a confiar plenamente en Él. Su vida humana lo encontró misericordioso: no debemos temer acudir pues a Él. Fue, por tanto, *hecho en todo semejante a Sus hermanos, para llegar a ser un misericordioso y fiel Sumo Sacerdote.*

Porque debido a que Él mismo padeció siendo tentado, es poderoso para socorrer a los que son tentados. La obra de nuestro Sumo Sacerdote no sólo consiste en Su expiación, ni siquiera en la defensa (Cf. Hebreos 13:6; Romanos 8:37-39; Juan 10:29; 2 Timoteo 1:12; Judas 24) e intercesión (Hebreos 7:25; Romanos 8:33-34), que es el fruto de esa expiación. Sino, sobre todo — como resultado de todo ello — el hecho de tomarnos a Su cargo de manera personal en nuestra vida espiritual (1 Corintios 10:13; 2 Pedro 2:9; Apocalipsis 3:10); ese socorro incesante que es capaz de brindarnos en toda tentación. Esta es la parte más grande y bendita de Su obra para llevarnos a Dios (1 Pedro 3:18), que, como Líder en el camino del sufrimiento y la perfección, nos inspira con Sus propias disposiciones; y, por la poderosa operación de Su Espíritu en nosotros (Efesios 1:19; 3:7), nos da Su ayuda en cada momento de necesidad. Lo único que necesitamos es conocerle y confiar plenamente en Él. Conocerlo como Sumo Sacerdote, que no sólo ha abierto un camino hacia Dios para que caminemos en él, y que no sólo ora en el cielo por nosotros (Romanos 8:34); sino que se compromete a mantenernos, de tal manera, en comunión con Él y bajo la cobertura de Su poder, y en la experiencia de Su plena redención; es sólo al conocerlo así, que la tentación nunca puede conquistarnos. *Su divinidad* nos asegura Su presencia infalible e incesante. *Su humanidad* nos asegura Su simpatía y compasión. Más presente y más poderoso que la tentación, Su amor indefectible está siempre cerca de nosotros para darnos la victoria. Él puede hacerlo y lo hará. Nuestro Sumo Sacerdote es un ayudante vivo y fiel: confiemos en Él. La salvación no es algo que Él nos dé aparte de Él mismo. La salvación plena no es otra cosa que Jesús mismo, velando compasiva y fielmente por nosotros en la vida diaria, dando y viviendo de manera real y plenamente Su vida en nosotros (Gálatas 2:20; Filipenses 1:21). La presencia permanente de Jesús, es capaz de socorrer, es el verdadero secreto de la vida cristiana. La fe nos llevará a la experiencia de que Jesús *es* y *hace* todo lo que se dice de Él.

Conclusiones:

1. ¡Qué capítulo! Jesús coronado de gloria y de honra. Nuestro Líder, nuestro Santificador, nuestro Hermano, hecho semejante a nosotros en todo, nuestro misericordioso y fiel Sumo Sacerdote, tentado como nosotros, nuestra ayuda en la tentación. ¡Qué Salvador!

2. Ningún miembro de Mi Cuerpo (Romanos 12:4-5) puede ser herido sin que Yo lo sienta y lo trate de proteger. Ninguna tentación puede tocarme sin que Jesús la sienta de inmediato y le dé socorro. ¿No es lo único que necesitamos para conocerlo mejor, para darnos cuenta por la fe de Su cercanía siempre presente y para contar con Su ayuda?

3. El conocimiento de Jesús que bastó para la conversión, no bastará para la santificación. Para el crecimiento de la vida espiritual, es esencial que profundicemos en el conocimiento de todo lo que Jesús es. Jesús es el pan del cielo (Juan 6:32-33), el alimento de nuestra vida espiritual; conocerlo mejor es la única manera de alimentarse de Él.

4. Aprende a considerar cada tentación como la bendita oportunidad de confiar y hacer uso del socorro de Tu Sumo Sacerdote siempre presente.

TERCERA SECCIÓN — Hebreos 3:1-6.

Cristo Jesús superior a Moisés

Capítulo 19: Considerad a Jesús

"Por tanto, hermanos santos, participantes del llamamiento celestial, considerad[187] al Apóstol y Sumo Sacerdote de nuestra profesión, a Cristo Jesús" (Hebreos 3:1).

¡Considerad a Jesús! Este es el pensamiento central del versículo y de todo el pasaje del que forma parte; y en realidad, lo es también el de toda la Epístola. El único propósito del escritor es persuadir a los hebreos de que, si conocieran bien al Señor Jesús como el fiel, compasivo y todopoderoso Sumo Sacerdote en el cielo, encontrarían en Él todo lo que necesitaban para una vida como la que Dios quería que llevaran. Su vida estaría en armonía con su fe, en armonía con la vida de Aquel de quien Su fe habían recibido (Cf. Romanos 3:26). El escritor hubiera podido decir: "Estas palabras podrían haber sido tomadas como el título de mi libro". Y es que, "considera a Jesús" es, en efecto, la nota clave de la Epístola.

---

[187] Nota del Traductor: Es el verbo griego *katanoésate* [G2657]: Observar, notar, considerar, contemplar, tener respeto.

La palabra *"considerad"*, proviene de la raíz de la palabra latina *sider*[188], que se usa para referirse a un astro o estrella, significa originalmente: *"contemplar las estrellas"*[189]. Sugiere la idea de un astrónomo, y de la mirada tranquila, paciente, perseverante y concentrada, con la que busca descubrir todo lo que se puede saber de las estrellas, que son el objeto de su estudio. Y Jesús, que es Dios, que se hizo hombre y perfeccionó nuestra naturaleza humana en Su maravillosa vida de sufrimiento y obediencia (Hebreos 2:10; 5:8), y que ahora habita en el cielo para comunicarnos Su vida y Su bendición, ¡oh!, cuánta razón hay para decir: *"Considerad a Jesús"*. Miradle, contempladle. Para un mayor conocimiento de las estrellas, qué devoción, qué entusiasmo, qué sacrificios se presencian a menudo. ¡Oh, que el estudio y la posesión del Hijo de Dios despierten nuestra devoción y nuestro entusiasmo, para que podamos decir a los hombres qué belleza y qué gloria hay en Jesús!

¡Hermanos santos! Así se dirige ahora a los hebreos. En el capítulo anterior había utilizado dos veces[190] la palabra "hermanos". *Por lo cual no se avergüenza de llamarlos hermanos* (Hebreos 2:11). *Por lo cual, debía ser hecho en todo semejante a Sus hermanos* (Hebreos 2:17). El nombre sagrado se aplica ahora de forma personal: Los hermanos *de* Cristo son hermanos *en* Cristo. Y el corazón del escritor es cálido con ellos, de forma

---

[188] Nota del Traductor: De donde proviene a su vez, la palabra "sideral", que se emplea en relación con las estrellas o los astros, o relacionados con ellos.

[189] Nota del Traductor: Específicamente significa: "el examen conjunto de las estrellas", ya que el prefijo *con*, indica "todo" y "junto".

[190] Nota del Traductor: En realidad fueron tres veces: Hebreos 2:11, 12, 17.

personal; mientras trata de instarlos a lo que es en verdad el único propósito de la Epístola: "considerar a Jesús".

¡Hermanos santos! La palabra *"santo"*, también acaba de ser utilizada por primera vez. El que santifica, hace santo, y los que son santificados, los que son hechos santos, de uno son (Hebreos 2:11). Hemos visto cómo la santidad es la característica común de Cristo y de Su pueblo: su vínculo de unión y el gran objetivo que ambos persiguen. Uno de los grandes misterios que la Epístola nos revela, es que nuestro gran Sumo Sacerdote nos ha abierto el camino hacia el Lugar Santísimo o al Más Santo de todos (Hebreos 9:8; 10:19-20). Allí tenemos la osadía para entrar, allí debemos tener nuestra morada rodeada por la santidad de Dios. Debemos saber que somos santos *en* Cristo; esto nos dará valor para entrar en la Santidad de las Santidades, para que la santidad de Dios tome completa posesión, y llene todo nuestro ser (Cf. 1 Tesalonicenses 5:23). Es Jesús el que hace santo; somos nosotros los que hemos de ser hechos santos; qué más natural es que los pensamientos vayan unidos: "hermanos santos, considerad a Jesús".

Por tanto, hermanos santos, participantes del llamamiento[191] celestial, considerad a Jesús. Lo que en otros lugares se

---

[191] Nota del Traductor: Se trata del nombre griego *kléseôs* [G2821]: Llamamiento, invitación, vocación. Entiéndase "vocación" como: la llamada o inspiración que una persona siente procedente de Dios, para llevar una determinada forma de vida espiritual.

denomina "vocación santa" (2 Timoteo 1:9; RVR-1909), aquí se llama "vocación o llamamiento celestial". Eso no significa solamente un llamado del cielo, o un llamado al cielo, de donde procede el llamado. ¡No!, hay mucho más en ello. El cielo no es sólo un lugar, sino un estado, un modo de existencia, la vida en la que la presencia de Dios se revela y se experimenta en Su poder ilimitado. Y el *llamamiento celestial* es aquel en el que el poder de la vida celestial obra para hacer nuestra la vida celestial. Cuando Jesús estaba en la tierra, el reino de los cielos se había acercado (Mateo 3:2; 4:17; 10:7); después de que Él ascendiera y recibiera el reino del Padre[192] (Mateo 26:29), el reino de los cielos llegó a esta tierra con poder, mediante el descenso del Espíritu Santo (Hechos 1:8; cf. Marcos 9:1). Los cristianos, en Pentecostés, eran personas que por el nuevo nacimiento entraron en el reino celestial (Juan 3:3, 5) o estado de vida. Y el reino[193] entró en ellos (Véase Romanos 14:17; Juan 20:22). Y eran *participantes del llamamiento celestial*, porque el espíritu, la vida y el poder del cielo estaban dentro de ellos.

Es a tales hombres a quienes llega la invitación. *Por tanto, hermanos santos, participantes del llamamiento celestial, considerad a Jesús.* Si quieren saber lo que es ser santos y vivir santamente, consideren a Jesús, quien hace santos a los que creen en Él; si quieren conocer los privilegios y los poderes que les pertenecen, como participantes del llamamiento

---

[192] Nota del Traductor: Murray se está refiriendo a la entronización del Hijo en ascensión, descrita en Hebreos 1:13.

[193] Nota del Traductor: En realidad, el Reino es Cristo mismo (Véase Lucas 17:20-24).

celestial, consideren a Jesús. Él es Dios, Él es el Rey del cielo. Él es el Hombre que ha ascendido al cielo como tu Sacerdote y Salvador, lo ha abierto para ti, y puede comunicarte Su vida y Su bendición. ¡Oh, considera a Jesús! Pon tu corazón en Él, Él te hará santo y celestial.

Hay más de uno de mis lectores, que se lamenta de saber tan poco de lo que es vivir una vida santa y celestial. Escuchen, lo que la Palabra de Dios les habla: *¡Hermanos santos, participantes del llamamiento celestial, considerad a Jesús!* Esta es vuestra debilidad: os habéis fijado en vosotros mismos y en vuestras propias fuerzas; no habéis estudiado a Jesús. Esta será tu cura: cada día, cada hora, considera a Jesús, y en Él encontrarás toda la santidad y la celestialidad que tanto necesitas.

Conclusiones:

1. En la última parte de la Epístola, se nos abrirá toda la gloria de Jesús al entrar en el cielo y al abrirlo para nosotros, al convertirse en Ministro del santuario celestial y llevarnos a morar en la presencia del Padre. Pero incluso ahora, desde el comienzo, mantengamos firme la verdad de que el conocimiento de Jesús sentado en el cielo, es el poder del llamamiento celestial y de la vida celestial.

2. No creas que sabes todo lo que se puede decir sobre Jesús. Cree que hay maravillas de gozo celestial que te serán reveladas si lo conoces mejor: Su cercanía y Su unidad divina

contigo, Su morada siempre presente para socorrerte y guiarte, Su poder para llevarte al Lugar Santísimo, a la presencia y al amor del Padre, y para mantenerte allí, te serán revelados.

Capítulo 20: Cristo y Moisés

"Por tanto, hermanos santos, participantes del llamamiento celestial, considerad al Apóstol[194] y Sumo Sacerdote de nuestra profesión[195], a Cristo Jesús; el cual es fiel al que le constituyó, como también lo fue Moisés sobre toda la casa de Dios. Porque de tanto mayor gloria que Moisés es estimado digno éste, cuanto tiene mayor dignidad que la casa el que la edificó. Porque toda casa es edificada por alguno; pero el Edificador de todas las cosas es Dios. Y Moisés a la verdad fue fiel sobre toda la casa de Dios, como siervo, para testimonio de lo que se habría de decir; más Cristo como Hijo, en lo que respecta a la casa de Dios; la cual casa somos nosotros, si hasta el final retenemos firme la confianza y el gloriarnos en la esperanza" (Hebreos 3:1-6).

El escritor acababa de hablar de Cristo como misericordioso y fiel Sumo Sacerdote (Hebreos 2:17). Más adelante (Hebreos 4:14 al 5:7), volverá a hablar de Él como misericordioso. Aquí, primero quiere poner delante de nosotros Su fidelidad. Para ello, lo compara con Moisés, de quien Dios mismo había hablado: *"No así a Mi siervo Moisés, que es fiel en toda Mi casa"* (Números 12:7). Pero al mismo tiempo, demuestra que Cristo el Hijo, es superior a Moisés el siervo. Hemos visto que Cristo es superior a los ángeles, por medio de los cuales se otorgó la ley (Hechos 7:53; Gálatas 3:19); aún veremos que Cristo es

---

[194] Nota del Traductor: Es el nombre griego *apostolon* [G652]: apóstol, enviado, mensajero.

[195] Nota del Traductor: Es el nombre griego *homologías* [G3671]: confesión, profesión o reconocimiento. Aquí hace referencia a nuestra común fe (Tito 1:4; Judas 3).

superior a Aarón, por medio del cual se ministró la ley (Éxodo 39:41; Número 18:7; 1 Crónicas 23:13; Deuteronomio 17:12; 2 Crónicas 31:4; Nehemías 8:9); también es superior a Moisés, el mediador de la ley (Gálatas 3:19; cf. Éxodo 19:16-25; 20:18-19), *el siervo en la casa de Dios*. En todos los aspectos, el Nuevo Testamento tiene más gloria que el Antiguo Testamento.

Moisés y Aarón representaban juntos a Dios ante el pueblo de Israel (Éxodo 4:28-29; Deuteronomio 32:48-51); el uno como apóstol o enviado[196] (Véase Éxodo 3:10); el otro, como sumo sacerdote (Véase Éxodo 31:10). En la persona de Jesús se unen los dos oficios. *Como Sumo Sacerdote* es misericordioso como Aarón; *como Apóstol* de nuestra profesión es fiel como Moisés. Moisés fue el gran apóstol o enviado de Dios, el tipo antiguotestamentario de Cristo como profeta (Deuteronomio 18:15, 18). Moisés tenía acceso a Dios (Éxodo 33:8-9; 34:35; Números 7:89) y llevaba la palabra de Dios al pueblo (Cf. Levítico 1:2; 4:2; 7:23, 29; 12:2; 18:2; 23:2, 10, 24, 34; 25:2; 27:2; Números 5:12; 6:2; 9:10; 15:2, 18, 38; 17:2; 33:51; 35:10). Cristo es el gran Apóstol o Profeta del Nuevo Pacto. Siempre habló de Sí mismo como Aquel a quien el Padre había enviado (Véase Juan 5:36; 6:29, 40; 11:42; 15:21; 17:3, 18); en Él, en el Hijo, Dios nos habla (Hebreos 1:2). Como Apóstol, es el Representante de Dios ante nosotros, dándonos a conocer a Dios (Mateo 11:27; Lucas 10:22); como Sumo Sacerdote, nuestro Representante ante Dios, nos lleva hasta Su presencia (Juan 14:6). Como Sumo Sacerdote está unido a nosotros por Su misericordia y compasión, ya que ahora, habiendo muerto

---

[196] Nota del Traductor: O, mensajero.

por nosotros, nos ayuda en nuestra debilidad y tentación; como Apóstol aboga por Dios con nosotros (Cf. Apocalipsis 12:11), y se muestra totalmente fiel a Él. Debemos considerar a Cristo Jesús, no sólo como Sumo Sacerdote en Su misericordia, sino como Apóstol de nuestra profesión, *que fue fiel al que le constituyó, como también lo fue Moisés sobre toda la casa de Dios*. La fidelidad es la confiabilidad. Al ver a Jesús (Hebreos 12:2), fiel a Aquel que lo constituyó, nuestra fe y confianza se elevarán a la perfecta y gozosa seguridad, de que Él cumplirá muy fielmente todas las promesas de Dios en nosotros (2 Corintios 1:20), y que en nosotros también será fiel como Hijo sobre Su propia casa. Nada da tanta fortaleza a la fe, como descansar en la fidelidad de Jesús (1 Juan 1:9). La gloria de Jesús (Lucas 9:32), es la gloria del cristianismo (Juan 17:22; 1 Pedro 5:1); es la fuerza (Colosenses 1:11) y la gloria de la vida cristiana.

Moisés fue en todos los aspectos un tipo de Cristo. En lo que sufrió por parte de sus propios hermanos; en su rechazo por parte de sus hermanos (Hechos 7:23-27, 35; Juan 1:11; Hechos 2:36); en su celo (Levítico 10:16; Juan 2:16-17) y en su sacrificio a todo por causa de Dios (Hebreos 11:24-26; Filipenses 2:8); en su disposición a morir por su pueblo (Éxodo 10:28; Hebreos 11:27; 1 Corintios 15:3); en su comunión con Dios (Éxodo 33:11; Juan 8:29); en cada una de estas cosas, vemos las características de un apóstol (Éxodo 3:13, 15), tal y como iban a revelarse perfectamente en Cristo Jesús. Y, sin embargo, todo ello no era más que una sombra y una profecía, un testimonio de las cosas futuras (1 Pedro 1:11-12). *Porque Él ha sido estimado digno de más gloria que Moisés, así como el que edificó la casa tiene más honra que la casa misma. Porque toda casa es edificada por alguien; pero el que edificó todas las cosas es Dios. Y Moisés, en verdad, fue fiel en toda Su casa como siervo, para dar testimonio de las cosas que se iban a decirse después; pero Cristo, como Hijo sobre Su casa...* Moisés no era más que una parte de la casa; Jesucristo es el Edificador (Cf. Mateo 16:18). Moisés era un siervo en la casa; Jesús era el Hijo sobre Su propia casa.

La cual casa somos nosotros. La verdadera casa, la verdadera morada de Dios, es Su pueblo (Cf. Isaías 66:1-2; Hechos 17:24; 1 Corintios 3:16; 6:19; 2 Corintios 6:16; Efesios 2:21-22; 1 Timoteo 3:15; 1 Pedro 2:5). En Cristo somos *"edificados juntamente para morada de Dios en el espíritu"*[197] (Efesios 2:22). De la Iglesia, como Su Cuerpo (Efesios 5:23, 29; Colosenses 1:18, 24), del alma individual, Cristo dice: *"Vendremos a él, y haremos morada con él"* (Juan 14:23). Es la característica de las cosas espirituales, que cada parte sea también un todo viviente. Colectiva e individualmente somos la casa de Cristo: el que quiera conocer la fidelidad de Cristo sobre Su casa, debe someterse primero a ser Su casa, debe permitir que Cristo, *como Hijo sobre Su casa*, sea el Amo (Colosenses 4:1); que Él tenga únicamente las llaves, que Él tenga la posesión y el gobierno imperturbables de todo su ser.

---

[197] Nota del Traductor: Según el contexto se refiere al espíritu humano, y no al Divino. Dios no puede venir a morar en el Espíritu Santo, Él ya mora en el Espíritu y el Espíritu mora en Él, desde la eternidad y hasta la eternidad (es decir, la mutua interpenetración de las hipóstasis del Triuno Dios); de la misma manera que en Cristo moraba y mora en el Padre y viceversa (Véase Juan 14:10; 10:38). Por lo tanto, el lugar de la morada de Dios que se describe en Efesios 2:22 es el espíritu humano, y no el Divino.

La cual casa somos nosotros. Más adelante veremos cómo la gran obra de Cristo, como el gran Sumo Sacerdote sobre la casa de Dios, es abrir el camino a la más santa de las moradas de Dios, Su presencia viva y amorosa (Hebreos 10:19-20). La palabra que tenemos hoy aquí, nos dice de antemano que el Lugar Santísimo no está sólo en Dios, y que debemos entrar en él; sino que también está con nosotros, y Dios entrará en nosotros también. El corazón de Dios es nuestra morada (Salmos 91:1); y nuestro corazón es la morada de Dios (Romanos 10:8; Efesios 3:17). Cuando Jesús dijo: *"Permaneced en Mí, y Yo en vosotros"* (Juan 15:4), nos enseñó esa mutua relación. Cuanto más se acerca mi corazón a Jesús y vive en Él, más viene Él a vivir en mí (Filipenses 1:21).

La cual casa somos nosotros. ¿Quieres tener la experiencia completa de todo lo que eso significa y trae consigo? *Hermanos santos, participantes del llamamiento celestial, considerad a Jesús, que es fiel al que lo constituyó, como Hijo sobre Su casa.* Entrégate a Él como Su casa, y confía en Su fidelidad para hacer Su obra (Filipenses 1:6). Y, recuerda, como la Epístola nos enseña el significado espiritual de los símbolos externos del Antiguo Testamento, para que no busquemos su cumplimiento de nuevo en otras cosas externas (Cf. Colosenses 2:17; Hebreos 8:5; 10:1), por mucho que las concibamos como infinitamente más elevadas y grandes; sino que las busquemos en esa experiencia espiritual interior (Cf. 1 Corintios 10:4) que viene cuando Jesús mora en nosotros como Su casa (Juan 2:20-21; 1 Corintios 12:27). Es como el Salvador que mora en nosotros que Él hace Su obra, ya sea como Profeta, Sacerdote o Rey (1 Timoteo 6:15; Apocalipsis 17:14; 19:16). *La cual casa somos nosotros*.

Conclusiones:

1. Fieles a Dios. Este es el espíritu de la casa de Dios, la característica de ser de Su casa. Así fue en el caso del siervo Moisés. Así fue en el caso de Cristo el Hijo. Así debe ser en toda la casa. Que así sea con nosotros: Fieles a Dios.

2. *La cual casa somos nosotros*. No como una casa de piedra y de madera, en la que el habitante no tiene ninguna conexión viva con ella. No, Cristo mora en nosotros como una vida dentro de otra vida, inspirándonos con Su propio temperamento y disposición. Nuestro ser moral y espiritual, nuestro poder de querer vivir y de actuar; dentro de estos, Él viene y mora en nosotros con un poder y con una operación divina; oculta (1 Pedro 3:4), pero poderosa (Efesios 3:20; 2 Timoteo 1:12; Hebreos 2:18; Judas 24; 2 Corintios 5:4-5).

3. Fiel como Hijo sobre Su casa. Pero Él debe ser el Amo en Su propia casa. No sólo un invitado de honor, mientras tu tienes las llaves y el cuidado. Así es con muchos cristianos. Pero no debe ser así. ¡No!, dale las llaves; dale el control total sobre todo tu ser (1 Tesalonicenses 5:23): como Hijo sobre Su casa, y probará cuán benditamente es fiel a Dios y a ti.

4. Considera bien la fidelidad de Cristo; esto obrará en ti la plenitud de la fe (Cf. Hebreos 10:22).

Capítulo 21: Si hasta el final retenemos firme la confianza

"Más Cristo como Hijo, en lo que respecta a la casa de Dios; la cual casa somos nosotros, si hasta el final retenemos[198] firme la confianza[199] y el gloriarnos en la esperanza" (Hebreos 3:6).

Entre los hebreos no eran pocos los que habían retrocedido y estaban en peligro de caer. Habían cedido a la pereza (Hebreos 5:11), y habían perdido el gozo y la confianza de su primera fe. El escritor está a punto de hacer sonar una solemne nota de advertencia (Hebreos 3:7-4:13), para llamarles a tener cuidado con el corazón malo de incredulidad, que se aparta del Dios vivo (Hebreos 3:12). Acá escribe, como transición hacia esa sección, haciendo que las palabras sean como la base de lo que sigue: *la cual casa somos nosotros, si hasta el final retenemos firme la confianza y el gloriarnos en la esperanza.*

Mantenernos firmes hasta el final. Firmeza, perseverancia, ésta es en verdad la gran necesidad de la vida cristiana. No hay cuestión que afecte más profundamente al ministro

---

[198] Nota del Traductor: "Hasta el final retenemos" es una variante textual que aparece en el Textus Receptus, pero no así en el Texto Crítico, es decir, en el Nuevo Testamento Griego de Nestle-Aland en su 28° Edición, el cual simplemente lee: *"pero Cristo, como Hijo sobre Su casa, la cual casa somos nosotros, si nos aferramos a la confianza y al gloriarnos en la esperanza".*

[199] Nota del Traductor: Es el nombre griego *parrēsian* [G3954]: Confianza, firmeza, entereza. Aparece en esta Epístola en Hebreos 4:16; 10:19, 35.

sincero del evangelio en nuestros días, como en los primeros tiempos, que la razón por la cual tantos conversos se enfrían y se alejan, y lo que puede hacerse para que tengamos cristianos que puedan resistir y vencer. Cuántas veces no ocurre, tanto después de los tiempos de avivamiento y de esfuerzo especial, como en la obra ordinaria de la Iglesia, que los que durante un tiempo funcionaron bien, se enredan tanto en los negocios o en los placeres de la vida (2 Timoteo 2:4; Santiago 5:5), en la literatura, en la política o en las amistades del mundo (Santiago 4:4), que toda la vida y la fortaleza de su profesión se pierden. Les falta la constancia (1 Corintios 15:58); les falta la gracia suprema de la perseverancia (Mateo 10:22; 24:13; Marcos 13:13).

Las palabras de nuestro texto nos enseñan cuál es la causa de la recaída, y de dónde proviene la falta de poder para permanecer, incluso en aquellos que se esfuerzan por ello. Nos muestran al mismo tiempo, cuál es el secreto de la restauración; así como de la fuerza para resistir hasta el final (Santiago 4:7; 1 Pedro 5:9). *La cual casa somos nosotros, si hasta el final retenemos firme la confianza y el gloriarnos en la esperanza.* O, como se expresa en uno versículo más adelante (Hebreos 3:14): *"Con tal que conservemos firme hasta el final el principio de nuestra confianza"*. Una firmeza (1 Corintios 16:13; 2 Corintios 1:24; Gálatas 5:1; Filipenses 1:27; 4:1; Colosenses 1:23; 1 Tesalonicenses 3:8; 1 Pedro 5:9) y una confianza (Efesios 3:12; 1 Timoteo 3:13; Hebreos 10:35) que nos hacen abundar en la esperanza (Romanos 5:5; 8:24; 12:12; Efesios 1:18; Colosenses 1:5, 23; 1 Tesalonicenses 1:3; Tito 1:2; Hebreos 6:18; 1 Pedro 3:15), que nos hacen gloriarnos en la esperanza de la gloria de

Dios (Romanos 5:2; Colosenses 1:27; Hebreos 3:6), y gloriarnos también en la tribulación (Romanos 5:3), esto es lo que nos hace fuertes para resistir y vencer. Nada puede hacernos vencedores (Apocalipsis 2:7, 11, 17, 26; 3:5, 12, 21; 21:7); sino el espíritu confiado y gozoso que cada día se gloría en la esperanza de lo que Dios hará.

Es en esto en lo que muchos fracasan. Cuando encontraron por primera vez la paz, aprendieron que eran salvos por la fe (Efesios 2:8). Comprendieron que el perdón (Hechos 26:18), la aceptación (Efesios 1:6), la paz (Romanos 5:1) y la vida (1 Timoteo 6:12), vienen sólo por la fe. Pero no comprendieron que sólo podemos estar en pie por la fe (1 Corintios 16:13; 2 Corintios 1:24; Colosenses 1:23; 1 Pedro 5:9); que siempre debemos caminar por la fe (2 Corintios 5:7); que siempre y cada vez más, debemos vivir por la fe (Romanos 1:17; Gálatas 3:11; Hebreos 6:11; 10:38); y que cada día y cada hora, nada puede ayudarnos, sino únicamente una fe clara, definida y habitual en el poder y en la obra de Dios (Véase 1 Corintios 2:5; Colosenses 2:12; 2 Tesalonicenses 1:11; 1 Pedro 1:5), como la única posibilidad de crecimiento (1 Corintios 3:7; Colosenses 2:19; 1 Pedro 2:2) y de progreso (1 Timoteo 4:14-15 [RVA]; Filipenses 1:25 [LBLA]). Trataban de aferrarse a la luz (2 Corintios 4:6), la bendición (Romanos 15:29) y al gozo (Salmos 51:12; 1 Pedro 1:8; Colosenses 1:12) que habían encontrado; no sabían que era *la firmeza de su fe* (1 Corintios 16:13; Colosenses 1:23; 1 Pedro 5:9), *la gloria de su esperanza*, el *principio de su confianza* (Hebreos 3:14), lo que necesitaban para mantenerse firmes hasta el final. E incluso cuando aprendieron algo de la necesidad de la fe (cf. Hebreos 11:6; 2

Corintios 5:7) y de la esperanza, no supieron lo indispensables que eran *la confianza de la fe* y *el gloriarse en la esperanza*. Nadie puede vencer sin el espíritu de un conquistador. Los poderes del pecado y de Satanás, del mundo y de la carne, son tan grandes, que sólo quien *confía* y se *gloría* en su esperanza de lo que Dios hará, tendrá la fuerza suficiente para resistirlos. Y sólo puede confiar para enfrentar al enemigo, quien ha aprendido a confiar en Dios, y a gloriarse en Él (Santiago 4:7; 1 Pedro 5:9; 1 Corintios 15:57; 1 Juan 5:4; Apocalipsis 15:2-3). Es cuando la fe se convierte en un gozo, y la esperanza en un gloriarse en Dios, que podemos ser más que vencedores (Romanos 8:37).

La lección es una de las más importantes que debe aprender el cristiano. Veremos más adelante, así como en toda nuestra Epístola, que ha sido escrita para enseñarnos que la confianza es la única raíz de la fortaleza y de la perseverancia; y, por lo tanto, la verdadera fuerza de la vida cristiana; así cómo, también, que su único propósito es mostrar cuan abundante base para la firmeza tenemos en la obra, la persona y la gloria de nuestro Señor Jesús.

La cual casa somos nosotros, si hasta el final retenemos firme la confianza y el gloriarnos en la esperanza. ¿Quieres saber la bendición de todo lo que significa: *la cual casa somos nosotros*? Es Cristo que como Hijo es fiel en Su casa, he aquí la puerta abierta. A pesar de todos los enemigos que te rodean, cede con valentía a Jesucristo, como Su corazón, tu corazón; para que sea un hogar en el que Él habite (Efesios 3:17). Gloríate en la esperanza de todo lo que Él ha prometido perfeccionar en ti (Filipenses 1:6). Mantén firme el principio de tu confianza hasta el final. ¿Acaso ese principio no fue este, que tú te confesaste como nada, y tomastes a Cristo como tú todo? ¿No te has apoyado en Su poderoso poder salvador (Hechos 20:32; Efesios 1:19)? Mantén firme este principio con la mayor confianza posible. Él guardará (Salmos 121:7-8) y custodiará cada momento Su casa (Salmos 1:27:1), y mantendrá Su obra dentro de ella. Reclama con valentía, y espera con confianza, que Cristo *el Hijo será fiel sobre Su casa como Moisés, el siervo, lo fue sobre la Suya.* Y cuando surja la dificultad, te preguntaras: Pero, ¿cómo mantengo siempre esta confianza y el gloriarme en la esperanza? Sólo recuerda la respuesta que la Epístola da: *"Considera a Jesús, que fue fiel".* ¡Sí!, ¡Considera a Jesús! Cuán fiel hasta la muerte fue a Dios (Filipenses 2:8), en todo lo que le dio para hacer por nosotros (Véase Juan 4:34; 17:4; 6:29). Que eso sea para nosotros la certeza de que Él, que sigue siendo el mismo Señor (Hebreos 13:8), no será menos fiel en toda la bendita obra que puede hacer ahora en nosotros, *si mantenemos firme hasta el final nuestra confianza y el gloriarnos en nuestra esperanza.*

Conclusiones:

1. La fe es la madre de la esperanza (Romanos 15:13; Hebreos 6:11; 1 Pedro 1:21). Cuántas veces una hija puede ser una ayuda y una fortaleza para su madre. Así, a medida que

nuestra esperanza se extiende hacia el futuro y se gloría en Él, nuestra fe crecerá (2 Corintios 10:15) hasta convertirse en la confianza que puede vencerlo todo (Cf. Filipenses 4:13).

2. Mantén juntos lo que este pasaje ha unido: *la fidelidad de Jesús* y la *firmeza* [o confianza] *de nuestra fe*. Su fidelidad es nuestra seguridad.

3. El gozo de nuestra esperanza. El gozo no es un lujo o un mero accesorio en la vida cristiana. Es la señal de que realmente estamos viviendo en el maravilloso amor de Dios (Cf. Juan 15:10-11), y que ese amor nos satisface. *"Y el Dios de esperanza os llene de todo gozo y paz en el creer, para que abundéis en esperanza por el poder del Espíritu Santo"* (Romanos 15:13).

4. Cristo es *fiel como Hijo sobre Su casa*; con cuánta confianza puedo confiar en Él para que se encargue y para gobierne en ella.

Capítulo 22: Acerca de escuchar de la voz de Dios

"Por lo cual, como dice el Espíritu Santo: 'Si oyereis hoy Su voz, no endurezcáis vuestros corazones, como en la provocación, en el día de la prueba en el desierto, donde me probaron vuestros padres; me probaron, y vieron Mis obras cuarenta años. A causa de lo cual me disgusté contra esa generación, y dije: Siempre divagan en su corazón, y no han conocido Mis caminos. Juré pues en Mi ira: ¡No entraran en Mi reposo!'" [Salmos 95:7-11]" (Hebreos 3:7-11).

El escritor tiene una impresión tan profunda del estado decadente y peligroso en el que los hebreos se habían hundido, que, habiendo mencionado el nombre de Moisés, hace un largo paréntesis para advertirles que no sean como sus padres, y se endurezcan contra Aquel que es superior a Moisés. Del Salmo 95 cita lo que Dios dijo de Israel en el desierto: *endurecieron su corazón contra Él, de modo que juró que no entrarían en Su reposo.* Las palabras de la cita nos señalan primero, lo que es el gran privilegio del pueblo de Dios: *escuchan Su voz* (Juan 10:3-4, 16, 27; 18:37; Apocalipsis 3:20; cf. Deuteronomio 4:33); luego, su gran peligro: *el endurecimiento del corazón en contra de esa voz.* Estas palabras de advertencia no están dirigidas a los judíos incrédulos, sino a los hebreos cristianos. Los cristianos de nuestros días no las necesitan menos que ellos. Prestemos más atención a la Palabra: *Por lo cual, como dice el Espíritu Santo: Si oyereis hoy Su voz, no endurezcáis vuestros corazones* (Hebreos 3:7, 15; 4:7; Apocalipsis 1:15).

Cuando Dios habló a Israel, lo primero que les pidió fue un corazón que no se endureciera, sino que, con mansedumbre y dulzura, con ternura y con docilidad, se volviera para escuchar Su voz (2 Corintios 3:14-16; Apocalipsis 1:12). Cuánto más puede reclamarnos esto, ahora que nos habla en Su Hijo (Hebreos 1:2). Así como la tierra debe ser quebrantada por el arado y ablandada por la lluvia, así un espíritu quebrantado y dócil (Salmos 51:17; Isaías 57:15) es el primer requisito para recibir la bendición de la Palabra de Dios (Marcos 4:26; Lucas 8:11), o para ser en verdad participantes de la gracia de Dios (Hebreos 6:4; 10:29). Como leemos en Isaías: *"pero miraré a aquel que es pobre y humilde de espíritu, y que tiembla a Mi palabra"* (Isaías 66:2). Cuando existe esta disposición, y el corazón sediento (Salmos 42:2; 63:1) espera verdaderamente la enseñanza divina (Salmos 27:11; 86:11; 199:33), y el oído circuncidado (Jeremías 6:10; 4:4) se abre para recibirla, la voz de Dios traerá verdadera la vida y la bendición (Deuteronomio 30:20; Efesios 4:18; Gálatas 3:14), y será el poder de la comunión viva con Él mismo (1 Juan 1:3; 2 Corintios 13:14). Donde esto falta, la Palabra permanece infructuosa (Marcos 4:3-7, 14); y, por tanto, se está en peligro de retroceder, por más que la cabeza y la boca estén llenas de la verdad bíblica. Por tanto, como dice el Espíritu Santo: *Si oís Su voz, no endurezcáis vuestros corazones.*

No es difícil decir qué es lo que endurece los corazones. La semilla sembrada al borde del camino no pudo entrar en la buena tierra, porque había sido pisada por los transeúntes (Lucas 18:5, 11-12; Mateo 13:3-4, 18-19; Marcos 4:3-4, 14-15). Cuando el mundo (Efesios 2:2), con sus negocios (Mateo 22:5; 2 Timoteo 2:4) y sus intereses (1 Juan 2:16), tiene en todo momento el paso libre, el corazón pierde su docilidad. Cuando se confía demasiado en el intelecto, en la religión, y no se tiene mucho cuidado de llevar cada palabra de la Escritura como venida de Dios al corazón (Juan 3:2; 1:1), a su vida y a su amor, el corazón se cierra (1 Juan 3:17) a la voz viva de Dios. La mente se satisface con bellos pensamientos y agradables sentimientos; pero el corazón deja de escucha a Dios. Cuando nos contentamos secretamente con nuestra religión, nuestra sana doctrina y nuestra vida cristiana; inconscientemente, pero con toda seguridad, el corazón se endurece. Y cuando nuestra vida no trata de seguir el ritmo de nuestro conocimiento, y tenemos más placer en oír y conocer, que, en obedecer y hacer, perdemos por completo la mansedumbre a la que se da la promesa; y, en medio de todas las formas agradables de piedad, resulta que el corazón es demasiado duro para discernir la voz del Espíritu (1 Corintios 2:14; Hebreos 5:11). Más aún, cuando se permite que la incredulidad, que anda por la vista (2 Corintios 5:7), y se mira a sí misma y a todo lo que la rodea a la luz de este mundo, se salga con la suya, y el alma no busque con una fe infantil, vivir en lo invisible (Colosenses 1:15; 1 Timoteo 1:17; Hebreos 11:27), como se revela en la Palabra, el corazón se endurece tanto, que la Palabra de Dios nunca entra. ¡Sí!, es un pensamiento indeciblemente solemne, que, con una mente ocupada en la verdad religiosa, y sentimientos agitados a veces por la voz y por las palabras de los hombres, y una vida aparentemente entregada a las obras religiosas, el corazón puede estar cerrado a la humilde y directa comunión con Dios, y ser un extraño a toda la bendición que la Palabra Viva puede traer. Por lo tanto, como dice el Espíritu Santo: *Si oís Su voz, no endurezcáis vuestro corazón.*

Que todos los que quieran buscar la bendición que se encuentra en esta Epístola, se guarden de estudiarla simplemente como un tratado inspirado sobre las cosas divinas. Que sea para nosotros un mensaje personal, la voz de Dios que nos habla en Su Hijo. Bajo el sentido del misterio espiritual que hay en toda la verdad divina, y bajo la impotencia de la mente humana para aprehender correctamente las cosas espirituales (Colosenses 2:18; 1 Corintios 2:14), abramos nuestro corazón (Hechos 16:14) con gran mansedumbre y docilidad para esperar en Dios (Salmos 42:5, 11; 43:5; 1 Timoteo 5:5). Toda la religión, y toda la salvación, consiste en el estado del corazón (Proverbios 4:23; Mateo 5:8; 1 Timoteo 1:5; 2 Timoteo 2:22). Dios no puede hacer nada por nosotros, en la forma de impartir las bendiciones de la redención, sino como lo hace en el corazón. Nuestro conocimiento de las palabras de Dios no aprovecharan de nada, sino en la medida en que el corazón se abra para recibirlo (Hechos 16:14), y cumplir Sus palabras en nosotros. Que nuestro primer cuidado sea un corazón manso y humilde (Mateo 11:29), que espere en Él. Dios habla en Su Hijo, *al* corazón y *en* el corazón. Es en el corazón donde la voz y el

Hijo de Dios deben ser recibidos. La *voz* y la *Palabra* tienen peso, en la medida en que estimemos al que habla. A medida que nos damos cuenta de la gloria y de la majestad de Dios, de Su santidad y de Su perfección, de Su amor y de Su ternura, estaremos dispuestos a sacrificar todo para escuchar lo que Él habla (Lucas 10:39), y recibir lo que Él da (Juan 6:63; 3:34). Pediremos a todo el mundo que nos rodea, a todo el mundo que está dentro de nosotros, que guarde silencio para poder oír bien la voz del Ser Divino (Deuteronomio 27:9; Salmos 37:7), que nos habla en el Hijo de Su amor (Colosenses 1:13).

Conclusiones:

1. La salvación se encontrará en estas dos cosas: (1) que Dios me hable en Su Hijo, y (2) que mi corazón se abra para escuchar Su voz. No es sólo para la salvación, como un medio para un fin diferente y superior, que Él habla. ¡No!, Su hablar *da* y *es* la salvación (Romanos 10:8-10), es la revelación de Él mismo a mi alma. Que la obra de mi vida sea escucharle con un espíritu manso y dócil.

2. El Señor abrió el corazón de Lidia para que prestara atención a lo que se le decía (Hechos 16:14). Esto es lo que necesitamos. Dios mismo apartará nuestro corazón de todo lo demás, y lo abrirá para que preste atención. Pidamos esto muy seriamente.

3. Nada impide tan eficazmente escuchar la voz de Dios, como abrir demasiado el corazón a otras voces. Un corazón

demasiado interesado en las noticias, la literatura y la sociedad de este mundo, no puede escuchar la voz divina. Necesita quietud, retiro, concentración, para prestar la atención debida que Dios reclama.

Capítulo 23: Como dice el Espíritu Santo

"Por lo cual, como dice el Espíritu Santo: 'Si oyereis hoy Su voz'"
(Hebreos 3:7).

Al citar las palabras del Salmo 95, el escritor utiliza la expresión: *"como dice el Espíritu Santo"*. Considera que ese Salmo es simplemente el lenguaje del Espíritu Santo. Considera las Escrituras como verdaderamente inspiradas por Dios; porque los santos hombres hablaron de parte de Dios siendo movidos por el Espíritu Santo (2 Timoteo 3:16; 2 Pedro 1:21). Las considera como la misma voz de Dios, y atribuye a las palabras todo el peso de la autoridad divina, y toda la plenitud de significado que tienen en la mente divina. Es por ello, que ve en ellas un significado más profundo del que nosotros hubiéramos buscado; y nos enseña a encontrar en las palabras, la manera de entrar en nuestro reposo; esta es la revelación de un profundo misterio espiritual y de una profecía de lo que Cristo debería traernos. Así como el Espíritu Santo fue el primero en dar la Palabra, el mismo Espíritu fue el que enseñó al apóstol a exponer su significado y lecciones espirituales (1 Corintios 2:10; Efesios 3:3, 5; Romanos 16:25-26; Gálatas 1:12), tal como las tenemos en este cuarto capítulo de la Epístola. E incluso ahora, es ese mismo Espíritu, el único que puede revelar la verdad espiritualmente dentro de nosotros, y hacerla vida y poder en nuestra experiencia (Efesios 1:17; Lucas 10:21; cf. Lucas 2:26). Esperemos en Él mientras meditamos en estas palabras (Salmos 32:10; 37:7, 34; 131:3): *"como dice el Espíritu Santo"*. Las palabras del Espíritu Santo necesitan al Espíritu Santo como intérprete. Y el Espíritu Santo interpreta sólo a aquellos en los que Él mora y gobierna (Véase 1 Corintios 2:10-14; Juan 14:26, 17; Romanos 8:9, 14).

En las palabras de inicio de la Epístola, se nos dijo que era el mismo Dios, que había hablado a los padres en los profetas, el que ahora nos ha hablado a nosotros en Su Hijo (Hebreos 1:1-2). La inferioridad del Antiguo Testamento no consistía en que las palabras fueran menos que las palabras de Dios que Él pronunció en el Nuevo Testamento. Ambas son igualmente las palabras del Espíritu Santo. Pero la excelencia superior de la nueva dispensación radica en que, en virtud de la poderosa redención realizada por Cristo, sea quitado el velo entre Dios y nosotros, y el velo de nuestros ojos y de nuestro corazón (Hebreos 10:20; Isaías 25:7, 2 Corintios 3:16), y ahora la Palabra puede entrar más plenamente en nosotros con su poder vivificador (Romanos 8:11; 1 Corintios 15:45; Juan 6:63; cf. Salmos 119:25, 107, 154). El Hijo de Dios, como la Palabra viva (Juan 1:1, 14), que habita en nosotros por medio del Espíritu Santo (Véase Romanos 8:9-10), trae la verdad y el poder de la Palabra (Juan 17:17; Efesios 1:13; 2 Timoteo 2:15; Santiago 1:18; Hechos 20:32; Hebreos 1:3), como la realidad divina a nuestra experiencia viva. El Antiguo Testamento era como el capullo; en el Nuevo Testamento, el capullo se ha abierto y se puede ver la flor. *Como dice el Espíritu Santo*. Esta palabra nos asegura que el Espíritu Santo revela por Sí mismo en el Nuevo Testamento, lo que había ocultado en las palabras del Antiguo Testamento (Romanos 16:25; Colosenses 1:26).

Esto nos lleva a una lección de la más profunda importancia en nuestra vida espiritual: que lo que el Espíritu Santo ha dicho, sólo Él puede aclararlo. Él usa palabras y pensamientos humanos; y, visto desde el lado humano, la razón humana puede entenderlos y exponerlos. Pero incluso en alguien que puede ser un verdadero cristiano, esto no lo lleva más allá del Antiguo Testamento, de la etapa preliminar: *"Los profetas que profetizaron de la gracia destinada a vosotros, inquirieron y diligentemente indagaron acerca de esta salvación, escudriñando qué persona y qué tiempo indicaba el Espíritu de Cristo que estaba en ellos"* (1 Pedro 1:10-11). Más allá de esto, es decir, a la posesión real y a la experiencia de la redención que proclamaban, los profetas no pudieron llegar. Sólo cuando Cristo fue glorificado, y el Espíritu fue dado (Juan 7:39) como fuente de luz y vida (Juan 4:14; Juan 8:12; 1:4; cf. 1 Corintios 15:45), se pudo conocer el significado y el poder divino. Y lo mismo ocurre con nosotros; para entender las palabras del Espíritu Santo, debo primero someterme a ser guiado por el Espíritu (Romanos 8:14), debo estar viviendo en el Espíritu (Gálatas 5:25). Sólo quien sabe hebreo puede exponer un escrito en hebreo; sólo el Espíritu de Dios conoce la mente de Dios y puede revelárnosla (1 Corintios 2:10-14). Tomemos, por ejemplo, lo que se dice de entrar en el reposo de Dios (Hebreos 4:3, 8-9), cualquiera que se tome la molestia, y lo estudie cuidadosamente, podrá formarse una idea de lo que significa. Pero para conocer verdaderamente el reposo de Dios, para entrar en él, para disfrutarlo en su vivo poder, nadie más que el Espíritu Santo puede enseñárnoslo.

Por lo cual, como dice el Espíritu Santo: Si oyereis hoy Su voz, no endurezcáis vuestros corazones. Esta es la primera lección que enseña el Espíritu Santo. Nos llama a no endurecer o cerrar el corazón, sino a escuchar la voz de Dios allí; el Espíritu Santo no puede conducirnos al poder y a la bendición de la palabra de Dios, a menos que con todo nuestro corazón (Mateo 22:37; Marcos 12:30; Lucas 10:27) escuchemos la voz. El Espíritu Santo no puede enseñar de otra manera, que no sea a un corazón entregado a escuchar y a obedecer Su voz. Cuando el Hijo vino al mundo, dijo: *"He aquí que vengo, oh Dios, para hacer Tu voluntad"* (Hebreos 10:7, 9). La prueba de la presencia del Espíritu en Él (Lucas 2:25; 4:18), del sacrificio en el poder del Espíritu Eterno (Hebreos 9:14), del camino hacia el derramamiento del Espíritu (Hechos 2:33; 1 Pedro 1:12), fue el de escuchar y obedecer. El primer mensaje del Espíritu Santo, y la condición de toda la enseñanza posterior es siempre: *Si oís Su voz, no endurezcáis vuestro corazón.* Dios ha enviado el Espíritu de Su Hijo a nuestro corazón (Gálatas 4:6); Él nos pide que sometamos *todo nuestro corazón* a Su dirección (Romanos 8:14; Gálatas 5:18); ya que *es como el Espíritu morador* (Cf. 2 Corintios 3:17) que nos llamará y nos capacitará para escuchar la voz de Dios.

Estamos comenzando el estudio de una Epístola, cuya nota clave es que Dios nos habla ahora en Su Hijo (Hebreos 1:2). Las maravillosas verdades del Sacerdocio Celestial de nuestro Señor Jesús (Hebreos 5:6,10; 6:20; 7:11, 17, 21), y de nuestro acceso al Lugar Santísimo por medio de la sangre (Hebreos 10:19), para habitar y adorar allí (Juan 4:23); y allí, en la presencia de Dios, ser hechos participantes de la plena unión con Cristo, van a ser reveladas a continuación. Busquemos el sentido más profundo de la necesidad, y también de la certeza, de la enseñanza del Espíritu en nosotros: *Oremos para que el Padre nos dé el espíritu de sabiduría y de revelación en el pleno conocimiento de Cristo* (Colosenses 1:17). Escuchemos la voz de Dios con mansedumbre y docilidad de corazón. Con profunda humildad, sometámonos a la guía del Espíritu (Juan 16:13). Ciertamente podemos contar con que el mismo Espíritu que primero inspiró las palabras del Salmo, y que posteriormente reveló su pleno significado en esta Epístola, nos revelará con poder, toda la luz y la verdad que deben traer al corazón creyente.

Conclusiones:

1. Dios nos habla en Su palabra (Juan 12:48; Romanos 10:17), y en Su Hijo (Hebreos 1:2), todo por el Espíritu Santo (Juan 6:63; 16:13-14). Todo depende de nuestra correcta relación con el Espíritu. Que la Palabra sea como una semilla en la que habita la vida de Dios (Lucas 8:11; Filipenses 2:16). Recibamos la Palabra (Véase Santiago 1:21; Hechos 2:41; 17:11), con la fe (Cf. Hebreos 4:2) de que el Espíritu Santo la abrirá (Apocalipsis 3:6-8), y la hará obrar poderosamente *para con nosotros los que creemos* (Efesios 1:19).

2. Y mientras esperamos que el Espíritu abra la Palabra, por medio de ella, seremos conducidos y recibiremos el Espíritu del cielo (1 Pedro 1:12), como sello divino de nuestra fe en la Palabra (Efesios 1:13).

3. Así aprenderemos a hablar la palabra (Efesios 4:25; 5:19; Colosenses 3:16) con el poder del Espíritu (Romanos 15:19). Los discípulos, por mucho que conocían a Jesús a través de Su comunión (Mateo 26:26; Marcos 14:22; Lucas 22:19; 24:30; 1 Corintios 11:24; 10:16) y de Su enseñanza (Mateo 5:2), y como testigos de Su muerte y resurrección (Hechos 1:21-22), no pudieron ir a predicarlo, hasta que recibieron el Espíritu de lo alto (Lucas 24:49; Hechos 1:8). La palabra inspirada por el Espíritu, la palabra abierta por el Espíritu, debe ser también una palabra hablada por el Espíritu; nosotros también debemos hablar por una comunicación viva del Espíritu, desde el trono del Cristo glorificado. De principio a fin, todo lo relacionado con la Palabra de Dios debe estar en el poder del Espíritu Santo (Lucas 4:14; Romanos 15:13, 19).

Capítulo 24: El día de hoy

"Por lo cual, como dice el Espíritu Santo: 'Si oyereis hoy Su voz, no endurezcáis vuestros corazones, como en la provocación, en el día de la prueba en el desierto, donde me probaron vuestros padres; me probaron, y vieron Mis obras cuarenta años. A causa de lo cual me disgusté contra esa generación, y dije: Siempre divagan en su corazón, y no han conocido Mis caminos. Juré pues en Mi ira: ¡No entraran en Mi reposo!'" (Hebreos 3:7-11).

Estas palabras se aplican generalmente a los inconversos; sin embargo, el Salmo en el que aparecen, y el contexto en el que se encuentran en esta Epístola, demuestran que se refieren al pueblo de Dios.

El Espíritu Santo dice: *"hoy"*. ¿Qué significa esto? Dios es el Eterno (Romanos 16:26). Con Él no existe el ayer ni el mañana; lo que llamamos pasado y futuro, son en Él un Ahora siempre presente; Su vida es un día siempre bendito y sin final. Una de las grandes palabras de esta Epístola, en relación con Cristo y Su salvación, es la palabra: *"eterno"*, *"para siempre"*. Él se ha convertido en *"Autor de eterna salvación"* (Hebreos 5:9), es decir, de una salvación que tiene el carácter de la eternidad; su característica principal es que es un Ahora siempre presente, que no hay un momento en el que Cristo, que *vive siempre para interceder por nosotros* (Hebreos 7:25), no sea capaz de mantenernos en Él *en el poder de una vida que no tiene fin* [o indestructible] (Véase Comentario a Hebreos 7:16; y RVG-2010).

El hombre es la criatura de un momento; el pasado se le ha ido, y sobre el futuro no tiene ningún control; sólo es suyo el momento presente (Santiago 4:13-14; Mateo 6:34; 1 Pedro 1:24; Job 9:25-26). Por eso, cuando se le hace partícipe de Cristo, Sumo Sacerdote *para siempre* (Hebreos 6:20), y de la salvación eterna (Isaías 45:17; Marcos 16:20; Hebreos 5:9) que Él imparte, la gran palabra de Dios para él es el "hoy"; en Cristo, toda la bendición de la gran eternidad está reunida en un Ahora siempre presente; la única necesidad del creyente es conocerla, responder a ella y encontrar el "hoy", el "ahora, hijo mío" (Lucas 15:24, 31), de la gracia de Dios[200] con el "hoy", el "ahora, Padre mío" (Mateo 26:39, 42)[201] de su fe.

Si quieres entender el significado de este divino "hoy", míralo en su maravilloso escenario. *Como dice el Espíritu Santo: "hoy"*. La palabra de Satanás siempre es "mañana", la palabra favorita del hombre también es "mañana". Incluso para el hijo de Dios, la palabra de la incredulidad es con demasiada frecuencia: "mañana"; la demanda de Dios es demasiado grande para el día de *hoy*; la promesa de Dios es demasiado alta; esperamos que sea más fácil más adelante [o después]. El

[200] Nota del Traductor: Una referencia a la parábola del hijo pródigo (Lucas 15:11-32), donde la gracia de Dios es revelada en la figura del becerro gordo (Lucas 15:23).
[201] Nota del Traductor: Una referencia a la oración del Hijo en el huerto de Getsemaní (Mateo 26:36-46).

Espíritu Santo dice: *"hoy"*. Eso significa que Aquel que es el poderoso poder de Dios (2 Pedro 1:3), está dispuesto a obrar en nosotros todo lo que Dios quiere (Colosenses 4:12) y pide (Hechos 17:30; 26:14-20; 9:6; 22:10); es Él quien está suplicando en cada momento una entrega inmediata, una confianza presente, porque lleva consigo el poder de una salvación presente.

"Hoy" es una palabra de maravillosa promesa. Dice que *"hoy"*, en este mismo momento, el maravilloso amor de Dios es para ti, y que ahora mismo está esperando ser derramado en tu corazón (Romanos 5:5); que *"hoy"*, todo lo que Cristo ha hecho y está haciendo en el cielo, y que es capaz de hacer en ti, en este mismo día, está a tu alcance. *"Hoy"*, el Espíritu Santo, en quien está el poder de conocer (1 Corintios 2:11), reclamar y disfrutar todo lo que el Padre y el Hijo están esperando para otorgarnos (Juan 16:14-15; 14:23), "hoy" el Espíritu Santo está dentro de ti (2 Timoteo 1:14), suficiente para toda necesidad, y suficiente para toda emergencia. Con cada llamado que encontramos en nuestra Biblia a la entrega total y absoluta; con cada promesa que leemos de la gracia para el suministro de la necesidad temporal y espiritual; con cada oración que respiramos, y con cada anhelo que reina en nuestro corazón, está el Espíritu Santo de la promesa (Efesios 1:13) susurrando: *"Hoy"*. Así *como el Espíritu Santo dice: "hoy"*.

"Hoy" es una palabra de mandamiento solemne. No se trata aquí de un privilegio superior, que eres libre de aceptar o de

rechazar. No se deja a tu elección ¡oh creyente!, si vas a recibir la plenitud de la bendición que el Espíritu Santo ofrece. Este "hoy" del Espíritu Santo, te pone bajo la más solemne obligación de responder al llamado de Dios, y de decir: "Sí, hoy Señor, sumisión completa e inmediata a toda Tu voluntad; hoy, la entrega de una confianza presente y perfecta en toda Tu gracia". *Como dice el Espíritu Santo: "hoy".*

"Hoy", una palabra también de seria advertencia. *Como dice el Espíritu Santo: "hoy", si oís Su voz, no endurezcáis vuestros corazones. Pues no entrareis en Mi reposo.* No hay nada que endurezca tanto el corazón como la demora. Cuando Dios nos habla, pide un corazón dócil, abierto (Hechos 16:14) a los susurros de Su voz de amor (1 Reyes 19:12; Job 26:14; Jeremías 31:3). El creyente que responde al "hoy" [o, día] del Espíritu Santo, con el "mañana" de un tiempo más conveniente, no sabe de qué manera está endureciendo su corazón; la demora, en lugar de facilitar la entrega, la obediencia y la fe, la hace más difícil. Cierra el corazón para "hoy" en contra del Consolador (Juan 14:16, 26; 15:26; 16:7), y corta toda esperanza y todo poder de crecimiento. ¡Oh creyente!, así *como el Espíritu Santo dice: "hoy"*, cuando oigas Su voz, abre el corazón (Hechos 16:14) con gran docilidad para escuchar y obedecer; la obediencia al "hoy" [o, día] del Espíritu es tu única certeza de poder y de bendición.

Para todos los cristianos cuya vida ha sido de debilidad y de fracaso, que aún no han entrado en el reposo de la fe, en el propio reposo de Dios, esta palabra *"hoy"*, es la clave de todas sus decepciones y de todos sus fracasos. Esperasteis la fortaleza, para hacer más fácil la obediencia; el sentimiento, para hacer menos doloroso el sacrificio. Tu no escuchantes la voz de Dios que respiraba en cada palabra. Él habla esa maravillosa nota, incluso a través de la Palabra viva, Jesucristo; esa maravillosa nota de esperanza: *"hoy"*. Pensabas que se trataba de un llamado al pecador al arrepentimiento inmediato; no sabías que tenía que ver con el creyente, con cada vez que escucha la voz de Dios, con la sumisión inmediata y de todo corazón a todo lo que Dios dice, con la aceptación inmediata y con la confiada de todo lo que Él da. Y, sin embargo, es de esto de lo que se trata.

En la Epístola a los Hebreos tenemos una exposición muy maravillosa de lo que Cristo, como Sumo Sacerdote a la diestra de Dios, puede hacer por nosotros en el poder de una vida *que no tiene fin* [indestructible] (Hebreos 7:16). La entrada en el reposo de Dios (Hebreos 4:9-10), la perfecta limpieza de la conciencia con la sangre (Hebreos 10:22), por la que entró en la presencia de Dios (Hebreos 9:12, 24), nuestro acceso dentro del velo a la presencia de Dios (Hebreos 10:20), el ser llevados cerca del mismo corazón de Dios (Efesios 2:13), el ser tomados (2 Timoteo 2:4) y guardados en Cristo (Judas 1) en el amor de Dios (Judas 21; VM), estas bendiciones, son todas nuestras. Y sobre cada una de ellas están escritas las palabras: *"Ahora es el tiempo aceptable"* (Isaías 49:8; 2 Corintios 6:2). *Como dice el Espíritu Santo: "hoy"*.

Conclusiones:

1. Hermano, permítamos usted y yo, inclinarnos en gran quietud ante Dios para escuchar este maravilloso mensaje, el Espíritu Santo susurrando: *"Hoy, hoy"*. Dejemos que todo nuestro corazón se abra para recibirlo. Que todo temor e incredulidad desaparezcan al recordar: es el Espíritu Santo mismo, el dador de la fortaleza (Efesios 3:16), el dispensador de la gracia (Hebreos 10:29), el revelador de Jesús (Juan 15:26), quien dice: *"hoy"*.

2. Dejemos que nuestra fe simplemente escuche la voz de Dios, hasta que resuene en nuestra alma cada día, y durante todo el día. Tomaremos la Palabra de Dios *"hoy"*, y la haremos nuestra. Nos encontraremos con este maravilloso *día* [es decir, el *"hoy"*] del amor de Dios como el confiado *día* de nuestra fe. Y se convertirá para nosotros en un anticipo de ese *día* eterno en el que Él habita.

3. El *día* del Espíritu Santo, aceptado y vivido, será en nosotros el poder de una vida *que no tiene fin* [indestructible], la experiencia de una salvación *eterna*, como una realidad *siempre presente y sin final*. *"Así como el Espíritu Santo dice: 'hoy'"*.

4. Ayer mismo escuché a un siervo de Dios testificar, que en su conversión fue llevado a decir: 'Voy a hacer la voluntad de Dios *hoy*, sin pensar en mañana'; y al hacerlo, encontró la indecible bendición de ello. Que cualquiera comience a vivir una vida de todo corazón, por la gracia de Dios, viviendo un día a la vez; porque el *mañana* será como *hoy*, y aún mejor.

Capítulo 25: Un corazón malo de incredulidad

"Mirad, hermanos, que en ninguno de vosotros haya corazón malo de incredulidad para apartarse del Dios vivo. Antes exhortaos los unos a los otros cada día, entre tanto que se dice: 'Hoy'; para que ninguno de vosotros se endurezca por el engaño del pecado"
(Hebreos 3:12-13).

El gran objetivo práctico de la Epístola, es llamarnos a la fe. Es con este fin que nos mostrará la base segura que tenemos para ello en la palabra y el juramento de Dios, en la persona y en el poder de nuestro Sumo Sacerdote celestial. Nos recordará cómo la incredulidad ha sido la causa de todas las *caídas de Dios* por parte de Su pueblo (Cf. Gálatas 5:4), y de toda la falta de acceso al disfrute de Su promesa y de Su reposo, ya que la fe ha sido en todas las épocas, el único poder en el que los santos de Dios han vivido y obrado. Ya ha hablado de *"retener firme la confianza hasta el final y el gloriarnos en la esperanza"* (Hebreos 3:6); aquí usa la palabra *"creer"* por primera vez, en cuanto al llamado a cuidarse de un corazón malo de incredulidad.

Un corazón malo de incredulidad. Piensa un momento en lo que significa la expresión. Y observa primero el lugar que ocupa el corazón en la religión (Véase Proverbios 4:23; Filipenses 4:7). Hemos oído la advertencia: *"No endurezcáis vuestros corazones"*

(Hebreos 3:7). Es en el corazón donde Dios habla (1 Juan 3:20-21; cf. Génesis 34:3), y donde anhela dar Su bendición (Efesios 3:17). A eso siguió la queja de Dios: *"Siempre divagan en su corazón, y no han conocido Mis caminos"* (Hebreos 3:10; Salmos 95:10). Es un corazón que se equivoca [*que erra*; cf. Biblia de Jerusalén 1976], el que no puede conocer los caminos de Dios. Y así también aquí, es el *corazón malo*, el que no puede creer, el que se aleja [se aparta] del Dios vivo. Guardémonos, en nuestro estudio de la Epístola, y en toda nuestra vida religiosa, de regocijarnos en hermosos pensamientos y en felices sentimientos; mientras que el corazón, con su deseo, voluntad y amor, no esté totalmente entregado a Dios. En nuestra comunión con Dios, todo depende del corazón. Es con el corazón que el hombre cree y recibe la salvación de Dios (Romanos 10:10).

Un corazón malo de incredulidad. Muchos piensan y hablan de la incredulidad como una fragilidad; desean creer, pero no se sienten capaces; su fe, dicen, es demasiado débil. Y, por supuesto, no tienen ningún sentimiento de culpa o de vergüenza relacionado con ello. No ser capaz de hacer una cosa, se considera como una excusa suficiente para no hacerla. Pero Dios piensa de otra manera. El Espíritu Santo habla del *corazón malo de incredulidad.* El corazón es el órgano que Dios creó en el hombre para mantener la comunión con Él. La *fe* es su primera función natural (Romanos 10:9; Hechos 8:37); por la fe y el amor el creyente vive en Dios (Gálatas 5:6; Efesios 6:23; 1 Tesalonicenses 3:6; 5:8; 1 Timoteo 1:14; 2 Timoteo 1:13; Filemón 5). Es el oído que escucha la voz de Dios, el ojo que puede verle a Él y al mundo invisible (Colosenses 1:15; 1

Timoteo 1:17; Hebreos 11:27); los que tienen la capacidad de *conocer* y de *recibir* todo lo que Dios puede comunicar. Comienza como una confianza en la palabra hablada; crece en la comunión con la Persona que habla; su fruto es la recepción de todo lo que Dios tiene para conceder. El pecado desvió el corazón del hombre de lo invisible a lo visible, de Dios al 'yo'; y la fe en Dios perdió el lugar que debía ocupar, y se convirtió en una fe en el mundo visible y en su bienestar. Y ahora la incredulidad, ya sea declarada y definida, o más secreta e inconsciente, es la gran característica del corazón malo, la gran prueba del pecado, la gran causa de las tinieblas eternas y de la condenación eterna. No hay una advertencia que la iglesia cristiana profesante necesite hacer sonar más fuertemente que ésta a los hebreos: *Mirad, hermanos, que en ninguno de vosotros haya corazón malo de incredulidad para apartarse del Dios vivo.*

Para apartarse del Dios vivo. Este es el terrible mal de la incredulidad; incapacita al hombre para mantener la comunión con Dios como *Aquel que vive* (Apocalipsis 1:18; 10:6). La expresión: *"el Dios vivo"*, aparece cuatro veces en esta Epístola (Hebreos 3:12; 9:14; 10:31; 12:22). El Antiguo Testamento contrastaba a Dios con los ídolos muertos, que no podían oír ni hablar ni ayudar (Salmos 115:3-9; 135:14-19; 96:5). ¡Ay!, cuántas veces los cristianos profesantes tienen, en lugar de una imagen esculpida, el ídolo más peligroso de una imagen de pensamiento, de una concepción de la mente a la que llevan su adoración (Jeremías 18:12; Ezequiel 14:3-4, 7; 20:16). Al Dios vivo, que habla en Su Hijo (Hebreos 1:2), que los escucha cuando hablan, que obra en ellos Su poderosa salvación, el Dios vivo que ama y es amado, no lo conocen.

Con toda su profesión cristiana y sus ejercicios religiosos, hay *un corazón malo de incredulidad, para apartarse del Dios vivo.*

Tomemos la advertencia. Antes de que lleguemos a la verdad más profunda que la Epístola tiene que enseñarnos, aprendamos bien nuestra primera lección; lo único que Dios espera, lo único que necesitamos recibir, es la plenitud de la bendición que nuestro gran Sumo Sacerdote tiene para nosotros y que espera otorgarnos, es un corazón de fe, un corazón sincero que se acerca a Dios en plenitud de fe (Hebreos 10:22). *Prestad atención,* debemos prestar más atención, para que no haya en ninguno de nosotros, ni siquiera por un momento, un corazón malo de incredulidad. Desechemos todo lo que lo pueda causar o fortalecer, ya sea la mundanalidad o el formalismo, el demasiado poco conocimiento o el demasiado conocimiento mental de la palabra de Dios, la demasiada poca atención al estado de nuestro corazón o la demasiada ocupación en nuestro 'yo'; tengamos cuidado para que no haya en ningún momento en nosotros, *un corazón malo de incredulidad.* Que un corazón dócil, que escuche Su voz, que escuche y confíe en Su palabra, sea siempre el sacrificio que le ofrezcamos (1 Pedro 2:5).

Con el corazón el hombre cree (Romanos 10:10), ya sea en Dios o en el mundo. Según es nuestro corazón, así es nuestra fe, y así es nuestra vida (Mateo 12:34; Lucas 6:45). Nuestro disfrute de Cristo, nuestra fuerza y fecundidad espirituales, nuestra cercanía a Dios, y nuestra experiencia de Su obra en nosotros, todo depende, no de actos individuales y aislados de fe, sino del estado del corazón (Véase Proverbios 4:23). Por eso, Dios nos infunde el espíritu de fe (2 Corintios 4:13), para mantener nuestro corazón siempre dócil y abierto hacia Él. ¡Oh!, cuidémonos por encima de todo, de *un corazón malo de incredulidad*.

Y si queremos saber cómo se ha de obtener y de aumentar la verdadera fe viva, observemos bien la conexión. Así como la incredulidad se aparta del Dios vivo, la fe se acerca a Él, y se alimenta y se nutre en Su presencia. Practica la presencia de Dios en profunda humildad y quietud de corazón. *"Mi alma tiene sed de Dios, del Dios vivo"* (Salmos 42:2). *"¡En Dios solamente confía, callada, oh alma mía; porque de Él depende mi esperanza!"* (Salmos 62:5). Él es el *Dios vivo*. Él ve, oye, siente y ama. Él habla, da y obra, y se revela. Su presencia despierta, fortalece y satisface la fe. Inclínate en humilde meditación y adoración ante el *Dios vivo*, y la fe se despertará y crecerá, hasta convertirse en la confianza y en la gloria de la esperanza (Romanos 5:2). Él es el *Dios vivo*, que da vida (Juan 6:63; 1 Timoteo 6:13), de quien sale la vida para los que se acercan a Él (Jeremías 2:13; Apocalipsis 22:1; Hebreos 7:25): quédate en Su presencia; eso, y nada más; pero eso, con toda seguridad, te librará del *corazón malo de incredulidad*.

Conclusiones:

1. La incredulidad y el apartarse del Dios vivo; recuerda con santo temor esta estrecha conexión. Actúan y reaccionan mutuamente.

2. La fidelidad de Jesús llena el corazón de la plenitud de la fe (Hebreos 10:22). ¿Recuerdas la lección? Aquí vuelve a ser la misma; acercarse al Dios vivo llenará el corazón de fe viva. Y la Epístola nos va a enseñar cómo Dios se acerca a nosotros en Jesús, y cómo en Jesús nos acercamos a Dios.

3. Nunca hables ni pienses en la incredulidad como una debilidad; sino considérala siempre como el pecado de los pecados, como la madre que fecunda todo pecado.

4. El Dios vivo en el cielo, y el corazón creyente en la tierra; estos son los dos poderes que se encuentran y que se satisfacen mutuamente. Que tu fe no conozca otra medida u otro límite, que no sea el Dios vivo. Que sea una fe viva en un Dios vivo.

Capítulo 26: Exhortarse mutuamente cada día

"Antes exhortaos los unos a los otros cada día, entre tanto que se dice: 'Hoy'; para que ninguno de vosotros se endurezca por el engaño del pecado" (Hebreos 3:13).

En el versículo anterior leímos: *"Mirad, hermanos, que en ninguno de vosotros haya corazón malo de incredulidad para apartarse del Dios vivo"*. Es decir, que no sólo cada uno se mire a sí mismo, sino que todos se miren los unos a otros, para que no haya en ninguno de ellos *un corazón malo de incredulidad*. La Iglesia es un solo Cuerpo (Efesios 5:23; Colosenses 1:18, 24); la enfermedad de un miembro es un peligro para todo el Cuerpo (Romanos 12:4-5; 1 Corintios 12:26). Cada uno debe vivir para cuidar a los que le rodean. Cada miembro es confiado por Cristo al amor y al cuidado de sus hermanos, y depende de su ayuda. Los creyentes que se reúnen en una casa, en un barrio, en una iglesia, son responsables los unos de los otros; deben cuidar que no haya en ninguno, la incredulidad que aparta de Dios. Están llamados a ayudarse y a animarse mutuamente para que todos sigan siempre firmes en la fe (1 Corintios 16:13; Colosenses 1:23; 1 Pedro 5:9).

En nuestra meditación sobre Hebreos 3:6, hablamos del doloroso hecho, de que en tantos casos, la primera confianza y el gozo de la esperanza no se mantienen firmes hasta el final.

Esta es una de las causas. No existe el cuidado y la ayuda mutua que el Señor pretendía dar. Al cuidar sólo de nosotros mismos, nuestro hermano no sólo sufre, sino que nosotros mismos perdemos mucho. La vida sana del miembro individual depende de la vida que lo rodea (Colosenses 3:3; 1 Juan 5:12), y de la resposabilidad que toma, en el mantenimiento de esa vida. La advertencia tiene un significado más profundo de lo que pensamos: *"Mirad, hermanos, que en ninguno de vosotros haya corazón malo de incredulidad"*.

Este es el pensamiento que nuestro texto trata de imponer: *"Antes exhortaos los unos a los otros cada día, entre tanto que se dice: "Hoy"; para que ninguno de vosotros se endurezca por el engaño del pecado"*. Los cristianos están obligados a exhortarse unos a otros[202] (Colosenses 3:16); es su deber y su derecho. Está implícito en toda la constitución del Cuerpo de Cristo, que los miembros se cuiden unos a otros. Su vida depende enteramente del Espíritu de Cristo (Romanos 8:9), del que *no se agradó a Sí mismo* (Romanos 15:3), y ese Espíritu es un amor que no busca lo suyo (1 Corintios 13:5), sino que tiene su propio ser en amar y en bendecir a los demás. En la medida en que cada miembro se somete humildemente a ser ayudado y a

---

[202] Nota del Traductor: Estudiar el desarrollo de la frase "unos a otros" en las Epístolas del Nuevo Testamento, nos conducirá a ver de una forma más clara, lo que significa verdaderamente la vida colectiva o comunitaria de la Iglesia, el Cuerpo de Cristo; véase: Romanos 13:8; 1 Corintios 11:33; 2 Corintios 13:12; Gálatas 5:15, 26; Efesios 4:32; 5:21; Colosenses 3:13, 16; 1 Tesalonicenses 4:9; 5:11; Tito 3:3; Hebreos 10:24; Santiago 5:16; 1 Pedro 1:22; 5:5, 14; 1 Juan 3:11, 23; 4:7, 11-12; 2 Juan 5.

ayudar, la seguridad y el vigor de todos estará asegurado. La comunión de los santos (1 Juan 1:7) en todos nuestros círculos eclesiásticos, debe probarse en el cultivo de un amor ministerial práctico y en el cuidado de los demás.

Antes exhortaos los unos a los otros cada día, entre tanto que se dice: "Hoy". Vimos el solemne significado del llamado del Espíritu Santo: *"Si oyereis hoy Su voz".* Tratamos de aplicarlo de forma personal. Aquí, se nos enseña que toda la urgencia que implica ese llamado, debe ser aplicada por cada uno de nosotros a nuestro prójimo, así como a nosotros mismos (Mateo 19:19; 22:39; Marcos 12:31; Lucas 10:27; Romanos 13:9; Gálatas 5:14; Santiago 2:8). Debemos pensar en el peligro de la demora, en el momento en que ya no será "hoy" para los que nos rodean, los que lo están olvidando ya; es pues necesario, exhortarlos *cada día.* ¡Hoy! La obra es urgente y debe hacerse inmediatamente. Puede ser difícil; pero el que manda lo hará. Nuestra incapacidad consciente debe llevarnos a Aquel que puede llenarnos con el amor, la confianza y la sabiduría que necesitamos. *Cada día.* La obra es lenta, y debe hacerse sin cesar, *entre tanto que se dice: "hoy".* El Espíritu de Jesús puede darnos gracia, paciencia y fe para perseverar. *"A su tiempo segaremos, si no desmayamos"* (Gálatas 6:9).

Cada día. Esta palabra del Espíritu Santo es el complemento de ese *"otro día"* (Véase Hebreos 4:8). Es el *"día"* en que el Espíritu Santo debe ser aceptado y obedecido de nuevo *cada día.* Sólo en la medida en que estemos dispuestos, *cada día,* sin excepción, a vivir plenamente en la obediencia a la voz de Dios y a la fe de Jesús (Romanos 3:26), nuestra vida podrá crecer. Lo que se ha hecho una vez, o por un tiempo, no servirá de nada; *cada día*, nuestra comunión con Jesús, nuestra consagración a Él, nuestro servicio por Él, deben ser renovados. Al igual que nuestro cuidado de los demás, efectuado en la misma manera que nuestro caminar personal; solo así, mantendremos firme nuestra confianza hasta el final.

"Antes exhortaos los unos a los otros... para que ninguno de vosotros se endurezca por el engaño del pecado". Oímos la advertencia: *"No endurezcáis vuestros corazones"*. Aquí, está su explicación: *se endurezca por el engaño del pecado*. Todo pecado es un engaño, sus placeres prometidos son todos una mentira (Juan 8:44; cf. 1 Juan 3:8). Pero hay algunos pecados que son abiertos e inconfundibles. Hay otros que son especialmente engañosos. Cuando la aprobación del mundo cristiano, o la fuerza del hábito y la costumbre, o la aparente insignificancia de lo que hacemos, nos hace pensar poco en el pecado, es entonces cuando éste, tiene un poder terrible para engañar al cristiano profesante. Y a través de este engaño del pecado, — ya sea la mundanidad, el desamor, el orgullo o la falta de integridad — los corazones se endurecen, y se vuelven incapaces de escuchar la voz de Dios. Qué llamado es este para todos aquellos que están despiertos a su propio peligro[203], para que escuchen: *"Antes exhortaos los unos a los*

---

[203] Nota del Traductor: Es decir, para los que velan estando conscientes del peligro que el pecado puede propiciar en ellos (Véase Mateo 26:41; Marcos 14:38; 1 Corintios 15:34; 16:13; 1 Pedro 4:7; 5:8).

otros cada día, entre tanto que se dice: "hoy"; para que ninguno de vosotros se endurezca por el engaño del pecado".

Permítanme insistir a todos los que estudian esta Epístola, en la solemne obligación que recae sobre ellos de cuidar a los que los rodean, no sólo a los marginados; sino también a aquellos con los que están asociados en la comunión de la iglesia, muy especialmente a los que están en peligro de ser *endurecidos por el engaño del pecado*. El Cristo en el cual hemos de crecer en todas las cosas (Efesios 4:15), es el Cristo *"de quien todo el cuerpo, bien concertado y unido entre sí por todas las coyunturas que se ayudan mutuamente, según la actividad propia de cada miembro, recibe su crecimiento para ir edificándose en amor"* (Efesios 4:16). Nuestra conexión[204] con la Cabeza, el poder de nuestro crecimiento en Él en todas las cosas, debe mantenerse en nuestro amor hacia los miembros de Su Cuerpo que nos rodean, por débiles o retraídos que sean.

Y si queremos saber dónde se encuentra la gracia para esta obra, la respuesta no está lejos para buscarla. Está en Jesucristo, nuestra Cabeza, y en Su amor derramado en nuestros corazones (Romanos 5:5). Así como en esta Epístola estudiamos la compasión de Jesús, como nuestro Líder y Sumo Sacerdote, creamos también que Él nos hace participantes de Su Espíritu (1 Juan 4:13). Nos conforma a Su semejanza (Romanos 8:29), nos guía por Sus huellas (1 Pedro 2:21), hace de cada uno de nosotros lo que Él fue, un Sacerdote

---

[204] Nota del Traductor: O, vínculo.

con un corazón sacerdotal, dispuesto a vivir y a morir por los que nos rodean. Por eso, hermanos, *exhortaos los unos a los otros cada día*.

Conclusiones:

1. Esta obra es muy difícil. Pero la fuerza para llevarla a cabo vendrá, como para cualquier otra obra. En primer lugar, aceptad el mandato; llenad el corazón con el sentido de la obligación; entregaos a vuestro Maestro en obediencia voluntaria, aunque no veáis en vosotros la menor perspectiva para hacerlo. Luego, espera en Él, Su luz y Su fuerza, Su sabiduría para saber cómo empezar, Su confianza para hablar la verdad en amor (Efesios 4:15). Preséntate a Dios *como vivo de entre los muertos, y tus miembros como instrumentos de justicia en Sus manos* (Romanos 6:13). Que el fuego dentro del corazón se mantenga encendido (Cf. Levítico 6:12-13); la gracia de la obediencia nunca será retenida.

2. Esta Epístola es una exposición acerca de la vida interior, de la vida de fe. Pero con esto, la obra se considera algo natural, que no necesita reivindicación. Que cada cristiano se entregue a su Señor para velar por los demás; que toda la gracia fresca, y el conocimiento más profundo de Jesús que buscamos, sean para el servicio de los que nos rodean. *Exhortaos unos a otros cada día*.

Capítulo 27: Participantes de Cristo

" — porque hemos sido hechos participantes[205] *de Cristo, con tal que conservemos firme hasta el final el principio de nuestra confianza — entre tanto que se dice: 'Si oyereis hoy Su voz, no endurezcáis vuestros corazones, como en la provocación'"* (Hebreos 3:14-15).

En el segundo capítulo de la Epístola, se nos presentó la doble unidad de nuestro Señor Jesús y Su pueblo creyente. Por *el lado divino* son uno, pues tanto el que santifica como los santificados son todos de uno, es decir, de Dios. Por dicha causa los llama hermanos (Hebreos 2:11). Por el otro lado, *el lado humano*, son uno de igual manera, ya que Él se hizo hombre, y tomó nuestra naturaleza sobre Sí. Puesto que los hijos son participantes de carne y sangre, Él mismo también participó de lo mismo (Hebreos 2:14). Allí encontramos la misma palabra que aquí[206]. Así como Cristo participó de carne y sangre, nosotros hemos sido hechos participantes de Cristo. Al participar con nosotros de carne y sangre, Cristo entró en perfecta comunión con nosotros en todo lo que éramos, nuestra vida y nuestra muerte se hicieron Suyas. Cuando

---

[205] Nota del Traductor: Es la conjunción griega *metochoi* [G3353]: compañero, participante, partícipe. Se traduce como 'participantes' en Hebreos 3:1, 14; 12:8; como 'partícipes' en Hebreos 6:4, y como 'compañeros' en Hebreos 1:9. La verdad es la siguiente: Somos compañeros de Cristo, por cuanto hemos sido hechos participantes de Cristo, del Espíritu Santo, del llamamiento celestial y de la disciplina que reciben los hijos de Dios.

[206] Nota del Traductor: Aunque en el griego no ocurre así, ya que las palabras traducidas como 'participaron' (*kekoinónéke* [G2841]) y 'participó' (*metesche* [G3348]), son en realidad dos verbos griegos diferentes.

fuimos hechos participantes de Cristo, entramos en perfecta comunión con Él en todo lo que *era* y *es*; Su muerte y Su vida se convierten en las nuestras.

¡Nos convertimos en partícipes de Cristo! ¡Qué misterio! ¡Qué tesoro! ¡Qué bendición! Todo el objetivo de la Epístola es mostrar lo que hay en el Cristo del que hemos sido hechos partícipes, y lo que puede hacer por nosotros. Pero aquí, al principio, en medio de las necesarias palabras de advertencia, para que no se caiga en la pereza (Hebreos 6:12) o en la incredulidad, se les recuerda a los creyentes cuál es *su porción* y *su posesión*: han llegado a ser partícipes de Cristo. A menudo existe el peligro, cuando escuchamos la enseñanza de las Escrituras sobre Cristo como nuestro Sumo Sacerdote, de considerarlo como a una persona externa, y a Su obra como algo que se hace externamente para nosotros en el cielo. Esta preciosa palabra nos recuerda que nuestra salvación consiste en la posesión de Él, en ser una sola vida con Él, en tenerlo como algo propio. Cristo no puede hacer nada por nosotros, sino como un Salvador interior. Siendo Él mismo nuestra vida (Juan 11:25; 14:6; 1 Juan 5:11-12), habitando y obrando personalmente en nosotros (Efesios 3:17). Tan verdadera y plenamente como Cristo, cuando se hizo participante de carne y sangre, se identificó total y eternamente con el hombre y su naturaleza, de modo que Él y ésta naturaleza estaban inseparablemente unidos en una sola vida; así es de igual manera cierto, que cuando participamos de Cristo, nos identificamos indisolublemente con Él. Desde que Cristo se hizo participante de carne y sangre, es conocido, y lo será hasta la eternidad, incluso en el trono, como el Hijo del

Hombre. Y nosotros de igual manera, cuando lleguemos a ser verdaderamente participantes de Cristo, seremos conocidos, incluso ahora y por toda la eternidad, como uno con Cristo en el trono de la gloria (Véase Apocalipsis 3:21). ¡Oh!, conozcámonos a nosotros mismos, como Dios nos conoce: *participantes de Cristo.*

Es lo único que Dios desea. Cuando Dios presentó a Su Hijo Unigénito (Juan 1:18; 3:16, 18; 1 Juan 4:9) como la única vía posible de acceso a Él, significó que no podía deleitarse (Mateo 3:17; 17:5; Marcos 1:11; Lucas 3:22; 2 Pedro 1:17) ni tener comunión (1 Juan 1:6-7) con nada en lo que no se vea la semejanza de Su Hijo (Romanos 8:29; 2 Corintios 3:18; 1 Juan 3:2). No podemos entrar en el favor de Dios o en Su beneplácito, más allá de que Él pueda ver a Cristo en nosotros. Si Dios nos ha llamado a la comunión con Su Hijo (1 Corintios 1:9), y nos ha hecho participantes de todo lo que hay en Cristo: la filiación (Hebreos 1:5; Gálatas 4:5), el amor (Juan 17:23-24, 26; 1 Juan 2:15), y el Espíritu del Padre (Mateo 1:20; Mateo 10:20; Juan 15:26); vivamos entonces dignamente en conformidad con nuestro privilegio; vivamos como hombres que son, ¡oh!, *las riquezas de la gracia* (Efesios 1:7; 2:7; 3:8).

Y cómo podemos saber con plena certeza que es así, y regocijarnos siempre en la bendita conciencia de todo lo que esto implica. Así como se dijo antes, donde se expuso nuestra bendita relación con Cristo en otro aspecto: "*la cual casa somos nosotros, si hasta el final retenemos firme la confianza y el gloriarnos en la esperanza"* (Hebreos 3:6); de la misma manera, tenemos aquí la respuesta de nuevo: *"hemos sido hechos participantes de Cristo, con tal que conservemos firme hasta el final el principio de nuestra confianza"*. El principio de nuestra confianza debe mantenerse firme. No debemos, como muchos piensan, comenzar con la fe y continuar con las obras (Cf. Gálatas 3:2-3). ¡No!, la confianza con la que comenzamos debe mantenerse firme hasta el final. Debemos ver que cuando somos hechos participantes de Cristo, se nos ha incluido todo (Véase Colosenses 2:10; 4:12), y que como ocurre al principio, así deberá ocurrir hasta el final; de tal manera que podemos seguir recibiéndolo todo de Cristo, únicamente por la fe y según sea nuestra fe. Sin la fe que recibe la fuerza de Cristo (1 Pedro 1:5), nuestras obras no sirven. Dios no obra nada, sino a través de Cristo, y es por medio de la fe que vivimos en nuestras riquezas en Cristo (Efesios 3:8), es mediante ella que Dios puede obrar en nosotros todo lo que hay en Él para nosotros. Es esta fe por la que Dios puede obrar en todas nuestras obras realizadas *por* nosotros y *en* nosotros.

Porque hemos sido hechos — nótese, que no se dice que llegaremos a ser hechos, como algo futuro — sino, *hemos sido hechos participantes de Cristo, con tal que conservemos firme hasta el final el principio de nuestra confianza*. Nuestra perseverancia será el sello de nuestra participación en Cristo[207]. La fe por la

---

[207] Nota del Traductor: Hemos sido hechos participantes de Cristo desde nuestra regeneración; sin embargo, existe una condicionante, no para llegar a ser participantes, pues ya lo somos; sino para disfrutar en plenitud de ese privilegio que nos ha sido conferido por gracia; esa condicionante, es la perseverancia.

cual, en el momento de la conversión, supimos de inmediato que teníamos a Cristo, se vuelve más clara, más brillante, y más poderosamente eficaz en la apertura de los tesoros de Cristo, a medida que la mantenemos firme hasta el final. La fe perseverante es el testimonio de que tenemos a Cristo; porque a través de ella, Cristo ejerce Su poder para guardarnos y perfeccionarnos (Véase 1 Pedro 1:5; Hebreos 11:39-40).

Creyente, ¿quieres disfrutar de la plena seguridad y de la plena experiencia de que eres participante de Cristo? Esta únicamente se encuentra cada día en la comunión viva con Cristo. Cristo es una persona viviente, Él puede ser conocido y disfrutado, sólo en una viva comunión personal. Cristo es mi Líder; debo aferrarme a Él, debo seguirlo en Su conducción (Juan 10:27; Apocalipsis 14:4). Cristo es mi Sumo Sacerdote; debo dejar que me eleve a la presencia de Dios. Cristo es el Hijo vivo de Dios (Mateo 16:16; Juan 6:69), nuestra vida (Colosenses 3:3-4); debo vivirlo (Filipenses 1:21). Yo soy Su casa; sólo puedo conocerlo como Hijo en Su casa, cuando me entrego a Su morada (Juan 14:23).

Pero ello, solo y exclusivamente a través de la fe, nos hacemos participantes de Cristo, *con tal que conservemos firme hasta el final el principio de nuestra confianza.* Comiencen cada día, enfrenten cada dificultad, con la renovación de la confianza que depositó en Jesús cuando vino a Él por primera vez; con un brillo que resplandezca hasta que el día es perfecto

(Proverbios 4:18), sabrán qué bendición tan ilimitada es ser participante de Cristo.

Conclusiones:

1. Cuando Cristo se hizo participante de la naturaleza humana, cuán enteramente se identificó con ella, la manifestó para que todos pudieran verla y conocerla. Ahora, me he hecho participante de Cristo; que me identifique de tal manera con Él; que toda mi vida esté marcada por ello. Que todos vean y sepan que soy participante de Jesucristo.

2. ¿Cómo llegó Cristo a ser participante de nuestra naturaleza? Dejó Su propio estado de vida, abandonó todo y entró en nuestro estado de vida (Filipenses 2:5-11). ¿Cómo llego a ser participante de Cristo? Saliendo de mi estado de vida, abandonándolo todo, entregándome por completo para ser poseído por Él y vivir Su vida (Gálatas 2:20; 1 Juan 4:9; 1 Pedro 2:21).

3. *Con tal que conservemos firme hasta el final el principio.* Cristo mantuvo firme Su entrega para ser Hombre hasta el final, incluso hasta la muerte (Filipenses 2:8). Que pueda mantener mi entrega a Cristo, que viva una vida con Cristo, a cualquier costo.

4. Participar de Cristo y de Su vida. Sus disposiciones como hombre, Su mansedumbre y humildad de corazón (Mateo 11:29); participantes de un Cristo vivo, que vivirá Su vida en mí (Gálatas 2:20).

Capítulo 28: El reposo en Canaán

"¿Pero quienes fueron los que le provocaron, luego de haber oído? ¿No fueron acaso todos los que salieron de Egipto por la mano de Moisés? ¿Y con quienes estuvo Dios enojado por cuarenta años? ¿No fue con los que pecaron, cuyos cuerpos cayeron en el desierto? ¿Y a quiénes juró que no entrarían en Su reposo, sino a aquellos que no obedecieron? Y vemos que no pudieron entrar a causa de su incredulidad" (Hebreos 3:16-19).

En los primeros versículos de la Epístola, vimos que Dios tiene dos dispensaciones, o maneras de tratar con el hombre, y que éstas encuentran su contrapartida en la vida cristiana. Hay creyentes que siempre caminan en la penumbra y en la esclavitud del Antiguo Testamento; hay otros que conocen verdaderamente el gozo y el poder del Nuevo Testamento, y tienen comunión con Dios, no por medio de los profetas, sino verdadera y directamente en el Hijo mismo.

En las palabras que vamos a meditar ahora, tenemos la misma verdad en otro aspecto. El escritor había hablado de Cristo como superior a Moisés. Esto le da la pauta para hablar, en tono de advertencia solemne, sobre el pueblo de Israel cuando salió de Egipto. No todos entraron en Canaán. Hubo una separación entre los que Dios había redimido de Egipto; algunos perecieron en el desierto (Números 14:33; 32:13; Josué 5:6); otros ciertamente entraron y poseyeron la tierra prometida (Véase Números 14:30, 38; 26:65; 32:11-12; Josué

14:6, 13; 15:13). La causa de esta falta de acceso a Canaán fue, según se nos dice, la desobediencia, que surgió de la incredulidad. Cuando Dios les ordenó subir y poseer la tierra, cedieron al miedo (Véase específicamente Números 14:9). No creyeron en la promesa de Dios y fueron desobedientes (Números 13:16 al 14:4). La incredulidad es siempre la causa de la desobediencia; no pudieron entrar a causa de la incredulidad y de la desobediencia (Cf. Números 20:7-12).

La historia tiene un profundo significado espiritual, y enseña una lección de gran solemnidad. En nuestro capítulo ya hemos oído dos veces, que no basta con empezar bien; debemos mantenernos firmes hasta el final. Del pueblo de Israel, leemos: *"Por la fe celebró la Pascua y el derramamiento de la sangre... Por la fe cruzaron el mar Rojo"* (Hebreos 11:28-29). Hubo una fe inicial para salir de Egipto. Pero cuando fueron probados (Cf. Deuteronomio 8:2) para ver *si mantenían firme el principio de su confianza hasta el final*, la gran mayoría fracasó. Su fe fue únicamente por un tiempo: tuvieron fe para salir de Egipto; pero no tuvieron fe para entrar en Canaán.

Entre los hebreos había cristianos que se encontraban en el mismo estado. Habían empezado bien, pero se habían visto obstaculizados. Algunos estaban estancados; otros ya habían retrocedido. Y de la misma manera, hay muchos cristianos en nuestras iglesias que nunca llegan más allá de la fe inicial de la conversión. Dicen que saben que Dios los ha salvado de Egipto, del mundo. Se contentan con la idea de haberse convertido. No hay un deseo sincero, ni un propósito ferviente (Romanos 12:11) de seguir adelante con una vida de santidad (Romanos 6:22), ni están dispuestos a cualquier sacrificio para subir a la tierra prometida de reposo y de victoria.

Cuando Israel estaba a punto de entrar en la tierra de Canaán, Moisés utilizó las palabras: *"y nos sacó de allá, para traernos y darnos la tierra que juró a nuestros padres"* (Deuteronomio 6:23). Es de temer que haya muchos cristianos, que separan lo que Dios ha unido. Prefieren ser sacados de la tierra de esclavitud; pero no están dispuestos a llegar hasta el final con Dios, para entrar en la tierra y vencer a todo enemigo. Desean ser felices al ser liberados de la esclavitud; no anhelan ser santos en una vida de separación y servicio. No escuchan la voz que los llama a entrar en el reposo de Dios, sino que endurecen sus corazones. No fue en Egipto — observemos bien esto —, fue en las fronteras mismas de Canaán donde los hombres que Dios había comenzado a salvar endurecieron sus corazones (Véase Números 13:3). Es entre los cristianos que profesan la conversión, que no sólo han comenzado la vida cristiana, sino que incluso han hecho algún tipo de progreso en ella, en donde se encuentra el endurecimiento del corazón. El llamado a la santidad, el llamado a dejar la vida errante (Números 32:13) y la murmuración (Éxodo 16:7-9, 12;), y entrar en el reposo de Dios, el llamado a la vida de victoria sobre todo enemigo y al servicio de Dios en la tierra de la promesa, no es obedecido. Dicen que es demasiado elevado y demasiado duro. No creen, como Caleb, que somos capaces de tomar *"posesión de ella; porque más podremos nosotros que ellos"*

(Números 13:30); temen el sacrificio y se aferran a la vida carnal; al no escuchar la voz de Dios, su corazón se endurece. Por tanto, *Dios ha jurado que no entrarán en Su reposo*.

No puedo exhortar con demasiada seriedad a cada lector cristiano, a que aprenda bien las dos etapas de la vida cristiana. Están los carnales (1 Corintios 3:1,3,4; 2 Corintios 10:4), y están los espirituales (Gálatas 6:1); están los que siguen siendo bebés (1 Corintios 3:1), y los que son hombres hechos y derechos (1 Corintios 14:20; 16:13). Hay quienes salen de Egipto, pero luego permanecen en el desierto de una vida mundana; hay quienes siguen al Señor plenamente, y entran en la vida de reposo y de victoria. Que cada uno de nosotros averigüe cuál es su posición, y preste atención a las advertencias de Dios, que con todo nuestro corazón presionemos para ir hacia delante hasta el final en el seguimiento de Jesús, buscando ser perfectos y completos *en todo lo que Dios quiere* (Colosenses 4:12).

¿Qué significan todas las advertencias de nuestra Epístola, especialmente las dedicadas a la revelación de la vida celestial y el poder celestial, la salvación completa efectuada por nuestro gran Sumo Sacerdote? Significa esto, que ninguna enseñanza de lo que es Cristo, puede aprovechar, a menos que nuestros corazones estén anhelantes y listos para seguirlo plenamente. La Epístola resumirá todas sus enseñanzas en su llamado a entrar en el Lugar Santísimo (Hebreos 10:19), en el reposo de Dios (Hebreos 4:11). Pero el escritor quiere que primero sintamos profundamente, que no puede haber acceso si no es en el camino de la fe y de la plena obediencia; es solamente con un corazón que esté dispuesto a renunciar a toda su propia voluntad, para seguir a Aquel que llevó la cruz (Juan 19:17), un corazón que no se contente con nada menos, que con todo lo que Dios está dispuesto a dar.

Conclusiones:

1. *No pudieron entrar a causa de su incredulidad.* Tened cuidado, no sea que haya en alguno de vosotros *un corazón malo de incredulidad.* Todo depende de la fe. En cada paso de la enseñanza de nuestra Epístola, que se ejercite la fe. La fe en el Dios que nos habla (Hebreos 1:2); la fe en el Hijo bendito (Romanos 9:5), en el poder divino (2 Pedro 1:3) y en la cercanía omnipresente con que obra, en Su verdadera humanidad y en la vida celestial que perfeccionó para nosotros y que imparte desde el cielo; la fe en el Espíritu Santo que mora en nosotros (2 Timoteo 1:14), y en el poder de Dios que obra en nosotros (1 Pedro 1:5); que la fe sea el hábito de nuestra alma, en cada aliento de nuestra vida.

2. *A causa de la incredulidad de ellos* (Mateo 13:58). Justamente lo que dijo Jesús: *"y les reprochó su incredulidad y dureza de corazón"* (Marcos 16:14); esto, en respuesta a nuestro *¿por qué?* Cultivemos la profunda convicción de que la raíz de toda desobediencia y fracaso, de toda debilidad y problema en la vida espiritual, es la incredulidad. No pensemos que hay algún misterio inexplicable, en el hecho de que nuestras

oraciones no sean escuchadas; es simplemente la incredulidad que no confía en Dios (Santiago 1:6), que no se rinde totalmente a Dios, que no permite que Dios haga lo que Él promete. ¡Que Dios nos salve de la incredulidad!

Capítulo 29: El reposo de la fe

"Temamos, pues, no sea que, quedando aún la promesa de entrar en Su reposo, parezca a alguno de vosotros no haberla alcanzado. Porque también a nosotros se nos han anunciado la buena nueva como a ellos; pero a estos no les[208] aprovechó el oír la palabra, ya que la oyeron sin mezclar[209] con la fe. Sin embargo, los que hemos creído, hemos entrado en el reposo, de la manera que Él dijo: 'Como juré en Mi ira, ¡no entraran en Mi reposo!', pese a que ya habían sido acabadas las obras desde el principio del mundo"

(Hebreos 4:1-3).

Hemos visto que, con Israel, después de su liberación de Egipto, hubo dos etapas. La primera, la vida en el desierto, con sus jornadas (Éxodo 17:1; 40:36, 38; Números 33:1-2) y sus necesidades, su incredulidad y sus murmuraciones, su provocación a Dios y su exclusión del reposo prometido. La otra, la tierra de la promesa, con el reposo en lugar de la peregrinación por el desierto, con la abundancia en lugar de la carencia, y con la victoria sobre todo enemigo en lugar de la derrota. Estos son símbolos de las dos etapas de la vida cristiana. La primera, en la que sólo conocemos al Señor como el Salvador de Egipto (2 Timoteo 1:9), en Su obra de expiación (Hebreos 9:12) y perdón en la cruz (Efesios 1:7). La otra, en la

---

[208] Era.

[209] Nota del Traductor: Es el verbo griego *synkekramenos* [G4786]: unir o mezclar con. Es el mismo verbo que aparece en 1 Corintios 12:24; donde la clásica RVR-1960, lo traduce como: "ordenó"; la NVI, como: "ha dispuesto".

que se le conoce y se le acoge como el glorificado Sacerdote-Rey en el cielo (Salmos 110:4; Hebreos 5:6; 6:20; 7:3, 17, 21), que, en el poder de una vida indestructible (Hebreos 7:16), santifica (Hebreos 2:11) y salva completamente (Hebreos 5:9), escribe las leyes de Dios en el corazón (Hebreos 10:16) y nos lleva a encontrar nuestro hogar en la más santa de las presencias de Dios (Hebreos 10:19-22). El objetivo del escritor en toda esta sección, es advertirnos que no nos conformemos con la primera etapa, la etapa preparatoria; sino que mostremos toda diligencia para alcanzar la segunda, y entrar en el reposo prometido de la liberación completa. *Temamos, pues, no sea que, quedando aún la promesa de entrar en Su reposo, parezca a alguno de vosotros no haberla alcanzado.*

Algunos piensan que el reposo de Canaán es un tipo del cielo. Esto no puede ser así, porque el gran distintivo de la vida en Canaán, fue que la tierra tuvo que ser conquistada por el pueblo de Israel, y que Dios les dio una victoria tan gloriosa sobre sus enemigos (Deuteronomio 7:22-24). La repartición de Canaán fue por la victoria y a través de la victoria (Josué 1:6; 13:6). Y así es en la vida de fe, cuando un alma aprende a confiar en Dios para la victoria sobre el pecado (Romanos 6:13, 19), y se entrega por completo, en cuanto a sus circunstancias y deberes, para vivir justo *donde* y *como* Él quiere, es ahí donde entramos en el reposo prometido. Vivir en la promesa, en la voluntad y en el poder de Dios. Este es el reposo en el que se entra, no por la muerte, sino por la fe; o, mejor dicho, no por la muerte del cuerpo, sino por la muerte al 'yo' en la muerte de Cristo por la fe (Gálatas 2:20). *Porque también a nosotros se nos han anunciado la buena nueva como a ellos; pero a estos no les aprovechó el oír la palabra, ya que la oyeron sin mezclar con la fe*. La única razón por la que no entraron en Canaán fue su incredulidad. La tierra estaba esperando; el reposo estaba previsto; Dios mismo los haría entrar y les daría reposo. Pero ocurrió una sola cosa: no creyeron, y por eso no se entregaron a Dios, para que Él hiciera por ellos lo que había prometido. La incredulidad le cierra el corazón[210] a Dios, sustrae la vida del poder de Dios; en la naturaleza misma de las cosas, la incredulidad hace que la Palabra de la promesa no tenga efecto. *Se nos predica un evangelio de reposo, al igual que a ellos*. Tenemos en las Escrituras las más preciosas certezas de un reposo para el alma que se encuentra bajo el yugo de Jesús (Mateo 11:30), de una paz de Dios que sobrepasa todo entendimiento (Filipenses 4:7;), de una paz y de un gozo en el alma que nada lo puede quitar (Romanos 14:17; 15:13). Pero cuando no se creen, no se pueden disfrutar; la fe es, en su propia naturaleza, un reposo *en la promesa* y *en el que la prometió*, hasta que Él la cumpla en nosotros (Filipenses 1:6). Sólo la fe puede entrar en el reposo. La plenitud de la fe entra en el pleno reposo (Efesios 4:13).

Sin embargo, los que hemos creído, hemos entrado en el reposo. No se nos dice que entraremos. ¡No!, "hoy", *como dice el Espíritu Santo*, "hoy", aquí y ahora, los que hemos creído entramos en el reposo. Es con el reposo de la fe aquí — al igual que con lo que se nos dijo acerca de ser participantes de Cristo — que la bendición se disfruta, *"con tal que conservemos firme hasta el final el principio de nuestra confianza"* (Hebreos 3:14). La fe

---

[210] Nota del Traductor: Es decir, nuestro corazón.

inicial, que sale de Egipto a través del Mar Rojo, debe mantenerse firme, para luego llegar a la plenitud de la fe, que pasa por el Jordán hacia la tierra prometida.

Que todo estudiante de esta Epístola se dé cuenta de lo intensamente personal que es su tono, y de la urgencia con que apela a nuestra fe, como lo único necesario en nuestro trato con la Palabra de Dios. Sin esto (Hebreos 11:6), la Palabra no puede beneficiarnos. Podemos intentar, mediante el pensamiento y el estudio, entrar en el significado de la promesa; Dios ha jurado que nunca entraremos en Su posesión, ni en Su reposo, sino es por la fe. Lo único que Dios pide en nuestra comunión con Él y con Su palabra, es el hábito de la fe; que siempre mantengamos el corazón abierto hacia Dios, y anhelemos entrar y permanecer en Su reposo. Es el alma que tiene sed de Dios, del Dios vivo (Salmos 42:1-2; Jeremías 10:10), la que tendrá la capacidad espiritual de recibir la revelación de cómo Jesús, nuestro Sumo Sacerdote, nos lleva a la presencia de Dios. Lo que se nos va a enseñar más adelante sobre nuestra entrada en el Lugar Santísimo (Hebreos 10:19), no es más que un desarrollo más claro, de lo que aquí se llama entrar en el reposo (Hebreos 4:9-11). Al estudiar la Epístola por encima de todo, tengamos fe.

¿Quieres entrar en el reposo? Recuerda lo que se nos ha enseñado acerca de las dos etapas de la vida cristiana. Están representadas por Moisés y por Josué. Moisés, el líder (Cf. Hebreos 2:10); Josué, el perfeccionador o completador de la fe de Israel (Cf. Hebreos 12:2). Moisés sacó al pueblo de Egipto; Josué lo introdujo en la tierra prometida. Acepta a Jesús como tu Josué. No permitas que el fracaso, el vagar errante y el pecado del pasado, te hagan desesperar o conformarte con lo que eres. Confía en Jesús que, mediante la aspersión de la sangre (Hebreos 10:22), te sacó de Egipto (Éxodo 12:7, 22-23; Hebreos 11:28-29), para llevarte de manera definitiva al reposo prometido (2 Tesalonicenses 1:11). La fe es siempre un reposo en lo que otro hará por mí. La fe deja de buscar ayuda en sí misma o en sus esfuerzos, de preocuparse por su necesidad o su debilidad; reposa en la suficiencia de Aquel que todo lo ha hecho. Confía en Jesús. Deja y abandona el desierto. Síguelo plenamente, Él es el Reposo.

Conclusiones:

1. Que nadie se imagine que esta vida en el reposo de la fe, es algo que está destinado sólo a unos pocos favorecidos. No puedo insistir demasiado en ello a cada lector: Dios te llama — ¡Sí, a ti! — a entrar en el reposo. Te llama a una vida de entera consagración. Si te contentas con la idea de haberte convertido, este puede ser un riesgo para tu alma; con Israel, puedes perecer en el desierto. *"Como juré en Mi ira, ¡no entraran en Mi reposo!"*.

2. Si Dios es en verdad la fuente de toda bondad y bendición, se deduce por tanto, que cuanto más cerca estemos de Él, y cuanto más tengamos de Él, más profundo y pleno será nuestro gozo. El alma que no está dispuesta a ceder a toda

costa a Cristo, cuando nos ofrece llevarnos al reposo de Dios, ¿no tiene razones para temer que toda su religión sea simplemente el egoísmo que busca escapar del castigo, y que se contenta con lo poco de Dios aquí, que puede ser suficiente para asegurar el cielo en el futuro?

Capítulo 30: El reposo de Dios

"Porque en cierto lugar dijo así del séptimo día: 'Y reposó Dios de todas Sus obras en el séptimo día'. Y otra vez aquí: '¡No entraran en Mi reposo!'. Así que, puesto que resta que algunos que entren en él, y aquellos a quienes primero fue anunciada la buena nueva no entraron por causa de la desobediencia, se determina otra vez un día, el 'hoy'. El cual fue dicho un tiempo después por medio de David, de la misma manera en que fue dicho antes: 'Si oyereis hoy Su voz, no endurezcáis vuestros corazones'. Porque si Josué les hubiera dado el reposo, no se nos hablaría después de otro día" (Hebreos 4:4-8).

Hablamos, con base en la Escritura, acerca del reposo de la fe. Pero la fe, sin embargo, sólo da reposo porque descansa en Dios; reposa porque permite que Dios lo haga todo; pero el reposo está en Dios mismo. Es en Su propio reposo divino en el que entramos por la fe. Cuando el Espíritu Santo dice: "*Mi reposo*" (Hebreos 3:11; 4:3, 5), "*Su reposo*" (Hebreos 3:18; 4:1, 10), "*Dios reposó*" (Hebreos 4:4), nos enseña que es el propio reposo de Dios en el que entramos y del que participamos. Es cuando la fe ve que la criatura estaba destinada a encontrar su reposo, en ningún otro lugar que no fuera el Creador, y que, en la entrega absoluta a Él, a Su voluntad y a Su obra, puede tener un reposo perfecto; es solo en ese instante, que se atreve a arrojarse en los brazos de Dios, sin tener cuidado alguno. Ve que Dios, la causa de todo movimiento y cambio, es Él mismo el Inamovible e Inmutable, y que Su bendito reposo nunca puede ser perturbado, por lo que se haga, ni por Él, ni por otros. Al escuchar la oferta de amor, abandona todo para encontrar su morada en Dios y en Su amor. La fe ve lo que es el reposo de Dios; la fe cree que puede venir y participar en él; la fe entra y descansa, se entrega a Jesús para que la guíe y la haga participante. Porque honra a Dios y lo considera todo, Dios la honra; Él abre la puerta, y el alma es llevada a reposar en Él.

Esta fe es la fe en Jesús. Es la comprensión de Su obra consumada, la salvación completa que Él otorga, la perfección que se realizó personalmente en Él, y de la cual participamos como participantes de Cristo. El vínculo entre la finalización de una obra y el reposo que le sigue, se ve claramente en lo que se dice acerca de la creación. Dios reposó en el séptimo día de todas Sus obras (Génesis 2:2-3). *"Porque el que ha entrado en Su reposo, también ha reposado de sus obras, como Dios de las Suyas"* (Hebreos 4:10). El reposo de Dios fue su alegre complacencia en lo que había terminado en la creación, el comienzo de Su bendita obra de providencia para cuidar y llevar a la perfección, lo que había forjado. Y así, es la obra consumada de Jesús, la que siempre se presenta ante nosotros en esta Epístola como el fundamento de nuestra fe, como el llamado para que nos acerquemos en plenitud de fe (Hebreos 10:22), entremos y reposemos (Hebreos 10:19). Porque Cristo ha quitado el pecado (Hebreos 9:26), ha rasgado el velo (Mateo 27:51; Marcos 15:38; Lucas 23:45; Hebreos 10:20) y se ha sentado a la diestra del trono de la Majestad (Hebreos 1:3, 13; 8:1; 10:12; 12:2), porque todo está consumado (Juan 19:30) y perfeccionado (Hebreos 6:1; 7:11), y hemos recibido el Espíritu Santo del cielo (1 Pedro 1:12) en nuestros corazones (Romanos 5:5) para hacernos participantes de ese Cristo glorificado (Juan

7:39; Romanos 8:9-10); por todas estas razones, podemos con toda confianza, con toda firmeza (Hebreos 3:6, 14), reposar en Él, para mantener y perfeccionar Su obra en nosotros (Filipenses 1:6). Y, reposando en Él, Él se convierte en nuestro Josué, perfeccionando nuestra fe (Hebreos 12:2), trayéndonos y dándonos un hogar en el reposo de Dios con Él mismo, para no salir para siempre jamás más.

Y si quieres saber por qué tan pocos cristianos disfrutan de este reposo, es porque no conocen a Jesús como su Josué. Más adelante veremos, cómo Aarón era únicamente un tipo de Cristo en Su obra en la tierra. Melquisedec, por el contrario, fue un tipo de Su obra en el cielo, en el poder y el gozo de la vida celestial. Moisés y Aarón son la sombra del comienzo de la obra de Cristo, de Su obra en la tierra; *Melquisedec y Josué son la sombra de Su obra en el cielo.* Esto nos muestran claramente cómo en la realidad, al igual que en el tipo que Dios ordenó, hay dos etapas en el conocimiento y en la experiencia cristiana. Toda la debilidad de nuestra vida cristiana se debe a una cosa: no conocemos a Jesús en el cielo; no sabemos que Jesús ha entrado en el cielo por nosotros (Hebreos 6:20; 9:12, 24), y que esto nos asegura la confianza y el poder para entrar en un estado de vida celestial; que Él se sienta allí en el trono como nuestro Sumo Sacerdote en poder, manteniendo en nosotros su propia vida celestial; manteniéndonos en comunión personal con el Padre viviente, para que en Él, entremos también en el reposo de Dios. Es debido a que no conocemos a Jesús en Su vida celestial y en Su poder celestial, que nuestra vida es débil; si aprendemos a conocerlo como se revela en esta Epístola, como nuestro Josué celestial, el cual nos lleva a nosotros y a nuestro ser íntimo al reposo de Dios; entonces, no podremos hacer nada más que entrar en ese reposo. Cuando Josué iba delante, el pueblo le seguía inmediatamente en comunión con él (Deuteronomio 3:28; 31:3; Josué 8:10). Entrar en el reposo de Dios es una experiencia personal y práctica del alma que recibe la Palabra en una fe viva; porque en ella[211], recibe a Jesús en el trono.

Hagamos lo que hizo Israel al cruzar el Jordán; permitieron que Josué los hiciera entrar; lo siguieron. Sigamos a Jesús en el camino que Él recorrió. En el cielo, la voluntad de Dios lo es todo (Mateo 6:10; Lucas 11:2). En la tierra, Jesús hizo que esa voluntad lo fuera todo (Juan 6:38). Vivió en la voluntad de Dios (Juan 4:34), en el sufrimiento y en el hacer (Juan 8:29), en el encuentro con la prueba, en la espera de la guía del Padre (Mateo 26:31), en la entrega de todo a ella, demostró que la voluntad de Dios era Su camino. Síguelo (1 Pedro 2:21). Ríndete, en la muerte al 'yo' (Gálatas 2:20), a la voluntad de Dios (Véase Hebreos 10:36); ten fe en Jesús en el trono (Apocalipsis 3:21), como tu Cabeza (Efesios 4:15) y como tu vida (Colosenses 3:3-4), Él te ha traído al reposo, y Él lo hará realidad en tu experiencia; confía en Jesús, como participante de Su naturaleza y de Su vida (2 Pedro 1:4; 1 Juan 5:11-12), para obrar todo lo que el Padre busca en ti; y conocerás lo bendito que es entrar en el reposo de Dios.

Conclusiones:

---

[211] Nota del Traductor: Es decir, en la fe.

1. El reposo profundo, incluso en medio de la actividad exterior, es una de las características y ayudas más hermosas de la vida de fe. Cultiva esa santa quietud, que busca permanecer en la presencia de Dios, y que no cede demasiado a las cosas de su alrededor.

2. Este reposo es el reposo de Dios; se encuentra en Su comunión. Piensa en todo lo que ve, en todo lo que siente y tiene que soportar; piensa en la paz divina y en la paciencia divina, con las que guía todo; y aprende a ser paciente y confiado, y a descansar en Él (Mateo 11:28). Cree en Él, como el único Dios que obra todo en todos (1 Corintios 15:28), y obra en ti lo que es agradable a Sus ojos (Cantares 8:10; Isaías 59:15; Hebreos 13:21), y tendrás un perfecto descanso al dejar que Él lo haga todo *por* ti y *en* ti.

3. Dios es un Ser sobrenatural e incomprensible; debemos aprender a conocerlo de una manera que está por encima de la razón y de todo sentido. De ese modo es la adoración de la fe, y la profunda humildad de la obediencia. A través de ellas el Espíritu Santo obrará la obra de Dios en nosotros.

4. Toda entrada significa una salida del lugar en el que estábamos antes. Abandona todo, y sigue a Jesús a la presencia de Dios.

5. ¡Oh, alma mía, escucha esta palabra del gran Dios, y deja que Su inefable amor te atraiga!: *"Hoy, entra en Mi reposo"*.

Capítulo 31: El reposo de las obras

"Por tanto, queda aún un reposo para el pueblo de Dios. Porque el que ha entrado en Su reposo, también ha reposado de sus obras, como Dios de las Suyas" (Hebreos 4:9-10).

Por tanto, queda aún un reposo sabático *para el pueblo de Dios.* Tomado en relación con lo que precede sobre el séptimo día o sábado, el reposo se llama aquí sabatismo o reposo sabático. Se habla de un reposo, con referencia al reposo en Canaán. Aquél no era más que una sombra y un símbolo; el verdadero reposo sabático permanecía, esperando su tiempo, hasta que Cristo, el verdadero Josué, viniera y nos lo abriera entrando en él.

En el versículo 10, tenemos ahí otra prueba de que el reposo no se refiere al cielo. Qué innecesario sería en ese caso decir acerca de los que han muerto: *"Porque el que ha entrado en Su reposo, también ha reposado de sus obras, como Dios de las Suyas"* (Véase Apocalipsis 14:13).

La observación no tendría sentido. Pero cuanto valor tiene en relación con el reposo de la fe en esta vida, señalándonos cuál es el gran secreto de esta entrada en el reposo: es el cese de las obras, como Dios hizo con las Suyas.

En Dios vemos, por así decirlo, dos etapas distintas en Su relación con Su obra. La primera fue la de la creación, hasta que terminó toda la obra que creó e hizo (Génesis 1:3-31). La segunda, Su reposo cuando la creación estaba terminada, y se regocijaba en lo que había hecho, para comenzar ahora la obra superior de vigilar el desarrollo de la vida que había confiado a la criatura, y asegurar su santificación y perfección (Génesis 2:1-3, 7-19). Se trata de un descanso del trabajo que ya ha finalizado, para que a partir de ahora se lleve a cabo un trabajo más elevado. También hay dos etapas en la vida cristiana. La primera, en la que, después de la conversión, el creyente busca obrar *lo que Dios quiere que haga*. La segunda, en la que, después de muchos y dolorosos fracasos, deja *de hacer sus obras y entra en el reposo de Dios*, para encontrar el poder de obrar al permitir que Dios obre en él.

Es este reposo de su propio trabajo, lo que muchos cristianos no pueden entender. Piensan que es un estado de disfrute pasivo y egoísta, de contemplación tranquila que lleva a descuidar los deberes de la vida, y que no es apto para la vigilancia y para la guerra a la que llama la Escritura. Qué mala interpretación del llamado de Dios al reposo. Como Todopoderoso (Génesis 17:1; Apocalipsis 1:8), Dios es la única fuente de poder; en la naturaleza Él lo hace todo; en la gracia espera obrarlo todo también, si el hombre lo consiente y lo permite. Reposar en Dios es, en verdad, entregarse a la actividad más elevada. Trabajamos, porque Él obra en nosotros el querer como el hacer (Filipenses 2:13). Como dice Pablo de sí mismo: *"Por esto mismo yo trabajo, esforzándome según Su potencia que obra poderosamente en mí"* (Colosenses

1:29) (Lit.: "agonizando según Su energía que dinamiza en mí con fuerza"). Entrar en el reposo de Dios es dejar de esforzarse y entregarse con plena fe a la obra de Dios.

Cuántos cristianos hay que no necesitan más que comprender correctamente esta palabra. Su vida es un esfuerzo ferviente y una lucha incesante. Anhelan hacer la voluntad de Dios y vivir para Su gloria. Pero su experiencia más frecuente es el fracaso continuo y la amarga decepción. Muy a menudo, como resultado, se entregan a un sentimiento de desesperanza: nunca será de otra manera. La suya es verdaderamente la vida del desierto: no han entrado en el reposo de Dios. Ojalá que Dios les abra los ojos y les muestre a Jesús como nuestro Josué, que ha entrado en la presencia de Dios (Hebreos 6:20; 9:12, 24), que se sienta en el trono como Sumo Sacerdote (Hebreos 1:3; 8:1; 10:12), llevándonos en unión viva con Él a ese lugar de reposo y de amor; y, por Su Espíritu dentro de nosotros, hace que esa vida del cielo sea una realidad y una experiencia.

Porque el que ha entrado en Su reposo, también ha reposado de sus obras, como Dios de las Suyas. ¿Y cómo reposa uno y deja de hacer sus obras? Es la vieja vida del 'yo' la que siempre insiste en demostrar su bondad y su fuerza, y se empeña en hacer las obras de Dios. Sólo en la muerte descansamos de nuestras obras (Romanos 6:2, 7; Colosenses 2:20; 3:3). Jesús entró en Su reposo a través de la muerte; cada uno de los que Él conduce a él debe pasar por la muerte. "*Así también vosotros consideraos muertos al pecado, pero vivos para Dios en Cristo Jesús, Señor nuestro"* (Romanos 6:11). Cree que la muerte de Cristo es un hecho consumado, que todo lo que significa y ha efectuado, está obrando en ti con todo Su poder. Estás muerto *con Él y en Él* (Romanos 6:4). Acepta esto, y deja de hacer obras muertas (Hebreos 6:1; 9:14). *"Bienaventurados de aquí en adelante los muertos que mueren en el Señor. Sí, dice el Espíritu, descansarán de sus trabajos"* (Apocalipsis 14:13). Esto es tan cierto de la muerte espiritual con Cristo, como de la muerte en el cuerpo. Para la naturaleza pecaminosa no hay descanso del trabajo, sino a través de la muerte. *Porque el que ha entrado en Su reposo, también ha reposado de sus obras.*

El cese de nuestras obras y la entrada en el reposo de Dios van juntos. Lee el primer capítulo del libro de Josué, y escucha las palabras de fortaleza y de ánimo de parte de Dios para todos los que quieren entrar en Su reposo. Cambia la vida en el desierto en tus propias obras, por la vida de reposo en la que Dios obra. No temas creer que Jesús vino para darnos el reposo prometido, y que Él mismo es el reposo para ti.

Conclusiones:

1. *"No 'yo', sino Cristo"* (Gálatas 2:20). Este es el reposo de la fe en el que el hombre descansa de sus obras. Para el inconverso es: *"No Cristo, sino 'yo'"*. Para el cristiano débil y perezoso es: *"'yo' y Cristo"*, 'yo' primero, y Cristo después para suplir lo

que falta. Con el aumento de la seriedad de la vida cristiana, se torna en: "*Cristo y 'yo'*", Cristo primero, pero 'yo' después. Con el hombre que muere con Cristo es: "*No 'yo', sino Cristo*" (Gálatas 2:20): Cristo solo y Cristo todo. Ha dejado de hacer su obra: Cristo vive en él. Este es el reposo de la fe.

2. Dios dice de Su morada en medio de Su pueblo: "*Este es para siempre el lugar de Mi reposo; aquí habitaré, porque la he querido*" (Salmos 132:14). No temáis decir esto también. El reposo de Dios es el descanso de Dios en Su deleite y placer en la obra de Su Hijo, en Su amor a Jesús y a todos los que le pertenecen. El reposo de Dios es el descanso de Jesús en Su obra consumada, sentado en el trono, reposando en el amor del Padre. El reposo de Dios es el descanso de nuestra fe y amor en Jesús, en Dios, en Su amor.

Capítulo 32: Procurar diligentemente entrar en el reposo

"Por tanto, procuremos diligentemente entrar en aquel reposo; para que ninguno caiga en semejante ejemplo de desobediencia"
(Hebreos 4:11).

Nuestra Epístola es intensamente práctica. Cómo nos detiene y nos retiene con la esperanza de persuadirnos, de que no nos contentemos con el conocimiento o la admiración de su enseñanza, sino que escuchemos de forma personal el mensaje que trae de Dios por medio del Espíritu Santo, para que en verdad hagamos lo que Dios quiere que hagamos: entrar en Su reposo. Demos ser diligentes para entrar en ese reposo.

Procuremos diligentemente[212]. La palabra significa: Apresúrate, sé serio, pon todo tu corazón en ello, asegúrate de hacerlo; entra en el reposo. Que ningún hombre *caiga en semejante ejemplo de desobediencia*. El peligro es inminente; la pérdida será terrible. Dios ha jurado en Su ira, que a menos que escuchemos y obedezcamos, no entraremos en Su reposo (Hebreos 3:11; 4:3). Pongamos empeño en entrar. Toda la maravillosa enseñanza que la Epístola contiene más adelante, en cuanto al Lugar Santísimo que está abierto para nosotros como el lugar donde Dios quiere recibirnos en Su reposo y

---

[212] Nota del Traductor: Se trata del verbo griego *spoudasómen* [G4704]: Hacer todo lo posible por, procurar activamente, esmerarse diligentemente.

vivir, en cuanto al gran Sumo Sacerdote que ha abierto el camino y ha entrado, y vive como nuestro Josué para hacernos entrar, no nos servirá de nada, a menos que haya el deseo ferviente, la disposición voluntaria, la firme resolución de entrar. Sólo esta disposición puede capacitar espiritualmente a un hombre para comprender los misterios celestiales que la Epístola abre.

Y ciertamente no debería ser necesario insistir en los motivos que deben impulsarnos a la obediencia. ¿No debería ser suficiente el único motivo? El privilegio indecible que Dios me ofrece al abrirme la entrada a Su propio reposo. No hay palabras que puedan expresar la inconcebible grandeza de este don. Dios me habla en Su Hijo (Hebreos 1:2), como alguien que ha sido creado a Su imagen y semejanza (Génesis 1:26), capaz de tener comunión Consigo Mismo; como alguien a quien ha redimido del horrible cautiverio del pecado y de la muerte (Romanos 8:2), porque anhela que yo viva con Él en Su amor. Como alguien a quien Él ha hecho posible vivir la vida exterior en la carne, con la vida interior en Cristo, elevado y guardado a salvo en el Lugar Santísimo, en el propio reposo de Dios, ¡oh!, ¿puede ser que alguien crea esto y no responda a tal llamado? ¡No!, que cada corazón diga: "Bendito sea Dios, en este reposo entraré, ahí moraré".

Estamos tan acostumbrados a la vida en el desierto, de tropezar y de pecar, hemos aprendido a tomar las palabras que Dios dice de esa vida: "Siempre andan vagando en su corazón, y no han conocido Mis caminos" (Hebreos 3:10), como una descripción de lo que debe ser la experiencia cristiana diaria, que apenas consideramos una posibilidad práctica entrar en el reposo. E incluso cuando el deseo se ha despertado, el camino parece tan oscuro y desconocido. Permítanme, por el bien de los mismos, recoger una vez más lo que se ha dicho en cuanto al modo de entrar; puede ser que Dios, por Su gran misericordia, ayude a algunos a dar el paso. Las instrucciones deben ser muy sencillas.

Primero, asiéntalo en tu mente, cree con todo tu corazón que existe tal reposo, y que es "hoy". Es el reposo de Dios, en el que Él vive; en el que Jesús, como tu Josué, ha entrado. Es tu reposo, preparado para ti; tu tierra prometida; es el estado de vida espiritual que es tan tuyo, como lo es Jesús; es al que Jesús te llevará, y donde te guardará. Es el reposo en el que puedes vivir cada hora, libre de preocupaciones y ansiedades, libre del cansancio y del caminar errante, es donde siempre puedes estar descansando, en el reposo que confía en Dios para todo. Cree en esto.

Entonces deja de hacer tus propias obras. No como si tuvieras que lograr esto de manera perfecta, antes de entrar en el reposo de Dios. ¡No!, más bien consientan, cedan, estén dispuestos a que toda obra propia llegue a su fin. Deja de actuar por ti mismo. Donde hay vida hay acción; la vida propia tratará de obrar, a menos que abandones el 'yo' en la muerte de Cristo; recuerda que con Él has sido sepultado

(Romanos 6:6; Gálatas 5:24), en Él vives (Hechos 17:28). Como dijo Cristo: *"Porque todo el que quiera salvar su vida, la perderá; y todo el que pierda su vida por causa de Mí, la hallará"* (Mateo 16:25; Marcos 8:35; Lucas 9:24; 17:33). Deja tus propias obras, e inclínate con profunda humildad e impotencia de todo bien, como nada ante Dios.

Confía en Jesús como tu Josué, que te hace entrar, incluso ahora mismo. Israel simplemente tuvo que confiar, obedecer y seguir a Josué. Pon tu corazón en Aquel que ha entrado en los cielos para presentarse ante Dios por nosotros. Reclama a Jesús como tuyo, no sólo en Su cruz, en Su muerte y en Su resurrección; sino sobre todo en Su celestialidad, en Su posesión del resto del cielo. Reclámalo y déjalo que haga Su bendita obra en ti. No es necesario que lo entiendas todo. Tus sentimientos pueden no ser los que desearías. Confía en Él, que lo ha hecho todo por ti en la tierra y en el cielo, para que lo haga también en tu corazón.

Y entonces, sé un seguidor de los que por la fe y la paciencia han heredado las promesas (Hebreos 6:12). Israel pasó en un día por el Jordán hacia Canaán (Josué capítulo 3), pero no llegó en un día al reposo perfecto. Al final de la vida de Josué leemos: *"Y el Señor les dio reposo alrededor"* (Josué 21:44). Entrad hoy en el reposo. Aunque no todo sea brillante de inmediato, mira a Jesús (Hebreos 12:2), tu Josué, y deja todo en Sus manos. Sal de ti mismo y vive en Él. Reposa en Dios, pase lo que pase. Piensa en Su Reposo, y en Jesús que ha entrado en él en tu nombre, y desde él, te llena con Su Espíritu, no temas. "Hoy", si oyes Su voz, entra.

Conclusiones:

1. Jesús dijo: *"Llevad Mi yugo sobre vosotros, y aprended de Mí, que Soy manso y humilde de corazón; y hallaréis descanso para vuestras almas"* (Mateo 11:29); fue a través de la mansedumbre y de la humildad de corazón, que Jesús encontró Su reposo en Dios; Permitió que Dios lo fuera todo, confió en Dios para todo; el reposo de Dios era Su morada. Él nos invita a compartir Su reposo, y nos dice el secreto: en la mansedumbre y en la humildad de Jesús está el camino al reposo.

2. Israel no entró en Canaán. ¿Por qué? Se dice dos veces que fue por causa de la desobediencia, y tres veces que fue por la incredulidad. Las dos cosas van siempre juntas. Entrégate en todo para obedecer. Esto te fortalecerá para confiar en todo lo que Él ha prometido hacer.

3. El descanso incluye la victoria: *"Por tanto, cuando Jehová tu Dios te dé descanso de todos tus enemigos alrededor, en la tierra que Jehová tu Dios te da por heredad para que la poseas, borrarás la memoria de Amalec de debajo del cielo; no lo olvides"* (Deuteronomio 25:9). *"Y Jehová les dio reposo alrededor, conforme a todo lo que había jurado a sus padres; y ninguno de todos sus enemigos pudo hacerles frente, porque Jehová entregó en sus manos a todos sus enemigos"* (Josué 21:44).

Capítulo 33: La palabra de Dios que escudriña el corazón

"Porque la palabra[213] *de Dios es viva y eficaz, y más cortante que cualquier espada de dos filos: y penetra hasta partir el alma y el espíritu, las coyunturas y los tuétanos, y discierne los pensamientos y las intenciones del corazón. Y no hay cosa creada que no sea manifiesta en Su presencia; antes bien, todas las cosas están desnudas y puestas en evidencia ante los ojos de Aquel a quien tenemos que dar cuenta"* (Hebreos 4:12-13).

Han sido palabras muy serias, con las que el escritor ha estado advirtiendo a los hebreos contra la desobediencia y contra la incredulidad, de haberse endurecido el corazón y de haberse apartado de Dios, y de no haber alcanzado el reposo prometido. Las solemnes palabras del juramento de Dios en el Salmo 95: *"Por tanto, juré en Mi ira: ¡no entrarán en Mi reposo!"*, se han repetido más de una vez para exhortar a todos, a que procuren diligentemente, que ningún hombre caiga en semejante ejemplo de incredulidad. El escrito está a punto de cerrar su advertencia. Lo hace recordándoles el poder de la Palabra de Dios como la Palabra del Omnisciente, *de Aquel a quien tenemos que dar cuenta, ante cuyos ojos,* todas las cosas, incluyendo nuestros corazones y nuestras vidas, están desnudas y puestas en evidencia. Que cada estudiante de esta Epístola, haga una aplicación muy personal de estas palabras. Llevemos a nuestro corazón el juramento de Dios sobre Su

---

[213] Nota del Traductor: Es el nombre griego *logos* [G3056]: la palabra escrita.

reposo, y el mandato de obrar diligentemente para poder entrar en él, y digamos: "¡Sí!, realmente hemos entrado". Y si no es así, dejémonos llevar aún más por la Palabra, para que nos escudriñe y nos pruebe: sin duda, hará Su bendita obra en nosotros (Isaías 55:11), y nos preparará para seguir con provecho, las demás enseñanzas relativas a nuestro Señor Jesús en esta Epístola.

Porque la palabra de Dios es viva y eficaz. A veces puede parecer que la Palabra hace muy poco efecto. La palabra es como la semilla (Lucas 8:11); todo depende del trato que reciba. Algunos reciben la Palabra con el entendimiento; allí no puede ser vivificada. La Palabra está destinada al corazón (Véase Mateo 13:19; Lucas 8:12, 15; Romanos 10:8), a la voluntad, y a los sentimientos. La Palabra debe ser sometida, debe ser vivida, debe ser actuada. Cuando esto se haga, manifestará su poder vivo y vivificador. No somos nosotros los que tenemos que hacer viva la Palabra. Cuando, con fe en la vida y el poder que hay en la Palabra, el corazón se somete con humilde sumisión y con un honesto deseo a su acción, demostrará que es vida y poder.

Y más cortante que cualquier espada de dos filos: y penetra hasta partir el alma y el espíritu, las coyunturas y los tuétanos. La primera acción de la Palabra de Dios es herir, cortar, dividir. En el alma tiene su sede la vida natural; en el espíritu, la vida espiritual y divina. El pecado ha traído la confusión y el desorden; *el espíritu está bajo el dominio del alma, de la vida natural*. La Palabra de Dios divide y separa; despierta el espíritu[214] (Cf. Efesios 2:1) al sentido de su destino, como la facultad para lo invisible y lo eterno (Cf. Romanos 8:10); trae el alma a un conocimiento de sí misma, como cautiva del poder del pecado. Corta profundamente y con toda seguridad, descubriendo la profunda corrupción del pecado. Como el cuchillo del cirujano que busca curar, atraviesa hasta la división de las articulaciones y de la médula, donde es necesario; así la Palabra, penetra todo; no hay parte del ser interior a la que no traspase.

Y discierne los pensamientos y las intenciones del corazón. Es especialmente con el corazón que la Palabra de Dios trata. En el capítulo 3 de esta Epístola, leímos sobre *el corazón endurecido* (Hebreos 3:13), *el corazón malo de incredulidad* (Hebreos 3:12), *el corazón descarriado* (Hebreos 3:10; NVI). Cuando la palabra "corazón" aparezca más adelante en la Epístola, notaremos que todo ha cambiado; leeremos acerca de *un corazón en el que está escrita la ley de Dios* (Hebreos 8:10; 10:16), de *un corazón sincero* (Hebreos 10:22), *un corazón rociado con la sangre* (Hebreos 10:22), y *un corazón afirmado en la gracia* (Hebreos 13:9). Tenemos aquí la transición de lo uno hacia lo otro. El llamamiento de Dios fue: *"Hoy, si oyereis hoy Su voz, no endurezcáis vuestros corazones"* (Hebreos 4:7). El corazón que se someta a ser escudriñado por la Palabra de Dios, para que sus pensamientos e intenciones secretas sean discernidos y juzgados por ella, será liberado de su error e incredulidad,

---

[214] Nota del Traductor: Es decir, el espíritu humano, amortecido en su función por causa del pecado.

vivificado y limpiado, y convertido en una tabla viviente (2 Corintios 3:3) en la que la Palabra está escrita por Dios mismo. ¡Oh!, cuán necesario es saber, pero también cuán bendito es, someter nuestros corazones al juicio de la Palabra. *Y no hay cosa creada que no sea manifiesta en Su presencia.* La Palabra de Dios lleva el carácter de Dios mismo. Él es el que todo lo sabe y Él que todo lo penetra: nada puede esconderse del juicio de Su Palabra. Si no queremos que nos juzgue ahora, nos condenará después (Véase Juan 12:48). *Antes bien, todas las cosas están desnudas y puestas en evidencia ante los ojos de Aquel a quien tenemos que dar cuenta.* ¡Sí!, el Dios a quien tenemos que dar cuenta, es Aquel de quien leemos más adelante: "*¡Horrenda cosa es caer en manos del Dios vivo!*" (Hebreos 10:31). Y también: "*porque nuestro Dios es fuego consumidor*" (Hebreos 12:29). Es este Dios, quien ahora nos suplica que entremos en Su reposo.

Que cada uno de nosotros se rinda gustosamente a tener que dar cuentas con Él. Si acaso hay una conciencia secreta de que no todo está bien (Cf. Romanos 9:1), de que no le estamos dando diligencia a entrar en el reposo, ¡oh!, cuidémonos con dejar de lado tales pensamientos. Esta es la primera hinchazón de la semilla viviente, de la Palabra dentro de nosotros. No consideres que ese pensamiento viene de ti mismo, o del hombre que te trae la Palabra de Dios; es Dios despertándote del sueño. Tienes que dar cuentas con Él acerca de ello. Debes estar dispuesto a que la Palabra te muestre lo que está mal. No temas que la Palabra descubra tu pecado y tu miseria. El cuchillo del médico hiere para curar. La luz que te muestra tu pecado y tu maldad, seguramente te sacará de ahí. La Palabra es viva y te dará vida.

Conclusiones:

1. Dios nos ha hablado en Su Hijo (Hebreos 1:2). Esta es la nota clave de la Epístola. "Hoy", si oís Su voz, no endurezcáis vuestro corazón (Hebreos 3:8, 15; 4:7): ésta es la nota clave, de esta larga y solemne advertencia. Escuchemos, cedamos a la Palabra. Como tratamos con la Palabra, así tratamos con Dios. Y así tratará Dios con nosotros.

2. Juzga tu vida no por lo que dice tu corazón, o la Iglesia, o el llamado mundo cristiano; sino por lo que dice la Palabra. Déjala que se salga con la suya; te bendecirá en gran medida.

3. *Todas las cosas están desnudas y puestas en evidencia ante los ojos de Aquel a quien tenemos que dar cuenta.* ¿Por qué entonces, por indiferencia o desánimo, cierras los ojos ante ellas? ¡Oh!, pon todo al descubierto ante Dios, el Dios ante quien tenemos que dar cuentas, queramos o no.

4. *La Palabra es viva y eficaz.* Ten mucha fe en su poder. Tened la certeza de que el Espíritu Santo, que la Palabra viva, que Dios mismo, actúan en ella. La Palabra apunta siempre al Dios vivo, que está presente en ella, y la convierte en la Palabra viva, en el corazón que busca la vida (Romanos 6:22) y que busca a Dios (Salmos 69:32).

CUARTA SECCIÓN — Hebreos 4:14 al 5:10

Jesús nuestro Sumo Sacerdote superior a Aarón

Capítulo 34: Un Gran Sumo Sacerdote

"Por tanto, teniendo un gran Sumo Sacerdote, que traspasó los cielos, a Jesús el Hijo de Dios, retengamos nuestra profesión"
(Hebreos 4:14).

Después de su paréntesis, que constituye la advertencia a los hebreos a no endurecer sus corazones por la incredulidad, como sus padres lo hicieron con Moisés; nuestro escritor vuelve a su argumento inicial. Ya había utilizado dos veces las palabras "Sumo Sacerdote" (Hebreos 2:17; 3:1), y está preparando el camino para lo que es el gran propósito de la Epístola: la exposición acerca del Sacerdocio Celestial del Señor Jesús, y la obra que ha realizado por nosotros (Hebreos 7:1-10:18). En esta sección (Hebreos 4:14 – 5:10), da primero las características generales de ese sacerdocio, tal como fue tipificado por Aarón, y exhibido en la vida de nuestro Señor aquí en la tierra. En los capítulos 1 y 2, había puesto los cimientos de su estructura, en la divinidad y en la humanidad de nuestro Salvador; aquí, habla primero de Él en Su grandeza como Sumo Sacerdote que ha traspasado los cielos, y luego de Su simpatía y compasión, al haber sido tentado como nosotros.

Por tanto, teniendo un gran Sumo Sacerdote. El *"por lo tanto"*, se refiere al argumento anterior[215], en el que se había expuesto la grandeza de Cristo; y en vista de los peligros contra los que había estado advirtiendo, se había detenido por un momento, para instar a sus lectores a mantenerse firmes en su confesión hasta el final (Hebreos 3:6, 14). La fuerza del llamamiento reside en la palabra *"teniendo"* o *"tener"*. Conocemos muy bien el significado de esa palabra en las cosas terrenales. No hay nada que conmueva tanto a los hombres como el sentido de la propiedad. Tengo un padre, tengo dinero, tengo un hogar; qué mundo de intereses se despiertan en relación con tales pensamientos. Y la Palabra de Dios viene aquí y dice: Tienes, ¡oh!, la mejor y más maravillosa de todas las posesiones, *tienes* un gran Sumo Sacerdote. Te pertenece; es tuyo, muy tuyo, totalmente tuyo. Puedes usarlo con todo lo que *es* y *tiene*. Puedes confiar en Él para todo lo que necesitas, conocerlo y reclamarlo como tu gran Sumo Sacerdote para llevarte a Dios. Que todo tu caminar sea la prueba de que vives siendo uno, al tener un gran Sumo Sacerdote.

Un gran Sumo Sacerdote, que traspasó los cielos. Hemos dicho más de una vez; y no nos cansaremos de repetirlo de nuevo, que una de las grandes lecciones de nuestra Epístola, ha sido enseñarnos esto: El conocimiento de la grandeza y de la gloria de Jesús es el secreto de una vida poderosa y santa. Su capítulo inicial no es más que una revelación de Su naturaleza

---

[215] Nota del Traductor: Es decir, a la sección de Hebreos 3:1-6

y de gloria divinas. Es la raíz de todo lo que tiene que enseñarnos sobre el sacerdocio y la obra de Cristo; quiere que veamos la adorable divinidad Omnipotente de Cristo. En ello nuestra fe ha de encontrar su fortaleza, y la medida de su expectativa. Por ella ha de guiarse nuestra conducta. Esa ha de ser la característica de nuestra vida: que tenemos un Salvador que es Dios. *Un gran Sumo Sacerdote, que traspasó los cielos*. Más adelante leeremos (Hebreos 7:26): "*Porque tal Sumo Sacerdote nos convenía: santo, inocente, sin contaminación, apartado de los pecadores, y ascendido de forma tan sublime por encima de los cielos*". Es difícil para nosotros formarnos una idea de lo que es el cielo, tan alto, tan resplandeciente y tan lleno de gloria. Pero todos los cielos en los que podemos pensar; es sólo el vestíbulo a través del cual pasó a lo que está detrás, por encima y más allá de todos ellos: a la luz que es inaccesible (1 Timoteo 6:16), la vida misma y la Presencia de Dios mismo. Y la Palabra nos llama a seguir a nuestro gran Sumo Sacerdote en el pensamiento, y cuando el pensamiento falla, en la fe, en la adoración y en el amor, hacia esta gloria, más allá y por encima de todos los cielos, y, teniéndolo como nuestro, tener la certeza, de que nuestra vida puede ser la contraparte de la Suya, la prueba de lo que es la redención completa que ha realizado, la experiencia viva de lo que ha efectuado allí.

Por tanto, teniendo un gran Sumo Sacerdote… a Jesús el Hijo de Dios. El nombre "*Jesús*", habla de Su humanidad y de Su obra como el Salvador del pecado. Esta es la primera obra del sacerdote: la limpieza, la eliminación del pecado. El nombre "*Hijo de Dios*", habla de Su divinidad y de Su poder como Sumo Sacerdote, para llevarnos realmente a Dios, a la vida misma y a la comunión con el Santo (Salmos 89:18). Es en Su Hijo que Dios nos habla (Hebreos 1:2); es a la perfecta comunión y bendición del Siempre Bendito, que nuestro gran Sumo Sacerdote que ha traspasado los cielos puede llevarnos, y de hecho lo hace.

Por tanto, teniendo un gran Sumo Sacerdote… retengamos nuestra profesión. Él es el Apóstol y Sumo Sacerdote de nuestra profesión (Hebreos 3:1). El conocimiento de lo que Él es, es nuestra fuerza para mantener firme nuestra profesión. Dos veces se les había dicho a los hebreos, cuánto debían depender de esto: *"La cual casa somos nosotros, si hasta el final retenemos firme la confianza y el gloriarnos en la esperanza"*, *"porque hemos sido hechos participantes de Cristo, con tal que conservemos firme hasta el final el principio de nuestra confianza"* (Hebreos 3:6, 14). Nuestra fe en Cristo debe ser profesada[216]. Si lo tenemos como nuestro gran Sumo Sacerdote, es digno de ella; nuestras almas se deleitarán en rendirle este homenaje; sin ella, el fracaso vendrá rápidamente; sin ella, la gracia de la constancia, de la perseverancia, no podrá mantenerse.

¡Oh hermanos!, *teniendo un gran Sumo Sacerdote, que traspasó los cielos, a Jesús el Hijo de Dios, retengamos nuestra profesión.* Que todo pensamiento que nosotros tengamos de Jesús en el cielo,

---

[216] Nota del Traductor: Profesada o confesada, ha de entenderse como la proclamación a los cuatro vientos de nuestra fe en Cristo; pero esto, a través de un vivir genuino y práctico, no con meras palabras o acciones teatrales, fingidas.

nos impulse a vivir enteramente para Él; en todo, profesémosle como nuestro Señor.

Conclusiones:

1. ¿No debería llenar nuestros corazones de adoración y de confianza, y de amor sin fin, este maravilloso misterio: el Hijo de Dios hecho hombre; el Hijo del Hombre, es ahora Dios en el trono; para que podamos ser socorridos?

2. Que ha traspasado los cielos, más allá de todo pensamiento de espacio y tiempo, en el misterio de la gloria divina y el poder divino. ¿Y por qué? Para poder infundir con Su poder divino esa vida celestial en nuestros corazones. Todo Su Sacerdocio, tiene como gran característica, la celestialidad. Nos comunica la pureza, el poder y la vida del cielo. Nosotros vivimos en el cielo con Él; Él vive con el cielo en nosotros. Con Él, en nuestros corazones tenemos el reino de los cielos dentro de nosotros, en el que se hace la voluntad de Dios, como en el cielo, así también en la tierra (Mateo 6:10). Creamos que puede ser así con toda seguridad.

3. Después de toda la solemne advertencia, acerca de caer en el desierto (Hebreos 3:17), de quedarse sin poder entrar en el reposo, vean aquí la seguridad y la fortaleza: *"Por tanto, hermanos santos, participantes del llamamiento celestial, considerad al Apóstol y Sumo Sacerdote de nuestra profesión, a Cristo Jesús"* (Hebreos 3:1). Teniendo a Jesús, mantengámonos firmes.

Capítulo 35: Un Sumo Sacerdote capaz de compadecerse

"Porque no tenemos un Sumo Sacerdote que no se pueda compadecer[217] de nuestras debilidades[218]; sino uno que fue tentado en todo conforme a nuestra semejanza, pero sin pecado"

(Hebreos 4:15).

Que Dios en Su misericordia, nos dé una verdadera visión de la gloria de lo que se nos ofrece en estas palabras; incluso de esto: de que nuestro Sumo Sacerdote, el cual tenemos en el cielo, *es uno que es capaz de compadecerse de nosotros*, porque sabe, por experiencia personal, exactamente lo que sentimos. ¡Sí!, para que Dios nos anime a acercarnos a Él, ha colocado en el Trono del cielo a uno de entre nosotros, del que podemos estar seguros de que, porque Él mismo vivió en la tierra como hombre, nos entiende perfectamente, está preparado para tener paciencia ante nuestra debilidad, y para darnos la ayuda precisa que tanto necesitamos. Para ello, Dios envió a Su Hijo para hacerse hombre (Juan 1:14), y como hombre, lo perfeccionó mediante el sufrimiento (Hebreos 2:10; 5:8). Para que ni una sola alma débil, tenga miedo de acercarse al gran Dios (Tito 2:13); o que al acercarse dude, si Dios no es demasiado santo y grande, como para comprenderlo de forma plena, o para soportar su debilidad. Jesús, el probado y

---

[217] O, que no es capaz de simpatizar con.
[218] O, enfermedades [físicamente], fragilidades [moralmente].

tentado, ha sido colocado en el trono como nuestro Sumo Sacerdote. Dios nos da aquí un vistazo al corazón de nuestro compasivo y simpático Sumo Sacerdote.

Porque no tenemos un Sumo Sacerdote que no se pueda compadecer de nuestras debilidades. El escritor utiliza dos frases negativas, para indicar algo que es común en sus lectores, y que es el pensamiento que él quiere combatir. Un rey rico, que vive todos los días en el lujo, ¿puede acaso, aunque se entere, darse cuenta plenamente de lo que significa para el pobre enfermo, de año en año, no saber nunca de dónde va a salir su pan de cada día (Mateo 6:11; Lucas 11:3)? Difícilmente esto ocurre. Y, sin embargo, Dios, el glorioso y siempre bendito, ¿puede sentir realmente lo que un pobre pecador experimenta en su lucha diaria con la debilidad y con las tentaciones de la carne? Alabado sea Dios. Jesús sabe, y es capaz de compadecerse, Él es uno que ha sido tentado en todo como nosotros, pero sin pecado.

En todo. El pensamiento de Jesús como un Sumo Sacerdote compasivo, se aplica ordinariamente a aquellos que están en circunstancias de prueba y sufrimiento. Pero la verdad tiene un significado y una aplicación mucho más profunda, se refiere especialmente a la tentación que encuentra el alma, en el deseo de vivir enteramente para Dios. Jesús sufrió, siendo tentado: fue la tentación de rechazar la voluntad del Padre, lo que le causó el más profundo sufrimiento (Lucas 22:40-44). Cuando el creyente, que busca en todo, hacer la voluntad de

Dios, comprende esto, la verdad del Sumo Sacerdote compasivo se vuelve mucho más preciosa.

¿Cuál es la experiencia ordinaria de los que se proponen de todo corazón vivir para Dios? Sucede muy a menudo, que sólo entonces comienzan a descubrir lo pecadores que son. Se ven continuamente decepcionados en su propósito de obedecer la voluntad de Dios. Se sienten profundamente avergonzados al pensar en la frecuencia con que, incluso en las cosas que parecen más pequeñas y fáciles, fracasan por completo en mantener una buena conciencia (Hechos 23:1; 1 Timoteo 1:5, 19; Hebreos 13:18; 1 Pedro 3:16, 21) y en agradar a Dios (Colosenses 1:10). A veces, es como si cuanto más oyen hablar del reposo de Dios y de la vida de fe, más se desvanece la esperanza de alcanzarlo en ellos.

A veces están dispuestos a renunciar a todo, en medio de su desesperación; consideran que una vida en el reposo de Dios no es para ellos.

Qué consuelo y qué fuerza recibe un alma en un momento así, cuando ve que Jesús es capaz de compadecerse y de socorrerle, porque Él mismo ha sido así tentado (Mateo 4:3). O acaso no se oscureció tanto Su alma, que tuvo que luchar y clamar: *"Si es posible"* (Mateo 26:39) y *"¿Por qué me has abandonado?"* (Mateo 27:46; Marcos 15:34). Él también tuvo que confiar en Dios en la oscuridad. También Él, en la hora de la muerte, tuvo que soltar su espíritu y entregarlo, en la oscuridad de la muerte, a la custodia de Dios (Lucas 23:46). Él sabía lo que era caminar en la oscuridad, y no ver la luz. Y cuando un hombre se siente totalmente desamparado y desesperado, Jesús puede compadecerse de él; Él fue tentado en todo como nosotros. Si descansáramos en la seguridad de que Él lo comprende todo, de que siente por nosotros una simpatía tal, en la que se combinan el amor infinito de Dios y la ternura de un compañero de angustias, y que Él es capaz de socorrernos; si descansáramos en esto, pronto alcanzaríamos el reposo de Dios. La confianza en Jesús nos llevaría a él[219].

Hermanos santos, participantes del llamamiento celestial (Hebreos 3:1), si queréis ser fuertes para mantener vuestra profesión, y conocer plenamente el poder de vuestro Dios Redentor para salvar, escuchad hoy la voz del Espíritu Santo: "Jesús fue tentado en todo como vosotros". ¿Y por qué? para poder ayudarte. Su capacidad de compadecerse, no tiene otro propósito que el de poder socorrernos. Que una palabra sea el alimento de tu fe; la otra será su fruto, tu bendita experiencia. Piensa en que Dios dio a Su Hijo para que viniera y pasara por todas las tentaciones que te vienen, para que pudiera compadecerse, y luego lo elevó al trono de la Omnipotencia para que pudiera socorrerte, y ¿di si no tienes razón para confiar plenamente en Él? Y que la fe del bendito Sumo Sacerdote en Su infinita y tierna simpatía, sea el fundamento de una amistad y de una comunión, en la que estemos seguros de experimentar que Él es capaz de salvarnos completamente.

---

[219] Nota del Traductor: Es decir, al reposo de Dios.

Conclusiones:

1. Hace algún tiempo le pregunté a una joven que había venido de Keswick[220] — y que hablaba de que había sido una feliz cristiana durante años, y que había encontrado un cambio tan maravilloso en su experiencia; pero, ¿cómo describiría la diferencia entre lo que había conocido antes, y lo que disfrutaba ahora? Su respuesta estuvo lista de inmediato: "¡Oh, es la amistad personal de Jesús!" Y aquí está, una de las puertas que conducen a esta bendita amistad: Él se hizo Hombre, sólo para que yo aprendiera a confiar en Su amable y comprensiva bondad.

2. Estudia bien los tres *"capaz"* de esta Epístola. Jesús es capaz de compadecerse (Hebreos 4:15), es capaz de socorrer (Hebreos 2:18), y es capaz de salvar completamente (Hebreos 7:25). ¡Reclámalos todos!

3. Tentado como nosotros. Se hizo semejante a nosotros en la tentación, para que fuéramos semejantes a Él en la victoria. Esto lo logrará en nosotros. ¡Oh!, consideremos a Jesús, que sufrió siendo tentado, que experimentó lo que es la tentación, que la resistió y la venció, y que hizo fracasar al tentador (Mateo 4:11), que ahora vive como Sumo Sacerdote para socorrer a los que son tentados y darles la victoria, consideremos a Jesús (Hebreos 3:1), el Libertador siempre

---

[220] Nota del Traductor: Es decir, a la Convención de Keswick, en Cumbria, Inglaterra. Véanse más detalles sobre esta Convención en el libro de Andrew Murray: *El Espíritu de Cristo*.

presente; Él nos conducirá en triunfo a través de todo enemigo.

Capítulo 36: Acerquémonos confiadamente

"Acerquémonos[221], pues, confiadamente al trono de la gracia, para alcanzar misericordia y hallar gracia para el oportuno socorro[222]"
(Hebreos 4:16).

En los dos primeros capítulos de esta Epístola, la verdadera divinidad y la verdadera humanidad de nuestro Salvador, fueron expuestas ante nosotros como el fundamento mismo de nuestra fe y de nuestra vida. En los dos versículos que acabamos de considerar, estas dos verdades se aplican al Sacerdocio de Cristo. Teniendo un gran Sumo Sacerdote que ha traspasado los cielos; teniendo un Sumo Sacerdote que es capaz de compadecerse, *acerquémonos confiadamente*. La única obra del Sumo Sacerdote es acercarnos a Dios. El único objetivo en revelarnos Su persona y Su obra, es darnos una confianza perfecta para acercarnos. La medida de nuestra cercanía de acceso a Dios es el indicador de nuestro conocimiento de Jesús.

Por lo tanto, con tal Sumo Sacerdote, *acerquémonos, pues, confiadamente al trono de la gracia*. La palabra "acercarse", es la

---

[221] Nota del Traductor: Es el verbo griego *proserchômetha* [G4334]: acudir, aproximarse o acercarse a. Aparece en la Septuaginta (LXX) en: Levítico 21:17, 21 y Deuteronomio 21:5.

[222] O, para una ayuda oportuna.

que se empleaba en referencia a los sacerdotes en el Antiguo Testamento (Cf. Levítico 21:17-18, 21, 23; Números 6:6; 16:5). Esta es la verdad que la Epístola trata de imponer: que podemos acercarnos a Dios en la realidad espiritual; y vivir en esa cercanía, en comunión viva con Él, todo el día. La obra de Cristo, como nuestro Sumo Sacerdote, es tan perfecta, y Su poder en el cielo es tan divino, que no sólo nos da el derecho y la libertad de acercarnos; sino que por Su acción sacerdotal se apodera en hecho y en verdad de nuestro ser más íntimo y de nuestra vida interior, y nos atrae y nos acerca, para que nuestra vida pueda vivir en la Presencia de Dios.

Acerquémonos. La expresión aparece dos veces; aquí y en Hebreos 10:22. La repetición es significativa. En el segundo pasaje, después de que se hayan expuesto las verdades más profundas del verdadero Santuario, el velo rasgado y la apertura del Lugar Santísimo, se refiere a la entrada del creyente en la plena bendición de una vida basada en el poder del Sacerdocio Celestial de Cristo, en la Presencia de Dios. Aquí, donde todavía no se ha dado toda esta enseñanza, se aplica de forma más simple en referencia a la oración, al acercamiento al trono de la gracia; en un sentido tal, que el creyente más débil lo puede entender. En la medida en que seamos fieles en lo poco, en la permanencia ante el trono de la gracia en la oración, encontraremos el acceso a lo mucho (Mateo 25:21, 23): la vida dentro del velo, en el pleno poder del Precursor, que ha entrado allí por nosotros.

Acerquémonos, pues… para alcanzar misericordia. Esto se refiere a la compasión que necesitamos, cuando el sentimiento de pecado, la culpa y la indignidad nos deprime. Al acercarnos al trono de la gracia, *al asiento de la misericordia*[223], en la oración; primero recibimos misericordia, experimentamos que Dios nos perdona, nos acepta y nos ama. *Y hallamos gracia para el oportuno socorro.* Esto se refiere a ese fortalecimiento de la vida interior, por el que Él, que fue tentado en todo como nosotros, nos sale al encuentro y nos permite vencer la tentación. La gracia es la fuerza divina que actúa en nosotros. *"Bástate Mi gracia; porque Mi poder se perfecciona en la debilidad"* (2 Corintios 12:9). El Espíritu Santo es "el Espíritu de gracia" (Hebreos 10:29). El creyente suplicante en el trono de la gracia, no sólo recibe la misericordia, la conciencia de aceptación y de favor; sino que encuentra la gracia, en ese Espíritu, cuya operación el Padre siempre se complace en conceder. Y esa gracia, es un oportuno socorro, (Lit.: un *"buen tiempo señalado* [de] *ayuda"*), la ayuda justa y especial que necesitamos en cada momento. La misericordia infinita del amor de Dios que descansa sobre nosotros, y la gracia Todopoderosa de Su Espíritu que actúa en nosotros (Efesios 3:20), se encontrarán siempre en el trono de la gracia, si acudimos con valentía, confiando sólo en Jesús.

---

[223] Nota del Traductor: Una expresión que alude al Propiciatorio en el Arca del Pacto (Véase Éxodo 25:17-18). Para los judíos, *el asiento de la misericordia* era el Propiciatorio. "En relación con su función el arca, especialmente el propiciatorio, es un tipo del trono de Dios. El hecho de que para un israelita que pecaba esto era un trono de gracia y no de juicio, se debía al propiciatorio, hecho de oro y rociado con la sangre de la expiación, que vindicaba la ley y la santidad divina protegida por los querubines (Génesis 3:24; Ezequiel 1:5)" (Broadman & Holman Publishers, *Nueva Biblia de Estudio Scofield*, Éxodo 25:9 nota 1, pág. 85, 2001).

Y ahora viene la palabra principal: *"Acerquémonos, pues, confiadamente"*. Ya se nos ha enseñado a mantener nuestra confianza. Más adelante, se nos exhortará a que no desechemos nuestra confianza. Y el resumen de la Epístola nos dirá, que el gran fruto de la redención de Cristo, es que tenemos confianza para entrar (Hebreos 10:19). Es la expresión de la forma más elevada de confianza, es la seguridad sin vacilaciones, de que no hay nada que pueda obstaculizarlo, y sugiere una conducta que corresponde a esta convicción. Sugiere el pensamiento de que nos acerquemos al trono de Dios sin temor, sin duda, sin otro sentimiento que el de la libertad infantil, que un niño siente al hablar con su padre.

Esta confianza es lo que la sangre de Cristo, en su valor infinito, nos ha asegurado, y lo que Su Sacerdocio Celestial obra y mantiene en nosotros. Esta confianza es el resultado natural y necesario de la mirada adoradora y creyente, fijada en nuestro gran Sumo Sacerdote sobre el trono (Hebreos 12:2). Esta confianza es lo que el Espíritu Santo obra en nosotros como la participación interna en la entrada de Cristo en la Presencia del Padre. Esta confianza es la esencia de una vida cristiana sana. Si hay algo que el cristiano debe cuidar y tener como objetivo principal, es mantener ininterrumpida y sin nublar, la convicción viva y la práctica de este acercamiento con confianza.

Acerquémonos, pues, confiadamente. Jesús, el Hijo de Dios, es nuestro Sumo Sacerdote. Nuestra confianza de acceso no es un estado que producimos en nosotros mismos, por meditación o esfuerzo. ¡No!, el Sumo Sacerdote vivo y amoroso, que es capaz de compadecerse y de dar gracia para el oportuno socorro, respira y obra esta confianza en el alma que está dispuesta a perderse en Él. Jesús, encontrado y sentido en nuestro corazón por la fe, es nuestra confianza. Como Hijo, cuya casa somos nosotros (Hebreos 3:6), habitará en nosotros y, por obra de Su Espíritu; será Él mismo nuestra confianza y nuestra entrada al Padre. *Acerquémonos, pues, confiadamente.*

Conclusiones:

1. Tengan en cuenta que toda la enseñanza de la Epístola, se centra en esto: en que debemos ser tan participantes de Cristo, y de todo lo que Él es, y que debemos tenerlo como nuestro Sumo Sacerdote; a tal punto, que podamos entrar con perfecta confianza, con la más indudable confianza, en la Presencia del Padre, y habitar en ella. Es en el corazón donde participamos y tenemos a Cristo; es Cristo, conocido como el habitante del corazón (Efesios 3:17), el que hará perfecta nuestra confianza.

2. Cada vez que ores, ejercita esta confianza. Que la medida del mérito de Jesús; más aún, que la medida del poder de Jesús para obrar en ti y pata conducirte a Dios, sea la medida de tu confianza.

3. Qué ternura de conciencia, qué cuidado, qué celos, qué humildad, obrará esta confianza, para que no permitamos nada por lo que nuestro corazón pueda condenarnos; y perdamos así, nuestra libertad ante Dios. Entonces será realmente nuestra la experiencia: "Tan cerca, tan cerca de Dios, más cerca no puedo estar"[224].

---

[224] Nota del Traductor: Una estrofa del himno: "*Una mente en perfecta paz con Dios*", escrito en 1847 por Horatius Bonar (1808—1889). Existe una alteración moderna de este himno, que en lugar de decir: "tan cerca" (*so near*), lee: "tan querido" (*so dear*).

Capítulo 37: Un Sumo Sacerdote que trata con dulzura a los ignorantes

"Porque todo Sumo Sacerdote, tomado de entre los hombres, es constituido a favor de los hombres en lo que a Dios se refiere, para que ofrezca sacrificios y ofrendas por los pecados; y que pueda mostrarse compasivo[225] con los ignorantes y extraviados[226], puesto que él también está rodeado de debilidad[227]; y por causa de ella debe ofrecer sacrificios y ofrendas por los pecados, de sí mismo, y también por los del pueblo" (Hebreos 5:1-3).

Sabemos cuánto ha dicho ya la Epístola sobre la verdadera humanidad y simpatía del Señor Jesús. En el capítulo 2, leímos: "A Dios le convenía perfeccionarle mediante el sufrimiento" (Hebreos 2:10); "puesto que los hijos participaron de carne y sangre, Él también participó de lo mismo" (Hebreos 2:14). "Por lo cual, debía ser hecho en todo semejante a Sus hermanos" (Hebreos 2:16). "Debido a que Él mismo padeció siendo tentado, es poderoso para socorrer a los que son tentados" (Hebreos 2:18). Y en el capítulo 4, acabamos de escuchar: "Porque no tenemos un Sumo Sacerdote que no se pueda compadecer de nuestras debilidades; sino uno que fue tentado en todo conforme a

---

[225] Nota del Traductor: Se trata del verbo griego *metriopathein* [G3356]: tratar con suavidad, tratar con moderación, sobrellevar o soportar gentilmente, soportar con dulzura.

[226] Nota del Traductor: Se trata del verbo griego *planómenois* [G4105]: deambular, andar sin propósito, errar, ser engañado.

[227] O, enfermedad.

nuestra semejanza" (Hebreos 4:15). Y, sin embargo, la verdad se considera de tal importancia, que una vez más se dirige nuestra atención a ella. No es suficiente que tengamos una convicción general de Su verdad; sino que necesitamos llevarla a nuestro corazón y a nuestra vida, hasta que cada pensamiento de Jesús sea interpenetrado[228] por un sentimiento tal de Su simpatía, que todo sentido de debilidad, sea inmediatamente enfrentado por la gozosa conciencia de que todo está bien, porque Jesús es tan amable, y se preocupa tan amorosamente por toda nuestra debilidad y por toda nuestra ignorancia.

Escuchemos una vez más lo que enseña la Palabra: *Porque todo Sumo Sacerdote, tomado de entre los hombres, es constituido a favor de los hombres en lo que a Dios se refiere, para que ofrezca sacrificios y ofrendas por los pecados.* Aquí tenemos el trabajo de un sumo sacerdote, y el primer requisito esencial para ese trabajo. Su trabajo está dirigido hacia las cosas que pertenecen a Dios; tiene a su cargo todo lo que concierne al acceso a Dios, a Su culto y a Su servicio, y tiene, para esto, que ofrecer sacrificios y ofrendas. Y el requisito es, que debe ser un hombre, porque ha de actuar *por* o *en* favor de los hombres. Y por esta gran razón, debe ser alguien: *que pueda mostrarse compasivo con los ignorantes y extraviados, puesto que él también está rodeado de debilidad; y por causa de ella debe ofrecer sacrificios y ofrendas por los pecados, de sí mismo, y también por los del pueblo.* En la esencia del oficio sacerdotal, debe estar en el sentido de la perfecta

---

[228] Nota del Traductor: El inglés lee: "interpenetrated". Se trata de un término frecuentemente utilizado en teología, que tiene el significado de: *penetración mutua.*

unidad en la debilidad y en la necesidad de ayuda. En la acción sacerdotal esto debe manifestarse al ofrecer sacrificio, tanto por el pueblo, como por el mismo sacerdote. Y todo esto, para que el espíritu sacerdotal se mantenga siempre vivo para el consuelo y para la confianza de todos los necesitados y cansados: debe ser alguien *que pueda mostrarse compasivo con los ignorantes y extraviados*.

Gloria a Dios por la maravillosa imagen de lo que es nuestro Señor Jesús. Un sacerdote debe ser el representante de Dios ante los hombres. Pero no puede serlo, sin ser él mismo un hombre rodeado de debilidades; y así, identificarse con los hombres y representarlos ante Dios. Por eso Jesús fue hecho un poco inferior a los ángeles (Hebreos 2:7, 9). El sumo sacerdote debe ofrecer sacrificios, tanto para el pueblo, como para sí mismo. Ofrecer sacrificios por sí mismo, debía ser el vínculo de unión con el pueblo. Así también nuestro bendito Señor Jesús, ofreció: oraciones y súplicas con fuerte clamor y lágrimas (Hebreos 5:7). ¡Sí!, en todo eso, se ofreció a Sí mismo a Dios. Y todo esto, para que Él pudiera ganar nuestros corazones y nuestra confianza, como uno que puede escuchar compasivamente a los ignorantes y extraviados. En efecto, Dios ha hecho todo lo posible para asegurarnos que, con un Sumo Sacerdote así, ninguna ignorancia o error, debe hacernos temer, que no encontraremos el camino hacia Él y a hacia Su amor. Jesús se ocupará de nosotros: Él escucha compasivamente a los ignorantes y a los que se equivocan.

¿No hemos tenido, en nuestra fe en el Sacerdocio de Cristo, la costumbre de mirar más a Su obra que a Su corazón? ¿No hemos puesto exclusivamente el pensamiento de nuestros pecados en primer plano, y no nos hemos dado cuenta suficientemente, de que también para nuestras debilidades, para nuestra ignorancia y para nuestros errores, para ellos también se ha hecho una provisión especial en Él, que fue hecho como nosotros, y que Él mismo estaba rodeado de debilidades, para que pudiera ser un misericordioso y fiel Sumo Sacerdote, que puede soportar compasivamente a los ignorantes y a los extraviados? ¡Oh!, asimilemos y aprovechemos al máximo este maravilloso mensaje: Jesús no pudo ascender al trono como Sacerdote, hasta que primero, en la escuela de la experiencia personal, aprendió a simpatizar y a soportar dulcemente a los más débiles. Y dejemos que nuestra debilidad e ignorancia, en lugar de desanimarnos y de alejarnos, sea el motivo y la súplica, que nos lleve a acudir confiadamente a Él, que puede soportar compasivamente a los ignorantes y a los que se equivocan. En la búsqueda de la santidad, nuestra ignorancia, es a menudo, nuestra mayor fuente de fracaso. No podemos comprender plenamente lo que se enseña sobre el reposo de Dios y del poder de la fe, de habitar dentro del velo o de que Cristo habite en nuestro corazón (Efesios 3:17). Las cosas parecen demasiado elevadas para nosotros, totalmente fuera de nuestro alcance. Si supiéramos confiar en Jesús, no sólo como Aquel que hizo la propiciación por nuestros pecados (1 Juan 2:2; 4:10); sino como alguien que ha sido especialmente escogido, entrenado y preparado; y luego elevado al trono de Dios, para ser el Líder de los ignorantes y extraviados, soportando compasivamente cada una de sus debilidades. Aceptemos hoy de nuevo a este

Salvador, tal como Dios nos lo ha revelado aquí, y gocémonos de que toda nuestra ignorancia, no tiene por qué ser una barrera en el camino hacia Dios, porque Jesús se encarga de ella.

Conclusiones:

1. ¡Oh!, el trabajo que Dios se ha tomado para ganar nuestros pobres corazones y llevarnos a la confianza. Aceptemos la revelación, y tengamos nuestros corazones tan llenos de la simpatía y de la gentileza de Jesús, que, en toda perplejidad, nuestro primer pensamiento sea siempre la certeza y la bendición de Su compasión y ayuda.

2. Cuántas almas hay que se lamentan por sus pecados, y no se dan cuenta, que están haciendo que sus pecados se hagan más y más fuertes, todo por no acercarse confiadamente a Jesús con toda su ignorancia y su debilidad.

3. Aprende la lección; todo el Sacerdocio de Jesús no tiene más que este propósito: conducirte con confianza y con gozo a acercarte a Dios, y a vivir en comunión con Él. Con este punto de vista, confía en Jesús, tanto en tu ignorancia y en tu debilidad, como en tus pecados.

Capítulo 38: Un Sumo Sacerdote llamado por Dios

"Y nadie toma para sí tal honra, sino aquel que es llamado por Dios, como lo fue Aarón. Así también Cristo no se glorificó a Sí mismo haciéndose Sumo Sacerdote, sino por causa de Aquel que le dijo: 'Tú eres Mi Hijo, Yo te he engendrado hoy'. Como también se dice en otro lugar: 'Tú eres sacerdote para siempre, según el orden de Melquisedec'" (Hebreos 5:4-6).

Un sacerdote, mantiene una doble relación: con Dios y con los hombres. Todo sumo sacerdote es designado para los hombres en las cosas que pertenecen a Dios. Acabamos de ver cuál es la gran característica de su relación con los hombres: él mismo debe ser un hombre, como ellos, y uno con ellos, con un corazón lleno de compasión y de simpatía por los más débiles. En su relación con Dios, expone ahora nuestra Epístola, el requisito principal es que debe tener su nombramiento de parte Dios. *No debe tomar tal honor para sí mismo; sino que debe ser llamado por Dios.* Todo esto se demuestra, que es cierto en el caso de Jesús.

La verdad de que Jesús tenía Su nombramiento de Dios, no sólo era importante para los hebreos, para convencerlos del derecho divino y supremo del cristianismo; sino que es de igual interés para nosotros, para darnos una idea de lo que constituye la verdadera gloria y el verdadero poder de nuestra religión. Nuestra fe necesita ser alimentada y fortalecida, y esto sólo puede ser a medida que profundizamos en el origen y en la naturaleza divinas de la redención.

Y nadie toma para sí tal honra, sino aquel que es llamado por Dios. Es Dios contra quien hemos pecado, al separarnos de Él hemos caído en el poder de la muerte. Es a Dios a quien necesitamos; es a Él y a Su amor a quien hay que abrir el camino. Sólo Dios, que puede decir cuál es ese camino, es capaz de abrirlo. Y esto es lo que da al Evangelio, y a nuestra fe en Cristo, su seguridad y su suficiencia: que todo es de Dios. Cristo ha sido llamado por Dios para ser Sumo Sacerdote. El mismo Dios que nos creó, contra quien pecamos, da a Su Hijo como nuestro Redentor.

Así también Cristo no se glorificó a Sí mismo haciéndose Sumo Sacerdote, sino por causa de Aquel que le dijo: "Tú eres Mi Hijo, Yo te he engendrado hoy". Como también se dice en otro lugar: "Tú eres sacerdote para siempre, según el orden de Melquisedec". Aquí no se trata simplemente del hecho de que Cristo fue llamado por Dios para ser Sumo Sacerdote; sino del fundamento sobre el cual fue elegido; esto es lo que debemos notar con especial interés. Los dos pasajes citados nos enseñan, que fue como Hijo de Dios que fue nombrado Sumo Sacerdote. Esto nos abre la verdadera naturaleza y el carácter del Sacerdocio. Nos muestra que el sacerdocio está enraizado en la filiación divina; la obra del sacerdocio es revelar y comunicar la bendita vida de filiación.

Como Hijo, sólo Cristo era heredero de todo lo que Dios tenía. Toda la vida del Padre estaba en Él. Dios no podía tener unión o comunión con ninguna criatura; sino a través de Su Hijo amado, o en la medida en que la vida, el espíritu y la imagen del Hijo se vieran en ella[229]. Por lo tanto, nadie podía ser nuestro Sumo Sacerdote, sino el Hijo de Dios. Si nuestra salvación no iba a ser meramente legal, — externa y, puedo decir, artificial — sino una entrada de nuevo en la vida misma de Dios, con la restauración de la naturaleza divina que habíamos perdido en el paraíso; era el Hijo de Dios el único que podía impartirnos esto. Él tenía la vida de Dios para darla; era capaz de darla; sólo podía darla llevándonos a la comunión viva con Él mismo. El Sacerdocio de Cristo es el canal ideado por Dios a través del cual, el siempre bendito Hijo, pudo hacernos participantes de Sí mismo; y con Él, de toda la vida y la gloria que tiene *de* y *en* el Padre.

Y esta es ahora nuestra confianza y nuestra seguridad: que fue el Padre quien nombró al Hijo como Sumo Sacerdote. Es el amor del Dios contra quien habíamos pecado el que dio al Hijo. Es la voluntad y el poder de este Dios lo que ordenó y realizó la gran salvación. Es en Dios mismo, que nuestra salvación tiene su origen, su vida y su poder. Es Dios acercándose para comunicarse a nosotros en Su Hijo.

---

[229] Nota del Traductor: Es decir, en la criatura.

Cristo no se glorificó para ser hecho Sumo Sacerdote: fue Dios quien le dio esta gloria. Piensa en lo que esto significa. Dios considera un honor, que Su Hijo sea el Sacerdote de los pobres pecadores. Jesús renunció a Su gloria eterna por esta nueva gloria, que ahora considera la más elevada: el honor de llevar a los hombres culpables a Dios. Cada grito de un penitente suplicando misericordia, cada oración de un alma rescatada pidiendo más gracia y un acceso más íntimo a Dios, Él los considera Su más alto honor, las evidencias de una gloria que ha recibido de Su Padre, por encima de la gloria de la filiación; o más bien, la apertura de la plenitud de la gloria que contenía Su filiación.

¿No creerás ahora que Jesús considera Su mayor honor hacer Su obra en cualquier necesitado que acuda a Él? El Hijo de Dios, en Su gloria, considera Su Sacerdocio como Su mayor gloria, como el poder de hacernos participar, como hermanos con Él, en la vida y en el amor del Padre. Deja que Jesús se convierta ahora en tu confianza. Ten la seguridad de que nada deleita más a Jesús que hacer Su obra en ti. Haz lo que Dios ha hecho: glorifícalo como tu Sumo Sacerdote; y, a medida que aprendas a apartarte de ti mismo y de toda ayuda humana, para confiar en el Hijo de Dios, Él te demostrará qué gran Sumo Sacerdote es; Él, como Hijo, te conducirá a la vida y al amor del Padre.

Conclusiones:

1. ¿Podría Dios habernos concedido una gracia más maravillosa que ésta, la de dar a Su propio Hijo como nuestro Sumo Sacerdote? ¿Podría habernos dado un fundamento más seguro de fe y de esperanza que éste, que el Hijo es Sacerdote? ¿Y no debemos confiar en Él, y darle el honor que Dios le ha dado?

2. Lo que se necesita es que ocupemos y que ejercitemos nuestra fe en apropiarnos de esta bendita verdad: Jesús es el Hijo eterno, designado por el Padre como nuestro Sacerdote para introducirnos en Su Presencia, y para mantenernos en ella. Él mismo estuvo tan rodeado de debilidades y fue probado con tentaciones, que ninguna ignorancia o debilidad de nuestra parte, puede cansarlo, o impedirle hacer Su bendita obra, si tan sólo confiamos en Él. ¡Oh!, adorémosle y honrémosle. Confiemos en Él. Que nuestra fe reclame todo lo que Él *puede* y *quiere* hacer: nuestro Sumo Sacerdote designado por Dios.

3. La fe abre el corazón; por medio de la fe este Ser Divino, llena e impregna todo el corazón, viene a mora en él. Él no puede acercarte a Dios; sino cuando Él acerca tu corazón. No puede acercar tu corazón; sino en la medida en que Él habita en él (Efesios 3:17). Él no puede habitar en él, excepto cuando tú crees. ¡Oh!, considera a Jesús (Hebreos 3:1), hasta que todo tu corazón tenga fe en Él, y en lo que Él *es* en ti.

Capítulo 39: Un Sumo Sacerdote que aprendió la obediencia

"El cual, en los días de Su carne, ofreció ruegos y súplicas con gran clamor y lágrimas al que le podía librar de la muerte, y fue oído a causa de Su piedad. Y aunque era Hijo, por lo que padeció aprendió la obediencia" (Hebreos 5:7-8).

Ya hemos notado, con qué persistencia el escritor ha tratado de impresionar sobre nosotros, la intensa realidad de la humanidad de Cristo: Su condición de semejante a Sus hermanos; Su participación en carne y sangre, de la misma manera que nosotros; Su tentación en todas las cosas, de la misma manera que nosotros. En los versículos iniciales de este capítulo 5 de Hebreos, ha vuelto a poner ante nosotros al verdadero Sumo Sacerdote: Él mismo rodeado de debilidades. Ahora vuelve a retomar el tema. En el versículo 6, ya citó la promesa relativa al orden de Melquisedec, como texto de su posterior enseñanza, pero se siente impulsado a interponerse[230], y antes de repetir la cita en el capítulo 7 (Hebreos 7:17, 21), para revela aún más detalladamente la promesa acerca del orden de Melquisedec; nos revelar aún más plenamente, cuál es el significado completo de la bendita humillación del Hijo de Dios. Nos conduce en espíritu a Getsemaní, y nos habla del maravilloso misterio de la agonía sufrida allí, como la última etapa en la preparación y el perfeccionamiento de nuestro Sumo Sacerdote para la obra

---

[230] Nota del Traductor: O, a intermediar.

que vino a realizar. Entremos en este lugar santo, con los corazones inclinados bajo la conciencia de nuestra ignorancia, pero sedientos de conocer algo más del gran misterio de la piedad, el Hijo de Dios hecho carne por nosotros (Cf. 1 Timoteo 3:16).

El cual, en los días de Su carne. La palabra "carne", apunta a la naturaleza humana en debilidad, que es la característica de su estado caído. Cuando Jesús dijo a Sus discípulos en aquella noche oscura: *"Velad y orad para que no entréis en tentación; el espíritu está dispuesto, pero la carne es débil"* (Mateo 26:41; Marcos 14:38), habló por experiencia personal. Había sentido que no era suficiente tener un propósito correcto; sino que, a menos que la debilidad de la carne fuera sometida, o más bien superada, por el poder recibido en la oración de lo alto, esa debilidad entraría fácilmente en la tentación, y se convertiría en pecado. *Los días de Su carne*, rodeados de Sus debilidades, fueron para Él una terrible realidad. Fue para no ceder a esto que Él veló y oró.

El cual, en los días de Su carne, ofreció ruegos y súplicas con gran clamor y lágrimas al que le podía librar de la muerte, y fue oído a causa de Su piedad, habiendo obtenido la fuerza para rendir Su voluntad y para aceptar plenamente la voluntad del Padre, y la renovada seguridad de que sería salvado y resucitado de ella, *y aunque era Hijo,* — la forma de la expresión implica que nadie habría esperado del Hijo de Dios lo que ahora se va a decir —, *por lo que padeció aprendió la obediencia*. Getsemaní fue la escuela de entrenamiento, donde nuestro Sumo Sacerdote, hecho semejante a nosotros en todas las cosas, aprendió Su última y más difícil lección de obediencia a través de lo que sufrió.

Y aunque era Hijo. Como Hijo de Dios, venido del cielo, se diría que no se podía pensar en que aprendiera la obediencia. Pero fue tan real Su vaciamiento[231] de Su vida en la gloria, y tan completa Su entrada en todas las condiciones y semejanza de nuestra naturaleza, que sí necesitó aprender la obediencia. Esto es parte de la esencia misma de la vida de una criatura pensante, del hombre, que la vida y la voluntad que ha recibido de Dios, no pueden desarrollarse sin el ejercicio de un poder de autodeterminación, sin la entrega voluntaria a Dios en todo lo que Él pide, incluso donde esto, parece un sacrificio. La criatura sólo puede alcanzar su perfección bajo una ley de crecimiento, de prueba y de desarrollo, en la superación de lo que es contrario a la voluntad de Dios y en la asimilación de lo que esa voluntad revela.

Acerca de Jesús está escrito: *"Y el Niño crecía y se fortalecía, llenándose de sabiduría"* (Lucas 2:40). Lo que es cierto de Su infancia, es cierto de Sus años de madurez. En cada etapa de Su vida tuvo que enfrentarse a la tentación y vencerla; de cada

---

[231] Nota del Traductor: Murray utiliza esta palabra de manera deliberada, en referencia a la *kenósis* de Filipenses 2:7, donde literalmente se traduce: "se vació". "Sino que *se vació* a Sí mismo, tomando forma de esclavo, haciéndose semejante a los hombres".

victoria salió con Su voluntad fortalecida, y Su poder sobre la debilidad de la carne, y el peligro de ceder a Su deseo del bien terrenal, o Su miedo al mal temporal, aumentaron. En Getsemaní, Su prueba y Su obediencia llegaron a su consumación.

Por lo que padeció aprendió la obediencia. El sufrimiento es algo antinatural, fruto del pecado. Dios nos ha hecho para el gozo. Nos creó no sólo con la capacidad, sino con el poder de la felicidad, para que cada respiración y cada movimiento saludable, sea un disfrute. Es natural para nosotros, lo fue para el Hijo de Dios, temer y huir del sufrimiento. En este deseo no hay nada pecaminoso. Sólo se vuelve pecaminoso cuando Dios quiere que nos sometamos y suframos, y nosotros nos negamos a ello. Esta fue la tentación del poder de las tinieblas en Getsemaní: que Jesús rechazara la copa que el Padre le había dado (Juan 18:11). En Sus *ruegos y súplicas con gran clamor y lágrimas*, Jesús mantuvo Su fidelidad a la voluntad de Dios; en fuerte lucha y con sudor sangriento (Lucas 22:44), se hizo obediente hasta la muerte, incluso la muerte de cruz (Filipenses 2:8). El sufrimiento más profundo, le enseñó la más elevada lección de obediencia; cuando hubo entregado Su voluntad y Su vida, Su obediencia fue completada, y Él mismo fue perfeccionado para siempre.

Este es nuestro Sumo Sacerdote. Él sabe lo que es la debilidad de la carne. Sabe lo que cuesta vencerla, y lo poco que somos capaces de hacerlo. Él vive en el cielo, capaz de socorrernos;

compadeciéndose de nuestras debilidades; soportando compasivamente a los ignorantes y a los extraviados; es un Sumo Sacerdote en el trono, para que nos acerquemos confiadamente para hallar misericordia y gracia para el oportuno socorro. Él vive en el cielo y en nuestro corazón, para impartirnos Su propio espíritu de obediencia, para que Su Sacerdocio nos lleve al pleno disfrute de todo lo que Él mismo *tiene* y *es*.

Conclusiones:

1. *Oído a causa de Su piedad.* Cómo me conviene entonces orar con humilde y con santa reverencia, para poder orar en Su espíritu, y ser escuchado también por Su piedad. Este fue el espíritu mismo de Su oración y de Su obediencia.

2. *Por lo que padeció aprendió la obediencia.* Debemos aprende a mirar y a acoger todo el sufrimiento, como un mensaje de Dios para enseñar la obediencia.

3. *Aprendió la obediencia*: Este fue el camino en el que Cristo fue entrenado para Su Sacerdocio. Este es el espíritu y el poder que lo llenó para el trono de la gloria; es el espíritu y el poder que únicamente puede elevarnos allí; es el espíritu y el poder que nuestro gran Sumo Sacerdote puede impartirnos. La obediencia es la esencia misma de la salvación. Ya sea que miremos a Cristo siendo perfeccionado de manera personal, o al mérito que dio a Su muerte su valor y su poder salvador, o

a la obra realizada en nosotros: la obediencia, la entrada en la voluntad de Dios, es la esencia misma de la salvación.

4. *Aprendió la obediencia.* Jesús fue la obediencia corporificada, la obediencia encarnada. Sólo teniedo tanto de Jesús en mí, tengo tanto del espíritu de obediencia.

Capítulo 40: Un Sumo Sacerdote perfeccionado por la obediencia

"Y aunque era Hijo, por lo que padeció aprendió la obediencia; y habiendo sido perfeccionado, vino a ser fuente de eterna salvación a todos los que le obedecen" (Hebreos 5:8-9).

Nuestro Señor Jesús aprendió la obediencia por las cosas que sufrió. Por medio de esta obediencia fue perfeccionado, y *vino a ser fuente de eterna salvación a todos los que le obedecen*. Así entró en el cielo como nuestro Sumo Sacerdote, un Hijo perfeccionado para siempre.

La palabra "perfecto", es una de las palabras clave de la Epístola. Aparece trece veces. Cuatro veces en relación con el Antiguo Testamento, que no podía hacer nada perfecto. La ley que no perfeccionaba nada (Hebreos 7:19). Los sacrificios y ofrendas que no pueden, en cuanto a la conciencia, hacer perfecto al adorador (Hebreos 9:9). La ley que nunca puede hacer perfectos a los que se acercan (Hebreos 10:1). De los santos del Antiguo Testamento, que sin nosotros no pueden ser perfeccionados (Hebreos 11:40). Tan grande como la diferencia entre una promesa y su cumplimiento, o la esperanza y la cosa esperada, entre la sombra y su substancia, es la diferencia entre el Antiguo y el Nuevo Testamento. La ley no hacía nada perfecto: sólo apuntaba a algo mejor, a la perfección que iba a traer Jesucristo. Con el Nuevo

Testamento llegaría la perfección. Tres veces se usa la palabra en relación con nuestro Señor Jesús, que en Sí mismo preparó y realizó la perfección que vino a impartir. Dios quiso perfeccionar al Líder de nuestra salvación mediante el sufrimiento (Hebreos 2:10). Aprendió la obediencia, y siendo perfeccionado, se convirtió en fuente de eterna salvación (Hebreos 5:9). Nombrado Sumo Sacerdote; un Hijo hecho perfecto para siempre (Hebreos 7:28). La perfección que trajo Cristo fue la que se reveló en Su propia vida personal. Vino a devolvernos la vida de Dios que habíamos perdido: una vida en la voluntad y el amor de Dios. Sólo esto es la salvación. Dios lo perfeccionó a través del sufrimiento, forjando en Él un carácter humano perfecto, en el que la vida divina estaba plenamente unida a la voluntad humana. Aprendió la obediencia a través del sufrimiento, y manifestó perfectamente la humildad, la sumisión y la entrega a Dios, que es el deber y la bendición del hombre. Así, una vez perfeccionado, se convirtió en el *Autor y en Causa*[232] de eterna salvación para todos los que le obedecen, porque ahora tenía esa naturaleza humana perfeccionada que podía comunicarles. Y así, fue nombrado Sumo Sacerdote, un Hijo perfeccionado para siempre. Como Hijo de Dios, debía llevarnos a la vida misma de Dios; como Sumo Sacerdote, debía elevarnos, de la realidad espiritual actual, a la comunión, la voluntad y a la Presencia de Dios; la forma en que fue perfeccionado por medio de la obediencia era la forma viva a través de la cual debía guiarnos; como el Hijo, perfeccionado por la obediencia, que había encontrado,

---

[232] Este es el significado del adjetivo griego *aitios* [G159]: Causa, fuente, persona responsable.

abierto y recorrido el camino de la obediencia como camino hacia Dios, y que nos animaría con Su propio Espíritu a hacerlo también; Él, el Perfeccionado, es el único que puede salvarnos.

Tenemos entonces dos veces la palabra "perfecto" en cuanto a lo que Cristo ha hecho por nosotros. *"Porque con una sola ofrenda hizo perfectos para siempre a los que son santificados"* (Hebreos 10:14); *"el Líder y Perfeccionador de nuestra fe"* (Hebreos 12:2). El hecho de que Cristo nos perfeccione para siempre, no es otra cosa que Su redención por medio de Su único sacrificio, en la perfecta posesión de Sí mismo, el Perfeccionado, como nuestra vida. Su muerte es nuestra muerte al pecado, Su resurrección como Perfeccionado, es nuestra vida, Su justicia es nuestra y Su vida es nuestra; somos puestos en posesión de toda la perfección que el Padre realizó en Él a través del sufrimiento y de la obediencia. La palabra "perfecto" también aparece relacionada en una ocasión con el santuario espiritual abierto por Cristo: El mayor y más perfecto tabernáculo no hecho de manos (Hebreos 9:11). Y tres veces se usa con respecto al carácter cristiano: Más el alimento sólido es para los perfectos (Hebreos 5:14); vayamos adelante a la perfección (Hebreos 6:1); El Dios de la paz os perfeccione[233] en toda obra buena (Hebreos 13:20-21). Los perfectos para los que es el alimento sólido, son aquellos que no se contentan con los meros comienzos de la vida cristiana, sino que se han entregado por completo a aceptar y a seguir al Maestro perfeccionado. Estos son los que siguen adelante con

---

[233] En el griego, la palabra utilizada no es la misma que en los otros pasajes.

la perfección; nada más ni nada menos, que a la perfección que Cristo reveló como la demanda de Dios sobre los hombres, y como lo que Él ha ganado y ha hecho posible para ellos.

Y habiendo sido perfeccionado, vino a ser fuente de eterna salvación a todos los que le obedecen. La perfección de Dios es Su voluntad. No hay perfección para el hombre; sino en la unión con esa voluntad. Y no hay manera de alcanzar y de probar la unión con esa voluntad; sino mediante la obediencia. La obediencia a la voluntad buena y perfecta de Dios (Romanos 12:2), transforma toda la naturaleza y la hace capaz de unirse a Él en la gloria. La obediencia a la voluntad de Dios en la tierra, es el camino hacia la gloria de la voluntad de Dios en el cielo. La perfección eterna del cielo no es, sino la obediencia de la tierra transfigurada y glorificada. La obediencia es la semilla, el poder, la vida de la perfección de Cristo y la nuestra.

Nos acercamos al umbral del Lugar Santísimo, ya que esta Epístola nos lo va a abrir como la esfera del Sacerdocio Celestial de Aquel que fue hecho según el orden de Melquisedec. Antes de proceder allí, aprendamos bien esta lección: La característica distintiva de la vida terrenal de nuestro Sumo Sacerdote; la fuente de Su gloria celestial y de Su salvación eterna; el poder de Su expiación de nuestra desobediencia; la apertura del camino vivo en el que debemos seguirle como nuestro Líder; la disposición interna y el espíritu de la vida que Él otorga; de todo esto, el secreto es la obediencia. Por medio de la obediencia fue perfeccionado, Su sacrificio fue perfecto, nos perfeccionó para siempre, nos lleva a la perfección.

Conclusiones:

1. Cuando la vida celestial perfecta del Señor Jesús desciende del cielo a nuestros corazones, no puede asumir otra forma que la que tenía en Él: la obediencia.

2. Dios debe ser obedecido. Obediencia, en esta palabra, se encuentra la clave de la vida y de la muerte de Jesús, de Su asiento a la diestra de Dios, de Su Sacerdocio, de Su Presencia en nuestros corazones; así como de todo el mensaje del Evangelio: Dios debe ser obedecido.

3. Cristo, el Obediente, que inauguró para nosotros el nuevo camino de la obediencia hasta la muerte, como el camino hacia Dios. ¿Es éste el Cristo que amas y en el que confías? ¿Es éste tu deleite en Él, que ahora te ha liberado de tu desobediencia, y te hace fuerte para vivir sólo para obedecer a Dios y a Él? ¿Es Cristo precioso para ti (1 Pedro 2:7), porque la salvación que da es una restauración a la obediencia?

Capítulo 41: Un Sumo Sacerdote que salva a los que le obedecen

"Y aunque era Hijo, por lo que padeció aprendió la obediencia; y habiendo sido perfeccionado, vino a ser fuente de eterna salvación a todos los que le obedecen" (Hebreos 5:8-9).

La muerte de Jesús tiene su valor y su eficacia en la obediencia, tanto en la nuestra como en la Suya. Con Él, la obediencia fue el gran propósito de Dios en Su sufrimiento; la raíz y el poder de Su perfección y de Su gloria; la verdadera causa eficiente de nuestra eterna salvación. Y con nosotros, la necesidad de la obediencia no es menos absoluta. Con Dios y con Cristo, nuestra restauración a la obediencia fue el gran propósito de la redención. Es el único camino hacia esa unión con Dios, en la que consiste nuestra felicidad. Sólo a través de ella, Dios puede revelar Su vida y Su poder en nosotros. Vuelvo a repetirlo: "La muerte de Jesús no tiene su valor y su eficacia, más que en la obediencia, tanto en la nuestra como en la Suya". *"Por lo que padeció aprendió la obediencia; y habiendo sido perfeccionado, vino a ser fuente de eterna salvación a todos los que le obedecen"*. Nuestra obediencia es tan indispensable como la Suya. Así como Él no pudo obrar la salvación sin la obediencia, solo obedeciendo podemos nosotros disfrutarla. En nosotros, tanto como en Él, la obediencia es la esencia misma de la salvación.

Intentemos comprender esto. Dios es la bendición de la criatura. Cuando Dios es todo para la criatura, cuando se le permite obrar todo en humildad y en dependencia, y cuando todo vuelve a Él en acción de gracias y en servicio, nada puede impedir que la plenitud del amor y del gozo de Dios, entren y llenen a la criatura. Sólo tiene que hacer una cosa: volver su deseo o voluntad hacia Dios, y darle libre acceso, y nada en el cielo o en la tierra, puede impedir que la luz y que el gozo de Dios llenen a esa alma. El centro viviente, alrededor del cual se agrupan todas las perfecciones de Dios, la energía viviente a través de la cual todas ellas hacen su obra, es la voluntad de Dios. La voluntad de Dios es la vida del universo; el universo es lo que es, porque Dios así lo quiere; Su voluntad es la energía viva que lo mantiene en existencia. La criatura no puede tener más de Dios, que lo que tiene de la voluntad de Dios obrando en ella. El que quiera encontrar a Dios, debe buscarlo en Su voluntad; la unión con la voluntad de Dios es la unión con Él mismo. Por eso el Señor Jesús, cuando vino a este mundo, siempre habló de que había venido para hacer una cosa: a hacer la voluntad de Su Padre (Juan 4:34; 5:30; 6:38). Sólo esto podía obrar nuestra salvación. El pecado nos había apartado de la voluntad de Dios. Debía demostrar en qué consistía el servicio a Dios y la verdadera bendición; debía elaborar en Sí mismo una nueva naturaleza que debía comunicarse, una nueva forma de vivir que debía seguirse; debía mostrar que el cumplimiento de la voluntad de Dios, a cualquier precio, era la bendición y la gloria eterna. Fue porque hizo esto, porque fue obediente hasta la muerte, que Dios lo exaltó a lo sumo (Filipenses 2:8-9). Fue esta disposición (Filipenses 2:5), Su obediencia, la que lo hizo digno y apto para sentarse con Dios en el trono del cielo. La unión con la voluntad de Dios, es la unión con Dios mismo, y debe — no puede ser de otra manera — llevar a la gloria de Dios.

Y esto es tan cierto para nosotros, como lo fue para Él. Es de temer que haya muchos cristianos que busquen la salvación, y no tengan ningún concepto, de en qué consiste la salvación: en ser salvos de su propia voluntad, y en ser restaurados para hacer sólo la voluntad de Dios. Buscan a Cristo, y confían en Él; pero no es el verdadero Cristo, sino un Cristo del que han creado su propia imagen. El verdadero Cristo, es la voluntad de Dios encarnada, la obediencia encarnada, que obra en nosotros lo que Dios hizo en Él. Cristo vino como Hijo, para impartirnos la misma vida y la misma disposición que le animaba en la tierra. Cristo vino para ser Sumo Sacerdote, para llevarnos a Dios (1 Pedro 3:18) por el mismo camino de la obediencia y de la abnegación en el que Él se acercó a Dios. Como Hijo y como Sacerdote, Cristo es nuestro Líder y nuestro Precursor; sólo si le seguimos en Su camino en la tierra, podemos esperar compartir también, Su gloria en el cielo. *"Por lo que padeció aprendió la obediencia; y habiendo sido perfeccionado, vino a ser fuente de eterna salvación a todos los que le obedecen"*.

Tengamos cuidado de que ninguna visión errónea o unilateral de lo que significa la salvación por la fe nos lleve por el mal camino. Hay algunos que piensan que la salvación por la fe lo es todo, y que la obediencia no es tan esencial. Esto es un terrible error. En nuestra justificación no se piensa acerca de la obediencia como algo pasado. Dios justifica al impío. Pero el arrepentimiento es un retorno a la obediencia. Y sin arrepentimiento, no puede haber verdadera fe. La justificación, y la fe, por consiguiente, son sólo para la obediencia, son los medios para un fin. Nos señalan a Cristo, y a la salvación que se encuentra en la unión con Él. Y Él no tiene salvación, sino para los que le obedecen. La obediencia, como aceptación de Su voluntad y de Su vida, es nuestra única capacidad de salvación. Esta es la razón por la que hay tantas quejas, de que no podemos encontrar, y no disfrutamos, de una salvación plena. La buscamos de forma equivocada. El mismo Jesús dijo, que el Padre daría al Espíritu Santo, es decir, la salvación tal y como se perfecciona en Cristo en el cielo, a los que le obedecen (Juan 14:15-16; Hechos 5:32). A los tales se les manifestaría; con ellos habrían de morar el Padre y Él (Juan 14:21, 23). La salvación de Cristo fue realizada enteramente por la obediencia; ésta es su misma esencia y naturaleza; no puede ser poseída o disfrutada, sino por la obediencia. Cristo, que fue perfeccionado por la obediencia, no es causa de salvación para nadie más, que para todos aquellos que le obedecen.

Quiera Dios que la obediencia de Jesús, con la humildad en que se arraiga, sea vista por nosotros como la belleza suprema de Su carácter, el verdadero poder de Su redención, el vínculo de unión y de semejanza entre Él y Sus seguidores; la verdadera y real salvación, es la salvación que da a los que le obedecen.

Conclusiones:

1. La salvación como obediencia. Apartemos nuestros ojos y nuestros deseos, del pensamiento demasiado exclusivo de la salvación como felicidad; y fijémoslos más bien, en lo que es su realidad: la obediencia. Cristo se encargará de que una plena salvación llegue a los obedientes.

2. No permitamos que pensamientos erróneos sobre nuestra pecaminosidad e incapacidad, nos impidan secretamente rendirnos a la obediencia absoluta. Somos hechos participantes de Cristo, de Él mismo, con la misma vida y con el mismo espíritu de obediencia, que lo constituye en el Salvador. El Hijo de Dios, no sólo vino a enseñar y a proclamar, sino a dar y a obrar la obediencia. La fe en este Señor Jesús, puede reclamar y recibirá la gracia de la obediencia, se recibirá únicamente de esta manera.

3. Jesús aprendió y ejerció personalmente la obediencia; personalmente la comunica en comunión con Él mismo; se convierte en un vínculo personal con Él mismo, para los que le obedecen.

TERCERA ADVERTENCIA — Hebreos 5:11 al 6:20

Contra la pereza y la apostasía

Capítulo 42: Acerca del pecado de no progresar en la vida cristiana

"Y fue nombrado por Dios como Sumo Sacerdote según el orden de Melquisedec. Acerca del cual tenemos mucho que decir, y difícil de explicar, ya que os habéis vuelto perezosos[234] para escuchar. Porque debiendo ser ya maestros a causa del tiempo, tenéis necesidad de volver a ser enseñados acerca de los primeros rudimentos[235] concernientes a los oráculos de Dios; y habéis llegado a ser tales que tenéis necesidad de leche, y no de alimento sólido. Ya que cualquiera que participa de la leche, es inexperto para la palabra de la justicia, porque es niño" (Hebreos 5:10-13).

Aquí comienza la tercera de las cinco advertencias que se encuentran en la Epístola. La primera fue contra la indiferencia y la negligencia; la segunda contra la incredulidad y la desobediencia; la tercera trata especialmente de la pereza que impide todo progreso en la vida cristiana, la pereza hace que el alma sea incapaz de entrar en el pleno significado de la verdad, y en la bendición del Evangelio, y a menudo conduce a una caída completa de la gracia (Gálatas

---

[234] Nota del Traductor: Es el adjetivo griego *nôthroi* [G3576]: Perezoso, indolente, lento, tardo.

[235] O, comienzos, principios.

5:4). En la parte anterior de la Epístola, el autor ha tratado sobre lo que considera como las verdades más elementales, la divinidad y la humanidad del Salvador, y Su idoneidad como misericordioso y fiel Sumo Sacerdote para la obra que tiene que hacer por nosotros. Está a punto de entrar en la enseñanza más elevada que tiene que darnos acerca del Sacerdocio Celestial de Cristo (Hebreos 7:1-10:18), pero siente que muchos de sus lectores son incapaces de seguir, o de apreciar tal verdad espiritual. Considera necesario despertarlos primero con palabras de seria represión y de exhortación, porque ninguna enseñanza puede ser provechosa, donde el corazón no se despierta para tener hambre de ella, como su alimento necesario.

En la Iglesia Cristiana, hay, por desgracia, demasiados, de los que desearíamos que fueran creyentes, y que *lamentablemente* viven en este estado. Se contentan con el pensamiento del perdón y de la esperanza del cielo; descansan en su ortodoxia, en su apego a la Iglesia y a sus servicios, en su correcta conducta. Pero en cuanto a cualquier fuerte deseo de las verdades más profundas de la Palabra de Dios, no tienen la menor idea de lo que significa, ni de por qué deberían ser necesarias para ellos. Cuando nuestro autor habla del poder de la sangre de Jesús en el cielo (Hebreos 9:12, 24), de la apertura del Lugar Santísimo (Hebreos 10:20), de nuestra entrada para habitar allí (Hebreos 10:19-22); y luego, de nuestra salida hacia Él fuera del campamento (Hebreos 13:13), las palabras no encuentran respuesta, porque no satisfacen ninguna necesidad del alma. Que cada lector escuche seriamente lo que Dios dice acerca de este estado.

Acerca del cual tenemos mucho que decir, y difícil de explicar, ya que os habéis vuelto perezosos para escuchar. La queja del escritor, no es que no tengan suficiente educación o poder mental para entender lo que dice. De ninguna manera. Pero las cosas espirituales deben ser discernidas espiritualmente (1 Corintios 2:14). La verdad espiritual sólo puede ser recibida por la mente espiritual, por un corazón sediento de Dios, y que sacrifica este mundo por el conocimiento y por el disfrute de lo invisible. Estaban contentos con su conocimiento del Cristo crucificado; pero el Cristo celestial, — y de Su poder para sacarlos del mundo, y de dar el cielo en sus corazones — no tiene más que un pequeño atractivo para ellos.

En la vida cristiana, todo el que progresa realmente se siente obligado a enseñar a los demás. El amor de Cristo en el corazón debe desbordarse hacia los que lo rodean. Los hebreos eran cristianos desde hacía tanto tiempo, que debían ser maestros. Sin embargo, lo que ocurrió fue todo lo contrario. *Porque debiendo ser ya maestros a causa del tiempo, tenéis necesidad de volver a ser enseñados acerca de los primeros rudimentos concernientes a los oráculos de Dios.* De igual manera, hay muchos cristianos, cuya vida cristiana consiste en estar siempre aprendiendo (Cf. 2 Timoteo 3:7). Los sermones y los libros son un deleite, pero nunca pasan de la etapa de ser alimentados; no saben lo que es alimentar a otros. No hay un esfuerzo para apropiarse de la Palabra de Dios, como para ser fuertes para impartirla a otros. O no hay un verdadero anhelo de liberación del poder del pecado, y les falta el gran incentivo para un conocimiento más completo de Jesús y de Su poder celestial.

Y habéis llegado a ser tales que tenéis necesidad de leche, y no de alimento sólido. Donde no hay hambre del alimento sólido (la verdad superior del Sacerdocio Celestial de Cristo), o la falta de voluntad para hacer uso de lo que se recibe para ayudar a los demás, las facultades espirituales se empequeñecen y se debilitan, y el cristiano nunca llega más allá, del uso de la leche destinada a los bebés. En la vida cristiana, como en la naturaleza, hay dos etapas, la de la infancia o de la niñez; y la otra, la de virilidad o de la vida adulta. En la naturaleza, el crecimiento de la una hacia la otra, viene espontáneamente. En la gracia esto no es así. Es posible que un cristiano permanezca toda su vida en una infancia enfermiza, necesitando siempre ayuda, en lugar de ser una ayuda para otros. La causa de esto es la pereza, la renuencia a hacer el sacrificio necesario para el progreso, la falta de voluntad para abandonarlo todo y seguir a Jesús. Y esto también se debe en gran medida, al error fatal de que en la religión nuestro único pensamiento es la seguridad, y que podemos estar contentos cuando se alcanza una cierta garantía de ello. Un alma así, no se preocupa por la bendición celestial de ser conformado a la imagen de Jesús (Romanos 8:29), de la comunión viva con Dios, y del privilegio divino de llevar la vida y la bendición a los hombres.

Una de las grandes necesidades de los maestros de la Iglesia en nuestros días, es que tengan una clara percepción del estado débil y enfermizo en que vive la mayoría de los cristianos, así como de lo que constituye una vida sana que llega a la perfección. A medida que ellos mismos entren en la plena experiencia del poder del Sacerdocio de Cristo, tal como el Espíritu Santo lo imparte en el corazón, podrán exhortar con autoridad, y ayudar eficazmente a todas las almas justas, para que puedan entrar a la plena salvación que Cristo ha provisto. Que Dios dé a su Iglesia tales maestros.

Conclusiones:

1. ¿No tenemos acaso aquí la razón por la cual hay tan poca búsqueda sincera de la santidad? ¿No tenemos acaso aquí la razón por la cual hay tan poca consagración verdadera para vivir para bendecir a otros? ¿No tenemos acaso aquí la razón por la cual hay tan poco del poder del Espíritu Santo en la vida de la Iglesia? Supliquemos a Dios que descubra el mal, y que visite a Su Iglesia. *Exhortémonos unos a otros cada día* (Hebreos 3:13), para que nos contentemos con nada menos que con una devoción entusiasta de todo corazón a Jesús.

2. Al prepararnos para pasar al estudio del santuario interior, en lo que sigue de la Epístola (Hebreos capítulos 7 al 10), consideremos una cosa que es muy cierta; y es que a menos que estemos realmente hambrientos de justicia (Mateo 5:6), y anhelemos una comunión íntima con Jesús, nuestro estudio posterior de la Epístola no nos será de muy provecho.

Roguemos a Dios que nos convenza de nuestra pereza, de nuestra satisfacción con los comienzos de la gracia, y que despierte en nosotros una ardiente sed de Él.

Capítulo 43: Alimento sólido para los que han alcanzado madurez

"Ya que cualquiera que participa de la leche, es inexperto para la palabra de la justicia, porque es niño; más el alimento sólido es para los que han alcanzado madurez, para los que por la práctica tienen los sentidos ejercitados en el discernimiento del bien y del mal"
(Hebreos 5:13-14).

Tenemos aquí el contraste entre las dos etapas de la vida cristiana. De la primera ya hemos hablado. La segunda etapa es la de la hombría: el hombre adulto, maduro o perfecto. Esto no viene, como en la naturaleza, con los años; sino que consiste en la entereza[236] de corazón con la que el creyente se entrega para ser todo para Dios. El corazón perfecto hace al hombre de Dios alcanzar la madurez. Los veinte años necesarios para que un niño se convierta en un hombre adulto, no son una regla en el reino de los cielos. Hay, en efecto, una mayor madurez y una serenidad que viene con la experiencia de los años. Pero incluso un joven cristiano, puede ser de los que han alcanzado madurez, de los que habla nuestra Epístola, con un corazón completamente sediento de la verdad más profunda y espiritual que ha de enseñar la Epístola, y con una voluntad que en verdad ha roto finalmente con el pecado, y ha considerado todas las cosas

---

[236] Nota del Traductor: Es decir, la cualidad de un creyente para afronta un problema o dificultad con serenidad y fortaleza.

como pérdida por la excelencia del pleno conocimiento de Cristo Jesús (Filipenses 3:8).

El contraste se expresa en las palabras: "*Ya que cualquiera que participa de la leche, es inexperto para la palabra de la justicia, porque es niño*". No se ha sometido a la disciplina que la Palabra exige y trae; no ha tenido, en la lucha de la obediencia práctica, experiencia de lo que la Palabra puede hacer para escudriñar y limpiar (Hebreos 4:12; Juan 15:3; Efesios 5:26), para fortalecer y bendecir. Su vida religiosa ha sido, como la de un bebé, que disfruta en ser alimentado. No tiene una experiencia real de *la Palabra de justicia*.

Con los perfectos, es decir, con los hombres maduros, ocurre todo lo contrario: "*más el alimento sólido es para los que han alcanzado madurez, para los que por la práctica tienen los sentidos ejercitados en el discernimiento del bien y del mal*". Así como en la naturaleza, el uso de los miembros, con mucho ejercicio para cada sentido y órgano, es una de las condiciones más seguras de un crecimiento saludable, así también ocurre con el cristiano. Es cuando las facultades, que Dios nos da en la vida espiritual, se emplean para el uso que Él les dio, y nuestros sentidos espirituales se mantienen en pleno ejercicio, que pasamos de la débil infancia a la madurez. Este ejercicio de los sentidos tiene una referencia especial a aquello para lo que hemos sido salvos: una vida de obediencia y de santidad; es para *discernir el bien y el mal. El ojo* se ejercita para ver y conocer el camino de Dios y a Aquel que guía en él; *el oído* para oír Su voz; *la conciencia*, para rechazar todo lo que no es agradable a Dios o incluso dudoso; *la voluntad*, para elegir y hacer sólo lo que es Su voluntad.

Es de suma importancia que nos fijemos bien en esto. La capacidad de entrar en las verdades más profundas que se van a revelar, no depende del talento o del estudio, de la sagacidad o del genio; sino de la ternura con que el alma se ha ejercitado en la vida diaria *en el discernimiento del bien y del mal*. La redención en Cristo es para salvarnos del pecado, y devolvernos a la obediencia perfecta y a la comunión sin obstáculos con Dios. La enseñanza espiritual de nuestra Epístola, se apreciará a medida que el deseo de no pecar se haga más intenso, y la aceptación de Jesús como el Liberador Residente del pecado se haga más completa, y la entrega a la operación de Dios para hacer Su voluntad en nosotros, se haga más completa. Es una sensibilidad santa al menor pecado, que surge del uso y del ejercicio fiel de los sentidos hasta donde haya luz; éste es el sentido espiritual u órgano para la verdad espiritual, la característica del hombre que ha alcanzado la madurez. En las cosas de Dios una conciencia dócil y una voluntad doblegada, son más importantes que el intelecto más elevado.

Así son *los que han alcanzado madurez*. La palabra *madurez* o *perfección*, significa aquí exactamente lo que significó cuando se usó con relación a Jesús en unos versículos antes (en Hebreos 5:9). Su perfección vino a través de la obediencia. En las tentaciones, Jesús mismo fue ejercitado para discernir entre el bien y el mal: en el desierto (Mateo 4:1) y en el huerto de Getsemaní (Mateo 26:36; Marcos 14:32), tuvo que ayunar, velar y orar, para que el deseo legítimo de Su naturaleza humana, no lo llevara a pecar: así fue perfeccionado. Y ésta es la perfección o madurez cristiana: la comunión con Cristo, por medio del Espíritu que mora en Él, en Su obediencia.

Más el alimento sólido es para los que han alcanzado madurez. ¿Y qué es este alimento sólido? El contexto no deja dudas en cuanto a la respuesta. Es el conocimiento de Cristo como Melquisedec, como se va a exponer ahora. Conocer a Cristo como Aarón, creer en Su expiación en la tierra, y en el perdón por medio de Su sangre, esto se encuentra a menudo en los cristianos que se contentan con permanecer como meros bebés, completamente perezosos e inmóviles. Pero conocer a Cristo como Melquisedec en Su Sacerdocio Celestial (Hebreos 6:20; 7:1, 10-11, 15, 17, 21), obrando en nosotros con el poder de una vida indestructible (Hebreos 7:16); como un Salvador capaz de salvar completamente (Hebreos 7:25); como el Ministro del santuario (Hebreos 8:2), que ha abierto el Lugar Santísimo, y nos lleva a morar allí (Hebreos 10:19-20); como el Mediador del Nuevo Pacto (Hebreos 12:24), que realmente cumple Su promesa (Hebreos 8:6; 10:36) y escribe la ley de Dios con poder vivo en nuestro corazón (Hebreos 8:10; 10:16); éste es el *alimento sólido para los que han alcanzado madurez.* La enseñanza de la Palabra está abierta y es gratuita para todos, pero sólo los que se han entregado a la madurez, sienten la necesidad y el hambre de ella; sólo ellos son capaces de recibirla y de asimilarla, porque son los únicos que se han decidido de hecho, a contentarse con nada más ni nada menos, que con lo que Cristo puede hacer por ellos, y a considerar todas las cosas como pérdida (Filipenses 3:8) por causa de la posesión de esta perla de gran valor (Mateo 13:45-46). Toda la enseñanza externa y el conocimiento de las palabras de los profetas y de Cristo, deben dar paso al hablar interno de Cristo en el alma por el Espíritu Santo. Son las almas que rompen la cáscara y tienen hambre de alimentarse de la semilla misma, de la vida misma de Dios en Cristo (Filipenses 3:3-4), las que llegarán a ser maduras en Cristo Jesús.

Conclusiones:

1. Estos cristianos hebreos son reprendidos por no ser maduros. No se deja a su elección, si han de ser cristianos notables. Dios espera que cada hijo Suyo sea tan notable en la gracia y en la piedad como sea posible que Cristo lo haga.

2. *"Hasta que todos lleguemos a la unidad de la fe y del pleno conocimiento del Hijo de Dios, a un varón de plena madurez, a la medida de la estatura de la plenitud de Cristo"* (Efesios 4:13): éste debe ser nuestro objetivo. El motivo y el poder para buscar esto, lo tenemos en nuestro Señor Jesús.

3. Que nada nos satisfaga, sino vivir enteramente para Cristo; Él es digno (Apocalipsis 4:11; 5:9).

Capítulo 44: Prosigamos hacia la madurez

"Por tanto, dejando la palabra de los comienzos[237] de la enseñanza de Cristo, vayamos hacia adelante hacia la madurez; no echando otra vez el fundamento del arrepentimiento de obras muertas, y de la fe en Dios, de la enseñanza de bautismos, de la imposición de manos, de la resurrección de los muertos, y del juicio eterno. Y esto haremos a la verdad, si Dios nos lo permite" (Hebreos 6:1-3).

Hemos visto cómo entre los hebreos había dos clases de cristianos. Se encuentran en toda iglesia cristiana: Hay algunos que, en lugar de crecer para ser maestros y ayudantes de otros, permanecen siempre como bebés, y tienen necesidad de que alguien les enseñe de nuevo *los primeros rudimentos concernientes a los oráculos de Dios.* Hay otros que son hombres maduros o completamente crecidos, que han tenido sus sentidos espirituales ejercitados en el discernimiento del bien y del mal, y son capaces de recibir el alimento sólido del conocimiento de la perfección de Cristo y de Su obra. Escuchemos cómo la Palabra nos llama a salir de toda pereza y debilidad, y avanzar hacia la madurez que Cristo ha venido a revelar.

Primero oímos qué es lo que debemos dejar. *Por tanto, dejando la palabra de los comienzos de la enseñanza de Cristo.* En Hebreos 3:14, se nos instó a conservar firme hasta el final el principio

---

[237] O, dejemos la palabra de los principios.

de nuestra confianza. Estas dos expresiones no están en desacuerdo. El principio es la semilla o el primer principio, del cual la vida posterior debe crecer y expandirse hasta la madurez. Este principio, como raíz de todo lo que ha de venir, debe mantenerse firme hasta el final. Pero el principio, por ser sólo el comienzo de algo mejor, debe dejarse. Es un terrible malentendido de las palabras: *"Retén firme lo que tienes"* (Apocalipsis 3:11; BTX3), imaginar que simplemente necesitamos conservar lo que ya tenemos. De ninguna manera. Debemos darnos cuenta, de que el conocimiento de Cristo y de la medida de la gracia que recibimos en la conversión, no pueden ser suficientes para nuestra vida futura. Necesitamos cada día aprender más de Cristo, hacer nuevos avances en la obediencia, ganar mayor experiencia del poder de la vida celestial. No puede haber una vida sana, sin crecimiento y progreso. Debemos dejar *la palabra de los comienzos de la enseñanza de Cristo.*

No echando otra vez el fundamento. Un constructor, cuando ha puesto sus cimientos, deja de trabajar en ellos y comienza a construir sobre ellos. Hay cristianos que nunca van más allá de los cimientos, que nunca saben lo que es la casa por la cual están colocados los cimientos; que nunca saben lo que es ser una morada de Dios por medio del Espíritu (Efesios 2:22), y habitar en el amor y el poder de Dios. El escritor menciona, en tres pares, seis puntos que pertenecen a las verdades del fundamento, en las cuales el joven principiante tiene que ser instruido. (1) El *arrepentimiento de obras muertas y de la fe en Dios*: estos son en realidad sólo los rudimentos de la palabra de Cristo. (2) Luego siguen dos puntos que tienen que ver con la confesión pública de la fe y con su vinculación con la Iglesia: *la enseñanza de bautismos y la imposición de manos*. Y luego, (3) dos más, que se refieren a la vida futura: *la resurrección de los muertos y el juicio eterno*. Sin estas verdades elementales, difícilmente se podría ser cristiano; pero el hombre que se contenta con ellas, y no se preocupa por saber más, no puede ser un cristiano como Dios quiere, se tiene razones para dudar de si verdaderamente es un cristiano.

Por tanto, dejando la palabra de los comienzos de la enseñanza de Cristo, vayamos hacia adelante hacia la madurez. No es difícil saber qué significa aquí *la madurez*. Madurez es lo que corresponde a su ideal, lo que es como debe ser, lo que responde a lo que su Creador quiso. Ningún padre se contenta con que su hijo siga siendo un bebé; lo educa para que sea un hombre adulto. Dios ha puesto ante nosotros, en Su Palabra, la vida que realmente quiere que vivamos, y llama a cada verdadero hijo Suyo a dejar los comienzos, y a avanzar hacia la madurez, a avanzar para ser todo lo que ha prometido hacernos. Dios no quiere que busquemos otra cosa; con menos, no nos atrevemos a contentarnos, no sea que nos engañemos a nosotros mismos.

En Cristo Jesús, y en Su vida en la tierra, tenemos la encarnación de esa perfección, ya que consiste en una vida entregada a la obediencia a la voluntad de Dios; la prueba de que es posible para un hombre verdadero, vivir una vida que agrade al Padre; la promesa de que, desde Su trono en el cielo,

Él ahora impartirá y obrará en nosotros lo que ha logrado. En el sufrimiento se entregó a Dios para perfeccionarlo. En el sufrimiento aprendió la obediencia, y fue hecho perfecto, para ser así, fuente de eterna salvación para nosotros (Hebreos 5:9). Él es ahora, como el Hijo perfeccionado para siempre, nuestro Sumo Sacerdote; en el cielo obra en nosotros, en el poder de la vida celestial, esa perfección a través de la cual como nuestro Líder abrió el camino a la gloria. Nuestra madurez o perfección no puede ser otra que la de Cristo mismo: Su perfección es nuestro modelo, Su perfección es nuestra vida y nuestra fuerza. Dios no desea ni puede satisfacerse con nada en nosotros, sino con lo que ve de Su Hijo amado en nosotros, y de Su perfección a través del sufrimiento y de la obediencia.

Por tanto, dejando la palabra de los comienzos de la enseñanza de Cristo, vayamos hacia adelante hacia la madurez. Y esto haremos a la verdad, si Dios nos lo permite. Es como si dijera: Los capítulos siguientes han de ser la enseñanza de la madurez cristiana. Seguiremos adelante con vosotros y os ayudaremos a seguir adelante, dándoos el alimento sólido, que es la nutrición y la fuerza de los que han alcanzado madurez: el Sacerdocio Celestial de Cristo, en el poder de una vida indestructible (Hebreos 7:16). Su gloria y Su poder como el Mediador del Nuevo Pacto (Hebreos 8:6; 9:15; 12:24), escribiendo la ley de Dios en nuestro corazón (Hebreos 8:10; 10:16), la infinita eficacia de la sangre para abrirnos el Lugar Santísimo (Hebreos 9:12; 13:12), y limpiarnos para entrar y servir al Dios vivo (Hebreos 9:14), estas y otras verdades similares, que revelan la perfección que Cristo alcanzó en Su vida humana, y a la que nos eleva con Su poder divino, constituyen el alimento sólido para los que han alcanzado madurez. La perfección de Cristo, como verdad revelada, se convierte en la perfección o madurez del creyente, como la vida experimentada, en aquellos que consideran todas las cosas como pérdida por causa de la excelencia del pleno conocimiento de Cristo nuestro Señor (Filipenses 3:8).

Conclusiones:

1. Mantengamos la distinción entre la doctrina del fundamento y la doctrina de la madurez. Hay verdades del comienzo de la enseñanza de Cristo, que hemos tratado en la primera mitad de la Epístola: Su divinidad y Su humanidad, Su sustitución, gustando la muerte por todos (Hebreos 2:9), y Su entrada en el cielo, en la medida en que fue tipificada por Aarón. En la segunda mitad, tenemos lo que se necesita para completar la vida cristiana; el poder de la vida celestial, tal como se asegura en el Sacerdocio Celestial y el Santuario Celestial. Por lo tanto, vayamos hacia adelante hacia la madurez.

2. *"Vayamos hacia adelante hacia la madurez"*. Tomad esto como una orden clara de parte de Dios, que nos habla en Su Hijo (Hebreos 1:2). Escuchad Su voz, no os contentéis con los comienzos, seguid adelante hasta la madurez, hasta el hombre de plena madurez, hasta la medida de la estatura de la plenitud de Cristo (Efesios 4:13).

3. Comparémoslo con Pablo (Filipenses 3:12-15): "*Prosigo, por ver si logro asir aquello para lo cual fui también asido por Cristo Jesús*" (v. 12). "*Olvidando ciertamente lo que queda atrás, y extendiéndome a lo que está delante, prosigo a la meta*" (v. 13). "*Así que, todos los que somos perfectos, pensemos de esta misma manera*" (v. 15). Prosigamos hacia la madurez.

Capítulo 45: El peligro de caer

"Porque es imposible que los que una vez fueron iluminados y gustaron del don celestial, y fueron hechos partícipes del Espíritu Santo, y que asimismo gustaron de la buena palabra de Dios, y los poderes del siglo venidero, y pese a ello recayeron, sean otra vez renovados para arrepentimiento, crucificando de nuevo para sí mismos al Hijo de Dios, y exponiéndole a la ignominia pública. Porque la tierra que bebe el agua de lluvia que muchas veces viene sobre ella, y produce hierba provechosa a aquellos por los cuales es labrada, recibe la bendición de Dios; más la que produce espinos y abrojos, es reprobada, y está próxima a ser maldecida; cuyo final será el ser quemada" (Hebreos 6:4-8).

Sigamos avanzando hacia la madurez. *Porque es imposible que los que una vez fueron iluminados... sean otra vez renovados para arrepentimiento.* El argumento es de una solemnidad indecible. La vida cristiana es en todo sentido, un progreso en medio de las dificultades. En el comercio, en el estudio, en la guerra, se dice tan a menudo: no hay seguridad sino en el avance. Quedarse quieto es retroceder. Dejar de esforzarse es perder el terreno. Disminuir el ritmo, antes de llegar a la meta, es perder la carrera. La única característica segura de que somos verdaderos cristianos, de que realmente amamos a Cristo, es el profundo anhelo y el esfuerzo constante por conocer más de Él. Decenas de miles de personas han demostrado que contentarse con empezar bien, no es más que el primer paso en un camino que lleva hacia atrás; y que finalmente, termina perdiéndolo todo. Todo el punto del argumento, de este caso de los que se alejan volviendo atrás, es: *vayamos hacia adelante hacia la madurez.*

Para comprender su fuerza, debemos notar especialmente dos cosas, con respecto a los que se alejan: la estatura que pueden haber alcanzado, y la profundidad irreversible en la que se hunden. En cuanto a lo primero, se utilizan cinco expresiones: "que una vez fueron iluminados"; "gustaron del don celestial"; "fueron hechos partícipes del Espíritu Santo"; "gustaron de la buena palabra de Dios"; y de "los poderes del siglo venidero". En cuanto a esto último, se nos dice: que *es imposible, que los que recayeron, sean otra vez renovados para arrepentimiento, crucificando de nuevo para sí mismos al Hijo de Dios, y exponiéndole a la ignominia pública.*

La respuesta que siempre se sugiere aquí, tiene que ver con la verdad bíblica acerca de la perseverancia de los santos, en la que tantos santos de Dios han encontrado su fuerza y su gozo. Nuestro Señor Jesús habló de Sus ovejas (Juan 10:28-29): *"Y Yo les doy vida eterna y jamás perecerán, y nadie las arrebatará de Mi mano. Mi Padre que me las dio es mayor que todos, y nadie las puede arrebatar de la mano del Padre".* Cuando Él da la vida eterna a un alma; esa alma es una vida que no se puede perder.

Este es el *lado divino* de la verdad. Toda verdad tiene dos lados. La única manera de comprender la verdad en su totalidad, es mirar cada uno de sus lados como si fuera un todo completo, y someternos a toda su fuerza[238]. También hay un *lado humano*. La Escritura dice palabras muy solemnes de advertencia con respecto a la posibilidad de recibir la gracia de Dios en vano, de comenzar bien, y luego caer de la gracia (2 Corintios 6:1; Gálatas 5:4). Nuestro Señor habló más de una vez, del hombre que recibe la Palabra con gozo, pero no tiene raíz en sí mismo: que sólo cree por un tiempo (Véase Mateo 13:20-21; Marcos 4:16-17; Lucas 8:13). En tiempos de avivamiento, de poderosas influencias espirituales, como en Corinto y Galacia, muchos fueron poderosamente afectados e incluso manifiestamente cambiados; quienes en tiempos posteriores demostraron que nunca habían nacido de nuevo verdaderamente; no habían recibido la vida eterna. De estos habla nuestro texto. Es posible que las emociones sean tocadas y que la voluntad sea afectada, sin que el corazón sea verdaderamente renovado. Se pueden recibir los dones del Espíritu sin Sus gracias. El gozo de la luz en la mente puede confundirse con la vida en el alma. Y así, algunos que fueron considerados verdaderos creyentes por el hombre, pueden caer más allá de la esperanza de la renovación.

---

[238] Nota del Traductor: Con esta declaración Murray hace notar, que la postura bíblica entorno a la salvación no es ni el calvinismo ni el arminianismo. En realidad, la salvación no se pierde, es eterna; lo que se pierde es el Reino, nuestro galardón en el Tribunal de Cristo (Romanos 14:10; 2 Corintios 5:10; 2 Juan 8), nuestra participación en las Bodas del Cordero (Apocalipsis 19:7, 9; Mateo 22:11-14) y nuestro disfrute de Cristo en el Reino Milenial (Apocalipsis 2:26; 3:21; 20:4). Este es el punto de esta Epístola, al forzarnos a entrar (Lucas 14:23) en Su reposo (Hebreos 4:8-11); como también lo era el de nuestro Señor Jesucristo en el Apocalipsis, al insistir tanto, en decirnos: "al que venciere" (Apocalipsis 2:7, 11, 17, 26; 3:5, 12, 21; 21:7). Dios quiere que seamos cristianos vencedores, como Josué y Caleb, cristianos que entrar en Su reposo hoy; para que, de igual manera, disfruten de la plenitud de este reposo en el Reino venidero.

¿Y cómo, entonces, hemos de saber quiénes han recibido verdaderamente la vida eterna? y ¿cuál es la señal de que no es un mero cambio superficial o temporal? No hay ninguna señal por la que el hombre pueda saber esto. La única señal segura de que la perseverancia de los santos será nuestra, es la perseverancia en la santidad, en la santificación y en la obediencia. Somos Su casa, hemos sido hechos participantes de Cristo, si nos mantenemos firmes hasta el final (Hebreos 3:6). Mi seguridad de la salvación, no es algo que pueda llevar conmigo, como un boleto de tren o como un cheque del banco, para usarlo según sea la ocasión. ¡No!, el sello de Dios para mi alma es el Espíritu Santo (2 Corintios 1:22; 5:5; Efesios 1:13; 4:30); es en una vida en el Espíritu donde reside mi seguridad; es cuando soy guiado por el Espíritu y cuando es Espíritu da testimonio con mi espíritu, y puedo entonces clamar: ¡Abba, Padre! (Romanos 8:14-16). Jesús no sólo da la vida; sino que Él mismo es nuestra vida (Colosenses 3:4; 1 Juan 5:11-12). Mi seguridad de la salvación sólo se encuentra en la comunión viva con el Jesús viviente en el amor y en la obediencia.

Esto es lo que vemos en Hebreos 6:7-8: *Porque la tierra que bebe el agua de lluvia que muchas veces viene sobre ella, y produce hierba provechosa a aquellos por los cuales es labrada, recibe la bendición de Dios; si produce espinas, es rechazada.* El alma que se contenta con beber la lluvia, y sólo busca su propia felicidad, sin dar fruto, tiene toda la razón para temer. Es en el crecimiento y en la fecundidad, en el ejercicio de los sentidos para discernir el bien y el mal (Hebreos 5:14), en el avance hacia la madurez, en el seguimiento de nuestro Precursor en el camino en el que Él se perfeccionó, por la obediencia a la voluntad de Dios, que sabemos que tenemos la vida eterna.

"Porque la palabra de Dios es viva y eficaz, y más cortante que toda espada de dos filos" (Hebreos 4:12).

Que cada uno de nosotros se someta al poder de discenimiento de la Palabra. Cualquier cosa que se parezca a la pereza, y que se contente con nuestros comienzos únicamente, es indeciblemente peligrosa. Lo único que se puede hacer es prestar más atención, dar mayor diligencia para entrar en el reposo, y con todo nuestro corazón seguir adelante hacia la madurez.

Conclusiones:

1. El autoengaño es una posibilidad solemne. Nuestra única salvaguardia es Dios, la entrega a Su luz escudriñadora, la confianza en Su fidelidad, la entrega a Su voluntad. Al pie del trono ningún alma puede perecer.

2. Avanzar hacia la madurez, es un mandamiento que no está destinado a unos pocos, sino a todos, y especialmente para los rezagados y para los débiles. Cuídate de cualquier sugerencia que te haga evadir la fuerza de este mandamiento y de la

obediencia inmediata al mismo. Que tu única respuesta sea: ¡Sí, Señor! Abre tus ojos y tu corazón al estado de todos los que te rodean, que son perezosos y están rezagados, y ayúdales. Por razón del tiempo, debéis ser maestros.

Capítulo 46: Acerca de la diligencia y de la perseverancia

"Pero de vosotros, oh amados, esperamos cosas mejores, cosas que son propias de la salvación, aunque nos oigáis hablar así. Porque Dios no es injusto para olvidar vuestra obra y vuestro trabajo de amor que habéis mostrado hacia Su nombre, habiendo asistido y asistiendo aún a los santos. Más deseamos que cada uno de vosotros muestre la misma solicitud hasta el final, para el cumplimiento de la esperanza, que no os hagáis perezosos, sino más bien imitadores de aquellos que por la fe y por la longanimidad[239] heredan las promesas" (Hebreos 6:9-12).

En toda comunidad cristiana hay dos clases de creyentes. Hay algunos que se entregan de todo corazón a buscar y a servir a Dios. Hay otros, que con demasiada frecuencia son la mayoría, que, como Israel, se contentan con la liberación de Egipto, y se instalan en la pereza, sin luchar por la plena posesión de la promesa, del reposo en la tierra prometida. Al hablar a una iglesia así, uno podría dirigirse a las dos clases por separado. O bien, en ese momento, nos podríamos dirigir a todo el Cuerpo desde uno de los puntos de vista; y luego, desde el otro punto de vista. Esto es lo que hace la Epístola; en

---

[239] Nota del Traductor: Es el nombre griego *makrothymias* [G3115]: largura de ánimo (loganimidad), paciencia, clemencia, constancia. Algunas versiones de la Biblia, como: La Biblia Corona de Jerusalén, la Biblia de Jerusalén, la Nueva Traducción Viviente, el Nuevo Testamento de Pablo Besson, la Santa Biblia de Dr. Evaristo Martín Nieto, la Versión de la Universidad de Jerusalén, traducen este nombre griego, como: "perseverancia".

su advertencia se dirige a todos por igual, como si todos estuvieran en peligro; en su exhortación y estímulo, habla como si todos compartieran los mismos sentimientos del grupo de creyentes más adelantados.

Pero, amados, estamos persuadidos de cosas mejores de vosotros, y de las cosas que acompañan a la salvación, aunque hablemos de esta manera acerca de la caída, y de la imposibilidad de la renovación[240]. Tenemos la esperanza de que nuestra palabra de advertencia dará fruto; y que, por la gracia de Dios, que ya ha obrado en vosotros, seréis estimulados a levantaros de toda pereza e incredulidad, y a seguir adelante. Esperamos que Dios mismo perfeccione Su obra en vosotros (Filipenses 1:6).

Porque Dios no es injusto para olvidar vuestra obra y vuestro trabajo de amor que habéis mostrado hacia Su nombre, habiendo asistido y asistiendo aún a los santos. Si había mucho en el estado presente de los hebreos, que lo hacía sentir ansioso por ellos; sin embargo, el escritor se anima a sí mismo y a ellos, haciendoles remembranza del pasado. Cuando el evangelio fue predicado entre ellos, habían recibido a los mensajeros de Cristo con gozo, y estuvieron junto a ellos compartiendo el reproche y el vituperio por causa de Su Nombre. Incluso ahora, todavía había entre ellos un amor hacia el pueblo de Dios. Y Dios no es injusto al olvidar lo que se ha hecho por Su Nombre y por Su pueblo; la recompensa del vaso de agua fría

---

[240] Nota del Traductor: Murray parafrasea aquí los versículos de Hebreos 6:6, 9.

puede ser recordada por Dios (Véase Mateo 10:42), incluso cuando el dador se haya enfriado; y puede ser la razón por la que venga la bendición que lo restaure de nuevo. Dios no sólo se acuerda del pecado; se acuerda mucho más de la obra de amor.

Más deseamos que cada uno de vosotros muestre la misma solicitud hasta el final, para el cumplimiento[241] de la esperanza. En todos los negocios de este mundo, la diligencia es el secreto del éxito. Sin la atención, el trabajo y el esfuerzo sincero, no podemos esperar que nuestro trabajo prospere. Sin embargo, hay muchos cristianos que se imaginan que en la vida cristiana las cosas vendrán por sí solas. Cuando se les dice que Jesús se compromete a hacerlo todo, consideran esto como un boleto a una vida fácil. ¡Ciertamente que no es así! Jesús lo hará todo, pero lo hace para inspirarnos Su propio espíritu de abnegación y de devoción a la voluntad del Padre, Su propia disposición a abandonar toda facilidad y comodidad para complacer a Dios y a los hombres, Su incansable diligencia en obrar mientras es de día (Véase Juan 9:4). Y así nuestro escritor insta a sus lectores a mostrar la misma diligencia que habían manifestado anteriormente, para llevar hasta el final *el cumplimiento de la esperanza.*

Tenemos aquí las mismas tres palabras, que tuvimos en la segunda advertencia. Allí leímos: *"Por tanto, procuremos*

---

[241] Nota del Traductor: O, *para plena certeza* (RVR-1960). Véase el comentario a Hebreos 10:22 [Es decir, el capítulo 86].

diligentemente entrar en aquel reposo" (Hebreos 4:11). *"Si hasta el final retenemos firme la confianza y el gloriarnos en la esperanza"* (Hebreos 3:6). *"Con tal que conservemos firme hasta el final el principio de nuestra confianza"* (Hebreos 3:14). Las grandes señales de la perseverancia cristiana se unen aquí una vez más. La *esperanza* mira hacia adelante y vive en las promesas; se gloría de antemano en la certeza de su cumplimiento. La esperanza resplandeciente es uno de los elementos de una vida cristiana sana, uno de los más seguros preventivos contra la recaída. Esta esperanza debe ser cultivada; se debe dar diligencia a la plenitud de la esperanza, una esperanza que abarque toda la plenitud de las promesas de Dios, y que llene todo el corazón. Y todo esto, debe ser hasta el final, con una paciencia y con una perseverancia que no conozca el cansancio, que espere el tiempo de Dios, y que busque con paciencia hasta que llegue el cumplimiento.

Que no os hagáis perezosos. Esto es lo que había hecho tanto daño: habían sido perezosos al escuchar (Hebreos 5:11). Este es el peligro que todavía amenaza. *Sino más bien imitadores de aquellos que por la fe y por la longanimidad heredan las promesas.* El escritor había hablado en la advertencia anterior, del ejemplo de los padres en el desierto (Cf. Hebreos 3:8, 17); aquí les anima, recordándoles a *los que por la fe y por la longanimidad, habían heredado las promesas.* La longanimidad es la perseverancia de la fe. La fe se apodera de inmediato de todo lo que Dios promete, pero corre el peligro de relajarse. La longanimidad, viene para decir cómo la fe necesita ser renovada diariamente; y fortalece el alma, incluso cuando la promesa se demora, para mantenerse firme hasta el final. Esta es una de las grandes lecciones prácticas de nuestra Epístola; y una, que el joven creyente necesita especialmente. La conversión no es más que un comienzo, un paso, una entrada en un camino; cada día debe renovarse su entrega (2 Corintios 4:16); cada día la fe debe aceptar de nuevo a Cristo, y encontrar su fuerza en Él. Por la fe y por la longanimidad heredamos, entramos en la posesión de las promesas. La salvación consiste en lo que Cristo Jesús *es* para nosotros y *hace* en nosotros. Cada día debe haber una comunión personal con Él, una clara entrega personal a Sus enseñanzas y a Su obra, si Él ha de ser realmente nuestra vida. Guardémonos, por encima de todo, de descansar o de confiar inconscientemente en lo que tenemos o disfrutamos de la gracia. La vida celestial sólo puede mantenerse en su frescura y en su poder, por medio de la fe y la longanimidad, por medio de la incesante renovación diaria de nuestra consagración y de nuestra fe, en nuestro tiempo de quietud con nuestro amado Señor.

Conclusiones:

1. Dios no es injusto para olvidar tu trabajo. Cuántas veces habló Dios a Israel acerca de su primer amor. Qué estímulo para los que se han enfriado, para que vuelvan y confíen en Él para restaurarlos. Dios no puede olvidar lo que ha pasado entre tú y Él.

2. Que no os hagáis perezosos, ni tan siquiera por un solo día. Podemos perder en una hora, por falta de vigilancia, lo que

hemos ganado en un año. Cristo y Su servicio piden tu atención indivisible e incesante.

3. No permitas que el camino de Dios parezca demasiado lento o demasiado difícil. Deja que la paciencia haga su obra perfecta. Como el labrador tiene longanimidad con la semilla, así Dios es longánime contigo. Sé longánime con Él. Recuerda esta sencilla lección. Cada día renueva tu entrega a Jesús (2 Corintios 4:16), y tu fe en Él, tu esperanza en Dios. La fe y la longanimidad deben heredar las promesas.

Capítulo 47: La herencia de la promesa

"Porque al efectuar Dios Su promesa a Abraham, no pudiendo jurar
por otro mayor, juró por Sí mismo, diciendo: 'De cierto te bendeciré
con bendición y te multiplicaré en gran manera'. Y así, esperando
con longanimidad[242], alcanzó la promesa" (Hebreos 6:13-15).

La Epístola trata de uno de los mayores peligros de la vida espiritual. Toda la experiencia confirma ampliamente lo que se vio en las primeras iglesias cristianas; que muchos que empezaron bien, luego se quedaron inmóviles y volvieron atrás. La vida cristiana es una carrera: empezar no sirve de nada, si no se corre hasta el final y se llega a la meta (1 Corintios 9:26). La fe puede aceptar; pero sólo la longanimidad hereda la promesa. Día tras día, sin intermisión, más bien con un celo y con una diligencia cada vez mayores, nuestra lealtad a Jesús, nuestro Líder, debe mantenerse; o inevitablemente, se producirá un retroceso. Y la Iglesia de Cristo es un verdadero hospital de cristianos que han recaído, que quisieron honestamente, en el gozo de su primer amor, vivir enteramente para Dios; y que, sin embargo, se hundieron gradualmente en una vida de formalidad y de debilidad. No hay nada que la Iglesia necesite más, que la predicación de la diligencia y de la perseverancia diarias, como condición indispensable para el crecimiento y para la fortaleza. Aprendamos de la Epístola, cómo se pueden fomentar estas virtudes en nosotros y en los demás. El escritor había hablado

---

[242] O, sufriendo largamente.

de los que por la fe y la perseverancia heredan las promesas. Ahora nos mostrará, a partir del ejemplo de Abraham, lo que esto significa. Primero nos señala, como siempre, lo que Dios promete; y luego, la disposición que debe haber en el hombre que reclama y en quién obra esto.

Porque al efectuar Dios Su promesa a Abraham, no pudiendo jurar por otro mayor, juró por Sí mismo, diciendo: "De cierto te bendeciré con bendición y te multiplicaré en gran manera". Cuanto más profunda sea nuestra percepción de la certeza y de la plenitud de la bendición de Dios, más se estimulará nuestro corazón para creer y para perseverar. La Palabra de Dios es nuestra seguridad, de lo que debemos esperar. ¿Cuánto más grande debe ser nuestra confianza, cuando esa Palabra es un juramento? De esto hablan los siguientes versículos. Aquí se nos presenta la plenitud de la bendición de Dios en la promesa dada a Abraham: como su descendencia, somos sus herederos, lo que Dios le prometió a él, es también para nosotros. No debemos contentarnos con nada menos; nada menos, nos estimulará a una vida como la suya, en la fe y la paciencia.

"De cierto te bendeciré con bendición y te multiplicaré en gran manera[243]" (Véase Génesis 22:17). En hebreo, la repetición de un verbo sirve para dar fuerza a lo que se dice, para expresar la certeza y la grandeza de lo que se afirma. En la boca de

---

[243] Nota del Traductor: Literalmente dice en el Texto Griego: "te multiplicaré con multiplicación".

Dios, la repetición de: "Bendición", "bendeciré", "multiplicación" y "multiplicaré", tenía por objeto despertar en el corazón de Abraham, la confianza de que la bendición iba a ser, en efecto, algo muy maravilloso y digno de Dios, una bendición con poder divino y con plenitud divina. Lo que iba a ser esa bendición, lo muestra la segunda mitad de la frase: *te multiplicaré en gran manera*. La Escritura nos enseña que la mayor bendición que Dios puede conceder, la que nos hace verdaderamente semejantes a Dios, es el poder de multiplicarnos, de convertirnos, como Dios, en la fuente y en la bendición de otras vidas. Así, las dos palabras, están conectadas en pasajes como: Génesis 1:22, 28; 9:1. De los seres vivos se dice: *"Y Dios los bendijo, diciendo: Fructificad y multiplicaos, y llenad las aguas en los mares, y multiplíquense las aves en la tierra"*. Y del hombre: *"Y los bendijo Dios, y les dijo: Fructificad y multiplicaos; llenad la tierra, y sojuzgadla, y señoread en los peces del mar, en las aves de los cielos, y en todas las bestias que se mueven sobre la tierra"*. Así también de Noé y de sus hijos: *"Bendijo Dios a Noé y a sus hijos, y les dijo: Fructificad y multiplicaos, y llenad la tierra"*. Esta es la gloria de Dios, Él es el dispensador de la vida, ya que, en Sus criaturas, multiplica Su propia vida y bendición. Y es una de Sus más elevadas bendiciones, cuando comunica este poder de multiplicación a aquellos que elige para Su servicio. El poder de Su bendición a Adán, se ve en la raza que surgió de él; el poder de Su bendición a Abraham, en su simiente, incluso en el propio Jesucristo (Cf. Gálatas 3:16). Y a cada hijo de Abraham, a cada verdadero creyente, esta promesa sigue llegando con el mismo poder divino: *"De cierto te bendeciré con bendición y te multiplicaré en gran manera"*. Todo creyente que no haga más que reclamar y entregarse a la bendición de Dios, encontrará

que la bendición es un poder de la vida divina, que lo hará
fructífero en bendición para los demás (Cf. Juan 12:24; 15:5, 8),
y hará que sea cierto también para él: *te multiplicaré con
multiplicación*. Incluso nosotros, al igual que Cristo, podemos
convertirnos en sacerdotes (Cf. 1 Pedro 2:9), llevando la
bendición de Dios a los que no lo conocen.

Es cuando esta plenitud de bendición en su energía divina, es
cuando esta bendición que bendice, comienza a ser entendida,
y el alma ve que hay algo más allá de simplemente ser salvo
de la ira (Romanos 5:9-10); que también existe el hecho, de
llegar a ser un recipiente, un canal y un dispensador de la vida
y de la bendición de Dios para otros. Cuando el alma ve esto,
llega a estar verdaderamente dispuesta a sacrificarlo todo, a
soportándolo todo con longanimidad, hasta obtener la
promesa.

¿Cristiano, quieres ser un imitador de Abraham y dejar que el
Dios que le habló a él te hable a ti? Recuerda que no es tan
fácil recibir y reclamar esta promesa. Abraham la recibió por
la vía de la fe, la obediencia y el auto-sacrificio, en entrega
absoluta a la voluntad y a la dirección de Dios. Fue cuando
había sacrificado a Isaac; más aún, cuando al hacerlo se había
sacrificado a sí mismo, que esta promesa le fue dada con un
juramento (Véase Génesis 22:11-18). Dios te hablará con la
misma verdad que a Abraham. Aprende como él, a salir de tu
tierra y de tu parentela (Génesis 12:1; 24:7; Hechos 7:3);
entrégate a la dirección de Dios; prepárate para sacrificarlo

todo. Dios te encontrará también con su doble bendición. Y tu corazón se fortalecerá para escuchar Su voz: *"De cierto te bendeciré con bendición y te multiplicaré en gran manera"*. Y será verdad para ti como lo fue para Abraham: *Y así, esperando con longanimidad, alcanzó la promesa*. No sólo seremos los herederos, sino los verdaderos herederos de la promesa (Gálatas 3:29).

Conclusiones:

1. Esta promesa llega después de la más terrible advertencia. Hasta que el cristiano perezoso no se despierta, la promesa más preciosa no encontrará entrada en él. Cuando es despertado. Esa predicación de la promesa en su plenitud, le dará valor y fortaleza.

2. ¿Te condena tu corazón, y temes que haya poca esperanza de que te conviertas en un brillante, creciente y santo hijo de Dios, bendecido y hecho una bendición? Ven y aprende de Abraham el secreto, Dios le habló. Escucha a Dios. Deja que Dios te hable, síguele donde Él te guíe, obedece lo que Él te ordene. Él te llevará al lugar de la bendición, al lugar de la revelación de Sí mismo.

3. Y pon en práctica de inmediato la lección de hoy. No te desanimes si te sientes débil y frío (Cf. Apocalipsis 3:15), y si parece que no hay progreso. Escucha a Dios decirte: "Te bendeciré". Aliméntate de lo que Dios dice. Y confía, en que Él obrará en ti, todo lo que necesitas.

4. ¿Eres un obrero al servicio de Dios? Espera que Dios te diga también esta palabra: "Te multiplicaré con multiplicación". Él puede hacer, que incluso tú seas una bendición para muchos. Pero tal promesa necesita de un juramento para entrar en el corazón. Acepta y vive el juramento de Dios.

Capítulo 48: El juramento de Dios

"Porque los hombres ciertamente juran por uno mayor que ellos; y el final de todas sus controversias es el juramento como confirmación[244]*. Por lo cual, queriendo Dios mostrar más abundantemente a los herederos de la promesa la inmutabilidad de Su consejo, interpuso*[245] *juramento; para que, por dos cosas inmutables, en las cuales es imposible que Dios mienta, tengamos un fortísimo consuelo, los que nos hemos acogido en busca de refugio, a fin de echar mano de la esperanza presentada delante de nosotros"*
(Hebreos 6:16-18).

Para cualquier hombre serio, es siempre una cosa solemne prestar un juramento, y apelar al Dios Omnisciente por la verdad de lo que dice. Pero hay algo más solemne aún que jurar ante Dios, y es que Dios jure ante el hombre. Y de esto es de lo que nuestro escritor procede ahora a hablar. Ya había hablado del juramento de Dios en Su ira: *"No entrarán en Mi reposo"* (Hebreos 3:11; 4:3). En el próximo capítulo, señalará el profundo significado de que el nombramiento de Cristo como Sumo Sacerdote sea confirmado por medio de un juramento. Aquí desea mostrar a los creyentes, el fuerte estímulo que tienen en el juramento de Dios, para esperar con la mayor confianza, el cumplimiento de la promesa. Sólo esta confianza permitirá al cristiano soportar y vencer.

---

[244] Nota del Traductor: Es el nombre griego *bebaiôsin* [G951]: firmeza, estabilidad, confirmación, verificación, corroboración. Aparece solo aquí y en Filipenses 1:7, en todo el Nuevo Testamento.

[245] Actuar como mediador, dar garantía.

Consideremos esto una vez más. El juramento de Dios demuestra claramente que lo que Él busca, por encima de todo, es la fe; Él desea que se confíe en Él. La fe no es otra cosa que depender de Dios, para que haga por nosotros lo que nosotros no podemos hacer, es decir, para que haga lo que Él se ha comprometido a hacer. El propósito de Dios con respecto a nosotros es algo de infinita e inimaginable bendición. Él está listo, anhela como Dios, obrar en nosotros todo lo que ha prometido. No puede hacerlo, si no le abrimos nuestros corazones y nos rendimos en quietud y entrega, para que Él haga Su obra. Mientras esta fe no se apodera de nosotros, siempre estaremos buscando hacer Su obra por nosotros mismos, y lo obstaculizaremos en Su obra en nosotros. La fe nos enseña en profunda humildad y en dependencia, en mansedumbre y en paciencia, a ponernos en las manos de Dios, a darle paso y a esperar Su tiempo. La fe abre todo el corazón y la vida en expectación y en esperanza. Es entonces cuando Dios es libre para obrar; la fe le da Su lugar como Dios, y lo honra; y Él cumple la promesa, Él honra a los que le honran (1 Samuel 2:30). ¡Oh!, aprendan la lección, de que lo primero y lo último, lo único que Dios pide, es que confiemos en Él para hacer Su obra.

Es por esto que Él media, se interpone, con un juramento. Fíjate en las expresiones que se utilizan: *"queriendo Dios mostrar"*; habían mostrado su amor hacia Su nombre; se les había instado a mostrar diligencia hasta el cumplimiento de la esperanza; aquí se les dice lo que Dios les mostrará: *queriendo*

Dios mostrar más abundantemente a los herederos de la promesa la inmutabilidad de Su consejo. Dios quiere mostrarnos cuán inmutable es Su propósito de bendecirnos, si se lo permitimos, si confiamos en Él; y al confiar, lo dejamos obrar. Y quiere mostrarnos esto, de una forma *más abundantemente.* Quiere que tengamos una prueba tan abundante de ello, que podamos, — como lo vimos en Hebreos 2:1 — con más diligencia atenderlo, y veamos que no puede haber ninguna posibilidad de duda: Dios lo hará. Por eso confirmó la promesa por medio de un juramento.

Para que por dos cosas inmutables — Su promesa y Su juramento — *en las cuales es imposible que Dios mienta, tengamos un fortísimo consuelo.* Sólo observen la expresión: ¡*Es imposible que Dios mienta*! Es como si Dios se preguntara, si no consideramos suficiente Su Palabra, si acaso pensamos que es posible que Él, el Fiel e Inmutable, mienta. Él sabe lo poco que confían en Él nuestros oscurecidos corazones; Sus promesas son tan grandes, tan divinas, tan celestiales, que no podemos asimilarlas. Y así, para despertarnos y para avergonzarnos de nuestra incredulidad, viene y, como si fuera posible que Dios mintiera, nos llama a escuchar, mientras jura en nuestra presencia que hará lo que ha dicho: *"De cierto te bendeciré con bendición y te multiplicaré en gran manera".* Y todo, para que nosotros, los herederos de la salvación (Hebreos 1:14), *tengamos un fortísimo consuelo.* Ciertamente, todo vestigio de temor y de duda debería desaparecer, y toda nuestra alma debería postrarse para adorar y para gritar: ¡Oh, Dios, confiamos en Ti! ¡Nunca, nunca, volveré a dudar de Tu Palabra!

Dios, no pudiendo jurar por otro mayor, juró por Sí mismo. ¡Sí! En eso radica el poder del juramento, y el poder de nuestra fe en este juramento. Dios se señala a Sí mismo: en su Ser Divino, en Su gloria, en Su poder, y se compromete a darse a Sí mismo como garantía, como prenda, de que, tan seguro como que vive, cumplirá Su promesa. ¡Oh!, si nos tomáramos el tiempo de permanecer en la Presencia de este Dios, y de escucharlo jurar que será fiel, seguramente caeríamos en la vergüenza[246] de haber albergado por un momento la duda, que piensa que es posible que Él sea infiel y no cumpla Su Palabra. ¿No deberíamos arrodillarnos y jurar que, por Su gracia, preferimos morir antes que volver a hacer mentiroso a tal Dios?

Y ahora hagamos una pausa para darnos cuenta de lo que significa todo este argumento, sobre la bendición y el juramento de Dios. En la vida cristiana hay falta de constancia, de diligencia y de perseverancia. La causa de todo ello, es simplemente la falta de fe. Y de esto, también la causa es: la falta de conocimiento de lo que Dios quiere y es, de Su propósito y de Su poder para bendecirnos maravillosamente, y de Su fidelidad para llevar a cabo Su propósito. Es para curar estos males; es para decirle a Su pueblo que Él hará cualquier cosa para ganar su confianza, y que hará cualquier cosa por ellos, si tan solo confían en Él, que Dios ha hecho Su juramento de fidelidad. ¡Oh!, ¿no creeremos hoy en Dios y

---

[246] Nota del Traductor: Literalmente en inglés: "confusion" (*confusión*).

creeremos en la plenitud de Su bendición? ¿Y no consideraremos nuestro deber más sagrado, y nuestro privilegio más bendito, para honrar a Dios cada día con una vida de plena y de perfecta confianza?

Conclusiones:

1. *"El juramento como confirmación"* (Hebreos 6:16). *Confirmación* (gr. *bebaiôsin*) es un derivado de misma palabra griega que en: Hebreos 2:2 (gr. *bebaios*); 3:6 (gr. *bebaian*), 14 (gr. *bebaian*); 6:19 (gr. *bebaian*); y 9:17 (gr. *bebaia*), se traduce como: "firme". A medida que veamos cuán firme, cuán inamovible, es la promesa de Dios y la esperanza que nos da, nuestra confianza se hará más firme también. La plenitud de mi fe depende, de que me ocupe de la fidelidad de Dios.

2. *"Por la fe y por la longanimidad"* (Hebreos 6:12). Habiendo sufrido mucho. Dios suele ser muy lento. "Él soporta por mucho tiempo a Sus elegidos". Esta es la paciencia de los santos (Apocalipsis 13:10; 14:12): dejar que Dios se tome Su tiempo; y a través de todo, confía siempre en Él.

3. "Que no os hagáis perezosos" (Hebreos 6:12). La fe en que Dios lo hará todo, es lo que nos lleva a ser diligentes, tanto en la espera como en el cumplimiento de Su voluntad.

Capítulo 49: El Precursor que entró detrás del velo

"Para que, por dos cosas inmutables, en las cuales es imposible que Dios mienta, tengamos un fortísimo consuelo, los que nos hemos acogido en busca de refugio, a fin de echar mano de la esperanza presentada delante de nosotros, la cual tenemos como segura y firme[247] ancla del alma, y que penetra hasta dentro del velo; donde entró por nosotros como Precursor[248] Jesús, hecho Sumo Sacerdote para siempre según el orden de Melquisedec" (Hebreos 6:18-20).

En Hebreos capítulo 5, hablando del Sacerdocio de Jesús, el escritor había citado dos veces las palabras del Salmo 110, con su profecía de un Sacerdote según el orden de Melquisedec (Hebreos 5:6, 10). Pero temía que los hebreos estuvieran, por la pereza, demasiado atrasados en la vida cristiana para poder recibir esta enseñanza elevada. Por este motivo interpuso sus palabras de represión y de advertencia. De éstas, había pasado a la exhortación y al estímulo, y ahora está dispuesto a dirigirse a lo que es la enseñanza central de la Epístola. Son especialmente dos los grandes misterios celestiales que se le encargan desvelar. El primero es el del Sacerdocio Celestial de Cristo; el segundo, el del Santuario Celestial en el que Él ministra, y al que nos da acceso. En los dos últimos versículos de este sexto capítulo de la Epístola, tenemos la transición

---

[247] Estable, seguro.

[248] Nota del Traductor: Se trata del adjetivo griego pródromos [G4274]: uno que corre delante, que sale primero, "pasar por una experiencia con anterioridad a otro" (James A. Swanson).

hacia una nueva sección; y en ella, ambos misterios se mencionan, como la esperanza puesta ante nosotros. La esperanza, entra dentro del velo; encuentra allí al Precursor, que ha entrado por nosotros, Jesús, un Sumo Sacerdote según el orden de Melquisedec.

Los que nos hemos acogido en busca de refugio, a fin de echar mano de la esperanza presentada delante de nosotros. La esperanza significa a veces el objeto de la esperanza, es decir, lo que Dios pone ante nosotros; o a veces, es la gracia subjetiva[249] o la disposición de la esperanza en nuestros corazones. Aquí se refiere especialmente a lo anterior, a la gracia subjetiva. Y lo que es esa esperanza, queda claro en el capítulo siguiente (Hebreos 7:19), donde leemos que se nos trae una esperanza mejor, por la que nos acercamos a Dios. Esta mejor esperanza es el acceso que nuestro Sumo Sacerdote en el cielo nos da, a la misma Presencia de Dios, al disfrute de Su comunión y de Su bendición, incluso mientras estamos aquí en la tierra.

La cual tenemos como segura y firme ancla del alma, y que penetra hasta dentro del velo. La esperanza es un ancla. Un barco es sostenido por el ancla echada en la profundidad invisible debajo de mar. De igual manera, la esperanza en lo invisible dentro del velo, en lo que Dios nos ha dado, nos mantiene firmes. Y cuando nuestro corazón se fija en ella, la esperanza, como gracia subjetiva, se agita y es atraída, entra también dentro del velo. Donde vive nuestra esperanza, allí vive el

---

[249] Nota del Traductor: Es decir, la gracia en el interior nuestro.

corazón. Allí vivimos nosotros, nuestro verdadero ser, también está allí.

Donde entró por nosotros como Precursor. El Precursor. Aquí tenemos otra de las palabras clave de la Epístola, sin cuya correcta comprensión, nuestra visión de la obra de Jesús como Sumo Sacerdote sería defectuosa. Nos señala la obra que Él hizo al abrir el camino, caminando Él mismo por él; a que lo sigamos en ese camino hasta el lugar en el que Él ha entrado, y al que ahora tenemos acceso. Hemos recibido hasta el momento la visión de Su nombre como Líder (Hebreos 2:10). Todavía hace falta que recibamos la visión del camino nuevo y vivo que Él ha abierto (Hebreos 10:20-21). Oiremos más adelante, sobre la carrera que tenemos que correr, mirando a Jesús, que siguió adelante, soportando la cruz, y que ahora está sentado a la diestra de Dios (Hebreos 12:1-2). No hay nada que nos ayude tanto a entender la obra que Jesús realiza como Hijo y como Sumo Sacerdote, como la aceptación de que Él como Líder y Precursor, nos lleva a la Presencia misma del Padre.

Donde entró por nosotros. Estamos tan familiarizados con todo el bendito significado que hay en las palabras *por nosotros*, en referencia a Cristo en la cruz. Lo que hizo allí, fue todo por nosotros; *por* ello y *en* ello vivimos. Lo mismo ocurre con Cristo dentro del velo. Es todo para nosotros; todo lo que Él *es* y *tiene* allí, es para nosotros; es nuestra posesión actual; *por* ello y *en* ello vivimos con Él y en Él. El velo se rasgó para que se nos abriera el camino a través de él; para que pudiéramos tener acceso a lo que está dentro del velo; para que pudiéramos entrar en un mundo nuevo, en una forma totalmente nueva de vivir, en estrecha e íntima comunión con Dios. Un sumo sacerdote debe tener un santuario en el que pueda ministrar o servir. El misterio del santuario abierto, es que nosotros también podemos entrar. El santuario interior, el Lugar Santísimo, donde está la Presencia de Dios, es el ámbito del ministerio de Cristo y de nuestra vida y servicio.

Como Precursor Jesús. Es como si el escritor se deleitara en repetir este nombre que nuestro Salvador lleva como Hijo del Hombre. Incluso en la gloria del cielo sigue siendo Jesús, nuestro hermano.

Hecho Sumo Sacerdote para siempre según el orden de Melquisedec. Todavía tenemos que aprender todo lo que contiene este sacerdocio de Melquisedec. Pero ésta será Su principal gloria: que Él es un Sacerdote para siempre, un Sacerdote en el poder de una vida indestructible, un Sacerdote que nos abre el estado de vida, al que Él mismo ha entrado, y nos lleva allí para vivir aquí en la tierra, con la vida de la eternidad en nuestro pecho[250].

---

[250] Nota del Traductor: Es decir, en nuestro corazón. Posiblemente sea una alusión de Murray al Pectoral del Juicio con el Urim y el Tumim (Éxodo 28:30), que el cristiano, espiritualmente hablando, lleva en su servicio sacerdotal en unión con Cristo (1 Pedro 2:5, 9).

Lector cristiano, conoce el poder de esta esperanza, entrando en lo que está dentro del velo, donde el Precursor ha entrado por nosotros. Jesús está en el cielo por ti, para asegurarte una vida en la tierra con el poder y con el gozo del cielo, para mantener el reino de los cielos dentro de ti, por ese Espíritu (Romanos 14:17), por el que se hace la voluntad de Dios en la tierra, así como en el cielo (Mateo 6:10). Todo lo que Jesús *es* y *tiene*, es celestial. Todo lo que Él *da* y *hace*, es celestial. Como Sumo Sacerdote a la diestra de Dios, nos bendice con todas las bendiciones celestiales (Efesios 1:3). ¡Oh!, prepárate, ya que *la gloria* de Su persona y de Su ministerio en los lugares celestiales van a ser abiertos para ti, para *mirarla* y apropiarte de *ella* como tu posesión personal. Y cree que Su Sumo Sacerdocio, no sólo consiste en que te ha asegurado ciertas bendiciones celestiales; sino en que te capacita y te permite entrar en la plena experiencia y en el disfrute personal de ellas.

Conclusiones:

1. Hay un santuario en el que Dios mora. Había un velo que separaba al hombre de Dios (Éxodo 26:33; Hebreos 9:2-8). Jesús vino desde el interior [del santuario] para vivir fuera del velo, y poder rasgarlo, y abrir así un camino para nosotros. Ahora está allí para nosotros como Precursor. Ahora podemos entrar y habitar allí, en el poder del Espíritu Santo. Este es el evangelio según la Epístola a los Hebreos.

2. La esperanza entra dentro del velo, se regocija en todo lo que allí se encuentra, y cuenta con la revelación en el corazón de todo lo que allí está preparado para nosotros.

3. Jesús es el Precursor, síguelo. Aunque no puedas entenderlo todo, síguelo en Su camino de humildad, de mansedumbre y de obediencia: Él te hará entrar. Esta es la promesa que, incluso en esta vida, heredarás, mediante la paciencia y la longanimidad.

QUINTA SECCIÓN — Hebreos 7:1-28

El Nuevo Sacerdocio según el orden de Melquisedec

Capítulo 50: Melquisedec, hecho semejante al Hijo de Dios

"Porque este Melquisedec, rey de Salem, sacerdote del Dios Altísimo, el cual salió a recibir a Abraham que volvía de la derrota de los reyes, y le bendijo, al cual asimismo dio Abraham los diezmos de todo, cuyo nombre significa en primer lugar: rey de justicia, pero que también se dice es rey de Salem, que significa, rey de paz; sin padre, sin madre, sin linaje; que ni tiene principio de días, ni fin de vida, mas hecho semejante al Hijo de Dios, permanece sacerdote para siempre" (Hebreos 7:1-3).

En Hebreos capítulo 5, leemos que Jesús fue llamado por Dios, al igual que lo fue Aarón. En muchos puntos, Aarón era un tipo de Cristo. Pero hubo otros aspectos en los que el sacerdocio de Aarón no llegó a prefigurar el de Cristo. Por una disposición divina especial, se encuentra el nombre de otro sacerdocio, en el que se prefiguraba lo que faltaba dentro del tipo del sacerdocio Aarónico. La diferencia entre el sacerdocio de Aarón y el de Melquisedec es radical. En la correcta comprensión de lo que es esa diferencia, y en el conocimiento de aquello en lo que Melquisedec ha sido hecho semejante al Hijo de Dios, reside el secreto de esta Epístola, y es el secreto de la vida cristiana en su poder y perfección. El secreto puede ser expresado en una sola frase: *"sacrificio para siempre"*.

Todo el lugar que ocupa Melquisedec en la Historia Sagrada, es una de las pruebas más notables de la inspiración y de la unidad de las Escrituras, tal como fueron escritas bajo la guía directa y sobrenatural del Espíritu Santo. En el Libro del Génesis, todo lo que sabemos de él se cuenta en tres versículos cortos y muy simples (Véase Génesis 14:18-20). Mil años después, encontramos un Salmo con un solo versículo (Véase Salmos 110:4), en el que se presenta a Dios mismo, jurando a Su Hijo, que será un Sumo Sacerdote según el orden de Melquisedec. Pasan otros mil años, y ese único versículo se convierte en la semilla de la maravillosa exposición de esta Epístola, de toda la obra de la redención, tal como se revela en Cristo Jesús. Todas sus características más notables se encuentran envueltas en este maravilloso tipo. Cuanto más la estudiamos, más exclamamos: ¡Esto es obra del Señor! Es maravilloso a nuestros ojos. Vemos en él nada menos que un milagro de la sabiduría divina, guiando a Melquisedec y a Abraham con miras a lo que iba a ocurrir con el Hijo de Dios dos mil años más tarde; revelando al salmista el propósito secreto de la mente divina en la promesa hecha al Hijo en el cielo; y luego, por el mismo Espíritu Santo, guiando al escritor de nuestra Epístola a su exposición divinamente inspirada. Para la mente creyente, no podría darse una prueba más fuerte acerca de la inspiración. En efecto, es el Espíritu Eterno (Hebreos 9:14), en el Espíritu de Cristo mismo (1 Pedro 1:11), por medio del cual todo fue realizado y registrado a su debido tiempo.

En los tres primeros versículos de nuestro capítulo, se nos recuerda la historia de Melquisedec, y se expone su nombre y su historia. Su nombre significa *Rey de justicia*. También se le llama así por la ciudad donde reinó: Salem, que significa *Paz*, *el Rey de paz*. Los dos títulos combinados demuestran que estaba destinado por Dios a ser la figura de Su Hijo. La justicia y la paz se mencionan juntas, tanto en el Antiguo Testamento como en el Nuevo Testamento, como bendiciones características del reino de Cristo (Cf. Isaías 9:7; Romanos 14:17). La justicia como el único fundamento de la paz; y la paz como el resultado seguro y bendito de la justicia. El reino de Dios es justicia, paz y, como fruto seguro de éstas, el gozo en el Espíritu Santo (Romanos 14:17).

Melquisedec era sacerdote y rey, algo desconocido en toda la historia de Israel. Lo que siempre se mantuvo separado en el pueblo de Dios había sido unido, por la previsión divina, en Aquel que había sido hecho semejante al Hijo de Dios. Es la gloria de Cristo como Sacerdote-Rey, lo que nuestra Epístola va a revelar de manera especial.

El silencio de la Escritura en cuanto a su genealogía, nacimiento y muerte, se interpreta entonces como una prueba de lo diferente que es su sacerdocio con relación al de Aarón y a los sacerdotes de Israel, donde la descendencia lo era todo. Así, Dios había preparado en él, una maravillosa profecía de Su Hijo, cuyo derecho al Sacerdocio no radicaba en ningún nacimiento terrenal, sino en Su condición de Hijo de Dios desde la eternidad. Semejante al Hijo de Dios, Melquisedec permanece como sacerdote para siempre.

Sacerdote para siempre según el orden de Melquisedec. Esta palabra de Dios está en el Salmo que forma el vínculo de unión entre el libro de Génesis y nuestra Epístola. El Espíritu Santo, que lo inspiró primero y lo expuso después, está esperando para conducirnos al misterio de su gloria, como una experiencia viva. Esa palabra *"para siempre"*, que encontramos en las expresiones: "Sacerdote para siempre", "salvación eterna", "redención eterna", "perfeccionado para siempre", no sólo significa *sin fin*, sino infinitamente más. Dios es el Eterno; Su vida es la vida eterna. Eterno es lo que es divino, en lo que no hay cambio ni decadencia, sino juventud y fuerzas eternas, porque Dios está en él. El Sacerdocio Eterno de Cristo, significa que Él hará Su obra en nosotros en el poder de la vida eterna, tal como se vive en Dios y en el cielo. Él vive para siempre, por lo tanto, puede salvar completamente.

Que Dios nos enseñe a conocer lo que significa que Cristo es nuestro Melquisedec, un Sacerdote para siempre. Es la comprensión espiritual de este sacerdocio eterno, como comunicando, incluso aquí en la tierra, y manteniendo una vida eterna e inmutable en nosotros, lo que eleva nuestra experiencia interior fuera de la región del esfuerzo, del cambio y del fracaso, al reposo de Dios, de modo que la inmutabilidad de Su consejo es la medida de nuestra fe y de nuestra esperanza.

Conclusiones:

1. En este capítulo tenemos ahora el comienzo de las cosas difíciles de entender (Hebreos 5:11; 2 Pedro 3:16), excepto para los que han alcanzado madurez. Sólo aquellos que prosiguen hacia la madurez, que anhelan poseer lo máximo de lo que Dios es capaz de obrar en ellos por medio de Cristo, pueden apropiarse interiormente de la revelación del Sacerdocio Eterno. Ni el talento ni el genio pueden ser suficientes; es el corazón sediento del Dios vivo, el que entenderá esta enseñanza sobre nuestro acercamiento a Dios.

2. El Espíritu Santo, por medio del cual se registró la historia, reveló el juramento al Hijo e inspiró la exposición en esta Epístola; Él es el único que puede guiarnos hacia el poder espiritual y hacia la bendición espiritual, que aquí es revelada. Y el Espíritu Santo únicamente puede guiarnos, cuando le conocemos como Aquel que mora en nosotros, y se le espera con profunda humildad y sometimiento en mansa resignación. Qué cosa tan solemne, santa y bendita es creer que el Espíritu de Dios nos conduce a esta perfección verdadera, como posesión y como experiencia.

3. Permanece para siempre. Una vida inmutable e interminable, son las características de Melquisedec, que fue hecho semejante a Cristo; de Cristo en Su sacerdocio celestial,

y de la vida del creyente que aprende correctamente a conocerlo y a confiar en Él.

Capítulo 51: Melquisedec y Abraham

"Mirad pues cuán grande fue éste, al cual aún Abraham el patriarca dio diezmos de los despojos de la guerra. Y ciertamente los que de los hijos de Leví reciben el sacerdocio, tienen mandamiento de tomar del pueblo los diezmos según la ley, es decir, de sus hermanos, aunque también hayan salido de los lomos de Abraham. Más aquél cuya genealogía no es contada de entre ellos, tomó de Abraham los diezmos, y bendijo al que tenía las promesas. Y sin contradicción alguna, es claro que el menor es bendecido por el mayor. Y aquí ciertamente los hombres mortales toman los diezmos; más allí, de aquel del cual se ha dado testimonio de que vive. Y, por así decirlo, en Abraham también Leví pagó sus diezmos, que es el mismo que recibe los diezmos bajo la ley; porque ciertamente aún estaba en los lomos de su padre cuando Melquisedec le salió al encuentro"
(Hebreos 7:4-10).

Ahora considera cuán grande era este hombre. Si comprendemos bien la grandeza de Melquisedec, nos ayudará a entender la grandeza de Cristo, nuestro gran Sumo Sacerdote. Los hebreos se gloriaban en Abraham, como padre del pueblo elegido; en Aarón, que, como sumo sacerdote, era el representante de Dios y de Su culto; en la ley, como dada desde el cielo, en señal del pacto de Dios con Su pueblo (Cf. Romanos 2:17-29). En todos estos aspectos, se demuestra la superioridad de Melquisedec. Es superior a Abraham (Hebreos 7:4-10), es superior a Aarón (Hebreos 7:9-14), y es superior a la ley (Hebreos 7:11-19).

Melquisedec es superior a Abraham; de esto se da una doble prueba: Abraham dio los diezmos a Melquisedec; y Melquisedec bendijo a Abraham. Según la ley, los sacerdotes recibían los diezmos de sus hermanos (Números 18:21), pero aquí un extranjero los recibe del padre de todo el pueblo de Israel. Hay más: *en Israel los hombres mortales reciben los diezmos; pero aquí uno de quien se atestigua que vive, que permanece para siempre. Y en Abraham, incluso Leví, que recibía los diezmos, pagó también sus diezmos.* Todo fue ordenado por Dios como una profecía oculta, que se revelaría a su debido tiempo, acerca de la grandeza de Cristo nuestro Sumo Sacerdote. *Considera cuán grande era este hombre.*

Hay una segunda prueba de su grandeza: Melquisedec bendijo a Abraham. *Porque sin duda alguna, el menor es bendecido por el mayor.* Abraham ya había sido bendecido por Dios mismo (Génesis 12:1-3). Aquí, acepta una bendición de Melquisedec, reconociendo su propia inferioridad, subordinándose inconscientemente a sí mismo y todo el sacerdocio que había de venir de él, a este sacerdote del Dios Altísimo (Génesis 14:18-19).

El desarrollo de este tipo divinamente ordenado, no sólo revela la superioridad de Cristo al sacerdocio levítico, sino que pone ante nosotros, de manera muy interesante, dos de las características de nuestra relación con Cristo como

Sacerdote. Nosotros recibimos la bendición de Él; Él recibe los diezmos de nosotros.

Cristo viene a traernos la bendición de Dios. Hemos visto en Hebreos 6:14, lo que es la bendición de Dios. Es *en* Cristo, donde se confirma y se imparte la bendición. Y si queremos saber plenamente cuál es la bendición que nos trae Cristo, sólo tenemos que pensar en la bendición sacerdotal en Israel:

"Habla a Aarón y a sus hijos y diles: Así bendeciréis a los hijos de Israel, diciéndoles: El Señor te bendiga, y te guarde; El Señor haga resplandecer Su rostro sobre ti, y tenga de ti misericordia; El Señor alce sobre ti Su rostro, y ponga en ti paz".

(Números 6:23-26)

Estas son las bendiciones espirituales en los lugares celestiales con las que Dios nos ha bendecido *en* Cristo (Efesios 1:3) y que, como Sumo Sacerdote, Cristo imparte en nosotros. Él nos lleva al Padre; y aprendemos a conocer, que Él nos bendice (Gálatas 3:14) y nos guarda (1 Juan 5:18). En Él, en el Hijo, el rostro de Dios resplandece sobre nosotros (2 Corintios 3:18), y la gracia de nuestro Señor Jesucristo es nuestra porción (Filemón 25). En Él, Dios alza Su rostro sobre nosotros (Apocalipsis 1:16), y, por el Espíritu Santo, da Su paz a nuestros corazones (Juan 14:27; Gálatas 5:22). Cristo, el Sumo Sacerdote, hace que cada parte de esta bendición sea una realidad divina, una experiencia viva en el poder de una vida que permanece para siempre (Hebreos 7:16).

Cristo nos da la bendición, nosotros le damos los diezmos. Los diezmos a Dios son el reconocimiento de Su derecho a todo. Nuestro Sumo Sacerdote tiene derecho a la entrega de todo lo que tenemos, como perteneciente para Él, como el sacrificio voluntario de todo lo que pide o necesita para Su servicio. El vínculo entre los diezmos y la bendición, es más estrecha de lo que pensamos. Cuanto más sin reservas pongamos todo lo que tenemos a Su disposición; de hecho, cuanto más abandonemos todo por Su causa, más rica será nuestra experiencia de la plenitud y del poder de nuestro Sumo Sacerdote, como Aquel que puede bendecir.

Sin duda, el menor es bendecido por el mayor. Esta es la verdadera relación. Cuanto más conozcamos ese más excelente nombre que ha recibido Jesús (Hebreos 1:4; Filipenses 2:9), y tengamos nuestros corazones llenos de Su gloria, más bajo nos inclinaremos, nos sentiremos menos a nuestros propios ojos; y por lo tanto, más aptos seremos y más dispuestos a ser bendecidos. Y más dispuestos, también, a rendirle no sólo los diezmos, sino la totalidad de todo lo que somos y poseemos. A medida que en nuestra vida espiritual se mantiene esta doble relación con nuestro gran Sumo Sacerdote, y se cultiva una profunda fe y dependencia en Su divina plenitud de bendición, junto con una entrega absoluta a Su disposición y servicio, el poderoso poder de Su

Sacerdocio se revelará en nuestros corazones. Y veremos con creciente claridad que las dos disposiciones, la fe en Aquel que bendice y la consagración a Su servicio, tienen su raíz en la única *virtud cardinal*[251] de la humildad, haciéndonos cada vez menos a nuestros propios ojos, hasta que nos hundamos en esa nada, que es la muerte al 'yo' (Gálatas 2:20), y dejemos espacio para que Él sea Todo. Entonces la Palabra se cumplirá en nosotros, en un nuevo sentido: Sin duda alguna, el menor es bendito por el mayor.

Conclusiones:

1. Melquisedec bendijo a Abraham. La obra de tu Sumo Sacerdote, oh alma mía, es simplemente bendecir. Aprende a pensar esto de Jesús, y procura tener una gran confianza, en que Él se deleita en bendecir. Él no es más que una fuente de bendición; regocíjate mucho en esto y confía en Él para ello.

2. Recuerda que la bendición completa de tu Melquisedec en el cielo, es el Espíritu Santo enviado del cielo en tu corazón (1 Pedro 1:12; Romanos 5:5). Como está escrito: *"Cristo nos redimió... para que en Cristo Jesús la bendición de Abraham alcanzase a los gentiles, a fin de que por la fe recibiésemos la promesa del Espíritu"* (Gálatas 3:13-14). El Espíritu Santo "permaneciendo continuamente" en el corazón, es la bendición sumo sacerdotal.

---

[251] Nota del Traductor: Un termino teológico derivado de Agustín de Hipona (354-430).

3. Este día viene a tu encuentro, cuando regresas de la batalla cansado y desmayado. Inclínate ante Él, y deja que te bendiga. "Como dice el Espíritu Santo: hoy" (Hebreos 3:7). Cree que Jesús es todo para ti.

Capítulo 52: Melquisedec, superior a Aarón y a la ley

"Si, pues, la perfección era por el sacerdocio levítico (porque bajo él recibió el pueblo la ley), ¿qué necesidad había aún de que se levantase otro sacerdote diferente, según el orden de Melquisedec, y que no fuese llamado según el orden de Aarón? Pues al cambiar el sacerdocio, es necesario que se haga también un cambio de ley. Porque Aquel del cual esto se dice, de otra tribu es, de la cual nadie ministró al altar. Porque notorio es que nuestro Señor nació de la tribu de Judá, sobre cuya tribu nada habló Moisés en referencia al sacerdocio" (Hebreos 7:11-14).

Cuando Dios, en el Salmo 110, habló con juramento acerca de un sacerdote según el orden de Melquisedec; este hablar fue una profecía de profundo significado espiritual. ¿Por qué el orden de Aarón, a quien Dios mismo había llamado, cuya obra ocupaba un lugar tan importante en el propósito de Dios y de la Escritura, debía ser cambiado por el orden de otro, de quien no conocíamos nada más que un solo hecho? ¿Qué necesidad había de que otro sacerdote se levantara según el orden de Melquisedec, y no fuera considerado según el orden de Aarón? La respuesta es: porque el orden de Aarón era sólo la figura de la obra de Jesús en la tierra; para la realización de Su sacerdocio eterno y todopoderoso en el cielo, se necesitaba algo más.

Veamos y comprendamos esto. La obra de Aarón era la sombra de la obra de Cristo en la tierra, de sacrificios y de derramamiento de sangre, de expiación y de reconciliación con Dios. Aarón entró ciertamente dentro del velo con la sangre de la expiación, en señal de que Dios aceptaba dicha expiación y al pueblo. Pero no podía quedarse allí, sino que debía salir de inmediato. Su entrada era sólo una vez al año (Levítico 16:34), y únicamente por unos instantes; servía principalmente, como veremos en Hebreos 9:7-8, para enseñar al pueblo que el camino hacia el Lugar Santísimo aún no estaba abierto; que para ello tendrían que esperar hasta que llegara otra dispensación. No se pensaba en una vida en el Lugar Santísimo, en una morada en la Presencia de Dios y en la comunión con Él, en una impartición al pueblo del poder de una vida dentro del velo. La gloria del Sacerdocio de Cristo consiste en que Él rasgó el velo, y entró por nosotros (Hebreos 10:19-20); en que se sentó a la diestra de Dios para recibir e impartir el Espíritu de Dios (Hebreos 1:3; Hechos 2:33) y los poderes de la vida celestial; en que puede hacernos entrar, para que nosotros también nos acerquemos a Dios (Hebreos 4:16); en que mantiene en nosotros la vida del cielo por Su incesante intercesión (Romanos 8:34) y ministerio en el poder de una vida indestructible (Hebreos 7:16); de todo esto, el ministerio de Aarón no podía ofrecer ninguna promesa.

Fue en todo esto que Melquisedec fue hecho semejante al Hijo de Dios. Como sacerdote del Dios Altísimo, era también rey, revestido de honor y de poder. Como tal, su bendición estaba en el poder. Y como uno, de cuya muerte y del final de su sacerdocio, la Escritura no menciona nada, y que permanece para siempre, es la imagen del Sacerdocio Eterno, que es ministrado en el cielo, en la eternidad, en el poder de una vida indestructible (Hebreos 7:16).

La revelación del misterio y de la gloria del sacerdocio de Melquisedec de nuestro Señor Jesús, es el gran objeto de la Epístola. Y no puedo exhortar a mi lector con demasiada insistencia, para que vea y entre de lleno en la experiencia de la infinita diferencia entre los dos órdenes o ministerios, de Aarón y de Melquisedec. La aparentemente simple pregunta: ¿Qué necesidad había de que se levantara otro sacerdote según el orden de Melquisedec? tiene más relación con nuestra vida espiritual de lo que pensamos.

En los primeros versículos de nuestra Epístola (Hebreos 1:3), encontramos la obra de Cristo dividida en dos partes. Cuando hubo efectuado la purificación de los pecados (según el orden de Aarón), se sentó a la derecha de la Majestad en las alturas (según el orden de Melquisedec). Hay demasiados cristianos que ven en Cristo únicamente en el cumplimiento de lo que Aarón tipificó. La muerte y la sangre de Cristo son muy preciosas para ellos; buscan descansar su fe en ellas. Y, sin embargo, se extrañan de que tengan tan poco de la paz y del gozo, de la pureza y del poder que el Salvador da, y que la fe en Él debería traer. La razón es simple, porque Cristo es únicamente su Aarón, no es su Melquisedec. Ciertamente creen que ha ascendido al cielo y que está sentado en el trono de Dios, pero no han visto el vínculo directo de esto con su vida espiritual diaria. No cuentan con que Jesús obre en ellos en el poder de la vida celestial y que se las pueda impartir. No conocen su llamamiento celestial (Hebreos 3:1), con la provisión suficiente para su cumplimiento en ellos, asegurada en la vida celestial de su Sacerdote-Rey. Y, como consecuencia de esto, no ven la necesidad de renunciar al mundo, para tener su vida y su caminar en el cielo.

La obra de la redención se realizó en la tierra en la debilidad (2 Corintios 13:4); se comunica desde el cielo en el poder de la resurrección y de la ascensión. La cruz proclama el perdón *del* pecado; el trono da el poder *sobre* el pecado. La cruz, con su sangre rociada, es la liberación de Egipto; el trono, con su viviente Sacerdote-Rey, introduce en el reposo de Dios y en Su victoria. Con Aarón no hay nada más allá de la expiación y de la aceptación; nada de gobierno y de poder real; es con Melquisedec que viene la plenitud del poder y de la bendición, la bendición que permanece para siempre. Cuando el alma ya no busque nunca más el fundamento; sino que, apoyándose en Él y sólo en Él, sea edificada en Cristo Jesús, el Perfeccionado (Hebreos 2:10) y Exaltado (Hechos 2:33; Filipenses 2:9), será liberada de su debilidad y conocerá el poder de la vida celestial. Cuanto más consideremos y adoremos a nuestro bendito Sacerdote-Rey, nuestro Melquisedec; más fuerte será nuestra confianza en que, desde Su trono en el cielo, Él mismo nos aplicará, con poder divino, todos los benditos frutos de Su expiación, y hará que una vida en la Presencia y en la cercanía de Dios, sea nuestra experiencia diaria.

Conclusiones:

1. Cuando hubo efectuado la purificación de nuestros pecados, ¡alabado sea Dios por nuestro Aarón! Gloria al Cordero que fue inmolado (Apocalipsis 5:6, 9, 12; 13:8): se sentó a la diestra de la Majestad en las alturas (Hebreos 1:3). Alabado sea Dios por nuestro Melquisedec. ¡Gloria al Cordero en medio del trono! (Apocalipsis 7:17). El Santuario está ahora abierto, con nuestro gran Sumo Sacerdote para hacernos entrar y para mantenernos allí.

2. La realización de la purificación de los pecados por parte de Jesús, precedió Su asiento en el trono. Pero la aplicación en nosotros del poder de la sangre continúa. Esta es la razón por la que aquí se nos enseña primero sobre el Sumo Sacerdote en el cielo, luego en Hebreos capítulo 8, se nos enseñará sobre el Santuario Celestial; y después en Hebreos capítulo 9, se nos enseñará sobre el poder de la sangre en el cielo, y del cielo en nosotros. Sólo mediante el conocimiento de Jesús en el cielo, conoceremos el pleno poder de la sangre purificadora.

3. Por lo tanto, santos hermanos, participantes del llamamiento celestial, considerad a Jesús en el trono del cielo (Hebreos 3:1). La adoración y la comunión de un Cristo celestial, hace cristianos celestiales.

Capítulo 53: Un Sacerdote para siempre en el poder de una vida indestructible

"Y aún más manifiesto es, que si a semejanza de Melquisedec se levanta otro sacerdote diferente, el cual no es hecho conforme a la ley del mandamiento carnal, sino según el poder de una vida indestructible[252]; pues se da testimonio de Él: 'Tú eres sacerdote para siempre[253], según el orden de Melquisedec'" (Hebreos 7:15-17).

En las palabras del Salmo 110, cada expresión está llena de significado. Vimos en Hebreos 5:4-6, que la frase: *"Tú eres Sacerdote"*, es la prueba de que Cristo no se glorificó a Sí mismo para ser Sacerdote, sino que fue designado por Dios. Hemos visto el profundo significado de las palabras: *"según el orden de Melquisedec"*. Ahora llegamos a lo que implica el hecho de que se diga: *"Tú eres sacerdote para siempre"*.

La palabra: *"para siempre"* o *"eterno"*, es una de las más importantes de la Epístola. Se encuentra diecisiete veces

---

[252] Nota del Traductor: Es el adjetivo griego *akatalytou* [G179]. Proviene de *a*, privativo; de *kata*, abajo; y de *luo*, desligar, soltar. Por tanto, tiene el significado de: indestructible, indisoluble, sin fin. Solo aparece en este versículo en todo el Nuevo Testamento. Tal adjetivo griego, denota una vida que hace que Su poseedor tenga a perpetuidad Su oficio sacerdotal. Como ya lo hemos mencionado anteriormente, la versión Reina-Valera Gómez 2010, traduce esta frase como: *"una vida que no tiene fin"*.

[253] Nota del Traductor: "para siempre" es el griego *ton aióna*. El nombre griego *aióna* [G165], denota: edad, era, perpetuidad, eternamente, eternidad, eterno, siempre.

(Hebreos 1:2, 8; 5:6; 6:5, 20; 7:17, 21, 24, 28; 9:26; 11:3; 13:8, 21). Contiene todo lo que distingue al Nuevo Testamento del Antiguo Testamento; la saludable vida cristiana de los que han alcanzado madurez, en contraste con el atrofiado crecimiento enfermizo de los bebés. Para entender lo que significa, debemos relacionarlo con Dios, el Eterno. La eternidad es un atributo de la Deidad y de la vida divina, y tiene su verdadera existencia sólo en la comunión de esa vida. En Dios, no hay cambio, ni envejecimiento, ni desvanecimiento (Santiago 1:17); Él es todo lo que es en una juventud siempre fresca, nunca cambiante. Como alguien dijo: "Él es el Anciano de Días (Daniel 7:9, 13, 22); y, sin embargo, el más joven de todos, porque vive siempre en la frescura de la fuerza eterna que no conoce el pasado". La vida eterna es la que siempre permanece igual, porque siempre está en Dios. Y cuando Dios le dice a Su Hijo: *"Tú eres Sacerdote para siempre"*, no sólo significa que Su Sacerdocio no cesará jamás; sino que señala cuál es la raíz y la causa de esto; se arraiga en la vida y en la fuerza de Dios. Cristo se convierte en Sacerdote según el poder de una *vida indestructible*. Sin cesar, sin un instante de cese, en continuidad ininterrumpida, Él vive y obra en el poder de la *vida divina*.

El contraste aclarará el significado. Él es hecho Sacerdote, no según la ley de un mandamiento carnal, como en el caso de Aarón; sino según el poder de una vida indestructible, como en el caso de Melquisedec, que permanece como sacerdote continuamente. La ley y la vida son los contrastes. Toda criatura actúa naturalmente de acuerdo con la vida que hay en ella, sin ninguna ley o inclinación externa. El pájaro no necesita ninguna ley que le diga que vuele, o el pez que le haga nadar: su vida lo convierte en un deleite[254]. Una ley es una prueba de que la vida es necesaria. La ley que prohíbe robar, es una prueba de que la vida de aquellos para los que está hecha es mala. Y una ley no sólo es una prueba de que falta la vida correcta, sino que es impotente para producirla. Puede controlar y restringir, pero no puede inspirar. Puede exigir, pero no puede dar; tiene poder para ordenar, pero no para crear lo que persigue. Aarón se convirtió en sacerdote según la ley de un mandamiento carnal, una ley que no hacía nada perfecto, y que fue anulada por su debilidad e inutilidad; Cristo por su parte, lo hizo según el poder de una vida indestructible. Cada acto de Su santo y bendito Sacerdocio, cada aplicación de los frutos de Su redención eterna, se realiza con el poder de una vida indestructible.

Estos dos principios marcan dos sistemas de religión, dos maneras de adorar a Dios, dos experiencias de la vida interior. El primero es el de la ley, con la expiación y la aceptación ante Dios, como se tipifica en Aarón. El cristiano confía en Cristo como su Redentor, y busca, por el gran motivo de la gratitud, obligarse a sí mismo a amar y a obedecer. Su vida es un esfuerzo incesante. Pero es dolorosamente consciente del fracaso; la obediencia no es su vida ni su deleite. El Nuevo Testamento ofrece una vida mejor. Debido a la incredulidad y a la pereza, la mayoría de los cristianos no la conocen. Pero aquí está, abierta por el Espíritu Santo, como el misterio de

---

[254] Nota del Traductor: Es decir, lo que le hace ser lo que es, lo que le da su singularidad sobre cualquier otra creatura.

Melquisedec. Jesucristo se convierte en Sacerdote en el poder de una vida indestructible. Estas preciosas palabras son la clave de *la vida más elevada*[255]. Jesús vive en el cielo como Sumo Sacerdote en el poder de una vida indestructible. Y como Él vive, así Él obra en ese poder. Este es el significado de Su condición de Sacerdote para siempre. Su obra no consiste, como la de Aarón, en una serie de actos sucesivos, que siempre cesan y siempre necesitan ser renovados. ¡No!, cada obra que hace por nosotros, es capaz de hacerla en el poder de una vida indestructible. La realiza en nosotros como una vida, como nuestra propia vida, para que sea nuestra propia naturaleza deleitándose en Dios y en Su voluntad. Su Sacerdocio actúa como una vida interior dentro de nosotros, elevándonos, no en pensamiento sino en espíritu y en verdad (Juan 4:23-24), a una comunión vital con Dios. Él respira[256] Su propia vida en nosotros. Y lo hace como el poder de la vida, una vida que es fuerte y saludable, porque es Su propia vida en el cielo. Y la obra en el poder de una vida indestructible, interminable, indisoluble, una vida que nunca, ni por un momento, necesita de un descanso o de una interrupción, porque es la vida de la eternidad, la vida mantenida en nosotros por Aquel que es un Sacerdote para siempre, un Sacerdote que permanece continuamente.

¿Y por qué es que tantos cristianos experimentan y prueban tan poco este poder de la vida indestructible, la vida inmutable que permanece continuamente? Algunos no saben

---

[255] Nota del Traductor: O, la vida superior.
[256] Nota del Traductor: O, insufla.

nada de ello, sólo conocen a Cristo como Aarón. Y algunos oyen hablar de él[257], pero no están dispuestos a dejarlo todo para comprar esta perla de gran valor (Mateo 13:45-46); a dejar el mundo por esta vida celestial. Y algunos, que preferirían dejarlo todo, no pueden, no se atreven; no quieren creer que Cristo es en verdad Melquisedec, un Sacerdote para siempre, un Sacerdote que lo hace todo en el poder de la *vida eterna*.

Él permanece como Sacerdote continuamente. La continuidad de Su Sacerdocio nunca se interrumpe ni se rompe; tan poco la continuidad de la acción de Su Sacerdocio; tan poco la experiencia de esa acción. Todo lo que Cristo, como mi Sumo Sacerdote en el cielo, hace por mí, lo hace en el poder de una vida indestructible, como un Sacerdote que permanece continuamente; lo que Él obra puede también permanecer continuamente. ¡Oh, que la fe considere, conozca y confíe en Cristo Jesús, Sacerdote para siempre, Sacerdote según el poder de una vida indestructible!

Conclusiones:

1. *El poder de una vida indestructible*. No hay una expresión más significativa o importante en toda la Epístola. Es la vida lo que

---

[257] Nota del Traductor: Es decir, del poder de la vida indestructible.

necesitamos, y una vida fuerte, una vida que nunca cede. Aquí la tenemos: la vida más abundante (Juan 10:10[258]).

2. A menudo tendremos ocasión de referirnos a estas palabras. Estamos tan acostumbrados a pensar en un sacerdote, como un hombre que hace ciertas cosas en nombre de otros hombres, aparte de él mismo; que aplicamos este modo de pensar al Señor Jesús. Cristo no es un Salvador externo, ni puede darnos ninguna salvación como algo externo. Todo lo hace por nosotros y para nosotros, Él lo deposita en nuestro corazón, y lo hace nuestra vida. Necesitamos saber que todo lo que Él hace como Sumo Sacerdote por nosotros en el cielo. También lo hace dentro de nosotros como una vida que Él da. Él es Sacerdote, y no puede salvar de ninguna otra manera, que mediante el poder de una vida indestructible. Es sólo como una vida dentro de nosotros que Su sacerdocio puede alcanzar su objeto.

3. Jesús fue crucificado en la debilidad, pero resucitó en el poder de Dios (2 Corintios 13:4). Ganó el poder a través de la debilidad, el sacrificio de todo hasta la muerte. Que todos los que quieran conocerlo en el poder de una vida indestructible, entren en la comunión de Su muerte (Filipenses 3:10), caminen con profunda humildad y mansedumbre, y en dependencia de Dios, en el camino que Él recorrió para llegar al trono (1 Pedro 2:21).

---

[258] Nota del Traductor: El adjetivo griego *perisson* [G4053] en Juan 10:10; literalmente significa: superabundante, más abundante.

Capítulo 54: Una mejor esperanza, por la cual nos acercamos a Dios

"Es claro entonces, que el mandamiento anterior, ciertamente ha sido quitado por causa de su debilidad e inutilidad; (porque nada perfeccionó la ley); sin embargo, introdujo una mejor esperanza, por la cual nos acercamos a Dios" (Hebreos 7:18-19).

En Hebreos 7:12, leemos: *"Pues al cambiar el sacerdocio, es necesario que se haga también un cambio de ley"*. Cuando el orden de Aarón tuvo que dar paso al de Melquisedec; la ley, bajo la cual Aarón había ministrado, tuvo que dar paso al nuevo orden, a la ley no del mandamiento, sino a la ley del poder de una vida indestructible. La razón de esto se da ahora. *Hay una anulación del mandamiento anterior, a causa de su debilidad e inutilidad, pues la ley no hacía nada perfecto.* La perfección era lo que Dios y el hombre buscaban, como la liberación del pecado y de sus efectos; la restauración perfecta y la comunión perfecta. La ley no podía hacer nada perfecto, ni en la conciencia ni en el adorador. Jesús vino a realizar, a revelar y a impartir esa perfección que la ley sólo podía presagiar.

Y lo que es esta perfección, se nos dice a continuación: *"Hay una anulación del mandamiento, y una introducción de una esperanza mejor, por la cual nos acercamos a Dios"*[259]. Acercar al hombre a Dios, al pleno favor y a la comunión real, es el

---

[259] Nota del Traductor: Es una paráfrasis de Murray sobre Hebreos 7:18-19.

objeto de todo sacerdote. Aarón no pudo hacerlo; Jesús lo hizo. Esta es la gloria del Nuevo Testamento: trae *una esperanza mejor*, un acercamiento real al Dios vivo, una comunión del Espíritu Santo con Él (2 Corintios 13:14). Esta es la perfección que la ley no da, sino únicamente Jesús. En Hebreos 6:18-19, ya se mencionó la esperanza como aquello por lo que entramos dentro del velo, donde nuestro Precursor ha ido por nosotros.

¡Acercarse a Dios! Esta expresión es uno de los hitos[260] en el camino hacia la enseñanza elevada que ha de venir. Nos da el objeto principal de la obra de Cristo: capacitarnos para vivir nuestra vida en la cercanía de Dios. Hay cristianos que, al buscar la salvación, sólo piensan en sí mismos y en su propia felicidad: Cristo es simplemente un medio para un fin. Hay otros que van más allá; sienten una relación personal con Cristo, y desean conocerlo mucho y servirlo mejor. Pero incluso a éstos, les falta algo que es indispensable para un carácter cristiano completo y vigoroso. No saben que Cristo es sólo el camino (Juan 14:6), la puerta al Padre (Juan 10:7, 9), y que Su gran deseo es conducirnos a través, y más allá, de Él al Padre, llevarnos realmente a Dios. Él quiere que vivamos la misma vida que Él vivió en la tierra: siempre mirando hacia arriba, dependiendo de Dios en el cielo por encima de Él y honrándolo en todo.

---

[260] Nota del Traductor: El hito es un acontecimiento puntual y significativo que marca un momento importante en el desarrollo de un proceso o en la vida de una persona.

¡Acércate a Dios! Nada más que esto puede satisfacer a Dios y a Su amor. Él anhela que Sus hijos vengan a morar en ese amor, y a deleitarse en Su Presencia. Envió a Su Hijo para llevarnos a Él. Esto es lo que constituye la plena salvación. Dios, como Autor de nuestro ser (Génesis 2:7; 5:2; 1 Tesalonicenses 5:23; cf. Efesios 2:10), anhela que nos entreguemos y esperemos en Él para realizar Su obra en nosotros. Como el Santo y Justo (Hechos 3:14) busca que nos entreguemos totalmente a Su voluntad y a Su sabiduría. Como Aquel que no se ve y está oculto (1 Timoteo 6:16), pide que nos retiremos de lo visible y tengamos comunión con Él (Mateo 6:4, 6, 18). El hombre fue creado para la Presencia de Dios. La cercanía de Dios debía ser su atmósfera nativa. Esto es lo que Dios está dispuesto a conceder a cada uno de nosotros; esto es lo que el Sacerdocio Celestial hace posible; esto es lo que Dios quiere que busquemos.

Así como Dios no es un ser exterior, la cercanía a Él no es nada externo, sino una armonía espiritual interna de disposición, una comunión y unidad de voluntad. A medida que Su Espíritu nos da más de la naturaleza divina (2 Pedro 1:4), y Dios obra Su voluntad más libre y plenamente en nosotros, nos acercamos a Él, nos unimos verdaderamente a Él.

¡Acércate a Dios! Nada menos que esto es lo que la redención de Cristo ha ganado y ha abierto para nosotros. Esta era la debilidad de la ley, que no hacía ninguna provisión para que el pueblo de Dios entrara en Su Santuario, en Su Presencia inmediata. El camino hacia el Santuario ha sido abierto por Jesús. Podemos entrar con valentía y presentarnos ante Dios. Sentado en el trono, nuestro Sumo Sacerdote tiene el poder, por medio de Su Espíritu Santo (Efesios 2:18), de hacer que el acercamiento a Dios sea nuestra experiencia permanente. Él hace esto en el poder de la vida indestructible. La vida nunca actúa desde afuera, siempre lo hace desde adentro. Nuestro Sumo Sacerdote, mediante Su poder vital, entra en nuestra vida, la renueva y la eleva; Su vida celestial se convierte en nuestra vida real; y la Presencia de Dios nos rodea, y resplandece sobre nosotros como la luz del sol brilla sobre nuestros cuerpos. Es capaz de derramar de tal manera el amor de Dios en nuestros corazones (Romanos 5:5), que Su Presencia es nuestro gozo todo el día.

¡Acércate a Dios! Nada menos que esto debe ser lo que reclama nuestra fe. La redención en Cristo es tan perfecta y tan prevaleciente, Su salvación es tan completa, el poder de Su vida en nosotros es tan celestial e indisoluble, la acción de Su sacerdocio es tan incesante e ininterrumpida, y la obra de Su Espíritu es tan segura y divina, que en verdad es posible que habitemos todo el día en el disfrute del amor y en la comunión de Dios. Es un estado de vida en el que Él ha entrado, que nos ha abierto, y vive para mantenernos en él. Creámoslo. ¡Sí!, dejemos que la fe sea el único hábito de nuestra alma, una fe que honre a nuestro Sacerdote-Rey en el trono, al esperar de Él lo que es imposible para el hombre, lo que es posible sólo para Dios (Mateo 19:26; Lucas 18:27), para mantener nuestros corazones todo el día dentro del velo ante el rostro de Dios.

Cristo es la puerta (Juan 10:7, 9). ¿La puerta de qué? la puerta del corazón de Dios. A través de Él puedo entrar y permanecer en el amor de Dios, puedo habitar en Dios y Dios en mí. Él es la puerta viva, que me lleva y me hace entrar en Dios. Lo hace con toda seguridad, porque es Sumo Sacerdote en el poder de una vida indestructible.

Conclusiones:

1. Una vida cercana a Dios. Esta es la mejor esperanza (Hebreos 7:19), que entra en comunión con lo que está dentro del velo (Hebreos 6:18-19). Mantén la gloria de esta esperanza (Hebreos 3:6). Procura alcanzar la plenitud de esta esperanza (Hebreos 6:11): la esperanza no avergüenza (Romanos 5:5).

2. Dios cerca, el mundo lejos; el mundo cerca, Dios lejos. Jesús entró en la Presencia de Dios en el camino que Él nos abrió. Ese camino fue la humildad y la mansedumbre, la obediencia y la muerte. A Jesús le costó una entrega absoluta e intensa abrir el camino y entrar en él. Él ha ganado para nosotros el poder de seguirlo, y lo comunica a todas las almas justas en el poder de una vida indestructible.

3. ¡Cerca de Dios! ¿Es ésta tu vida? ¿Es este tu deseo? ¿Es esta tu expectativa? Es la salvación que Cristo ha preparado para ti y que espera darte.

Capítulo 55: Jesús, el fiador de un mejor Pacto

"Y por cuanto Él no fue hecho Sacerdote sin intervención de juramento, (Porque los otros, ciertamente sin juramento fueron hechos sacerdotes; mas Éste, con juramento, por el que le dijo: 'Juró el Señor, y no se arrepentirá: Tú eres Sacerdote para siempre, según el orden de Melquisedec'), por tanto, Jesús ha sido hecho fiador[261] *de un mejor pacto"* (Hebreos 7:20-22).

En Hebreos capítulo 6, se expuso el profundo significado del juramento de Dios. Por su parte, es una prueba de Su propósito inmutable respecto a algo que se compromete a cumplir fielmente. Por nuestra parte, señala algo en lo que hay una necesidad especial de fe, y nos llama al ejercicio de una confianza plena y sin vacilaciones en cuanto a la certeza del cumplimiento de la promesa por parte de Dios. En las palabras del nombramiento de Cristo como Sumo Sacerdote, ya hemos encontrado tres expresiones significativas; hay una cuarta, que vamos a hacer notar a continuación. *Juró el Señor, y no se arrepentirá*: este juramento de Dios es una nueva prueba de la gloria del Sacerdocio de Cristo y de Su superioridad sobre el antiguo sacerdocio. Dios confirmó Su bendición a Abraham con un juramento; esa bendición es eterna e

---

[261] O, garante, garantía. [Nota del Traductor: Es el adjetivo griego *engyos* [G1450]: Dar una prenda o garantía. "En el Nuevo Testamento, sólo ocurre aquí en Hebreos 7:22, no debe usarse en referencia *a la muerte de Cristo*, por la que Él ha respondido por nosotros; *sino a Su vida eterna*, la cual es la garantía del Mejor Pacto (cf. Hebreos 7:21, 24-25)" — Spiros Zodhiates].

inmutable. *Aarón fue hecho sacerdote sin juramento*: su sacerdocio era sólo temporal, una sombra de lo que había de venir. Sin embargo, en el primer anuncio de un sacerdote diferente al Aarónico, el sacerdote del nuevo orden, Dios interpuso de nuevo, como lo fue en el caso de Abraham, un juramento; por tanto, no fue sin la prestación de un juramento que Jesús fue hecho Sumo Sacerdote; y por dicha razón, Jesús se ha convertido en el Fiador de un mejor pacto. El juramento nos remite al pacto, a que es un mejor pacto, a que Jesús es su Fiador; y al Sacerdocio, como aquello en lo que el pacto y la garantía tienen su poder.

Un mejor pacto. El objetivo de un pacto, es definir y establecer la relación entre las dos partes que lo celebran, y dar seguridad para el fiel cumplimiento de sus compromisos mutuos. El Antiguo Pacto que Dios hizo con Israel había resultado un fracaso. En el momento de su establecimiento, estaban muy dispuestos a prometer: *"Haremos todas las cosas que el Señor ha dicho, y obedeceremos"* (Éxodo 19:8; 24:7). Pero el pacto pronto se olvidó y se rompió la promesa. Con el tiempo, Dios prometió establecer un Nuevo Pacto, y proveer en él lo que había hecho falta: el poder para obedecer y así mantener el pacto. Sería un pacto de vida, que daría esa nueva vida al corazón, de la cual brotaría espontáneamente[262] la obediencia. De este mejor pacto, establecido sobre mejores promesas, oiremos hablar en el próximo capítulo de la Epístola.

---

[262] Nota del Traductor: O, naturalmente.

El Fiador de un pacto mejor. Esto es lo que Jesús ha venido a hacer, para dar al pacto su seguridad, y para comprometerse a que sus compromisos se cumplan realmente. Él es la Garantía del pacto por ambas partes. *Fiador para nosotros*, de que Dios cumplirá Su promesa, y nos dará Su vida, Su ley y Su Espíritu en nuestro corazón; *Fiador para Dios* por nosotros, asegurará nuestra obediencia y nuestro cumplimiento del pacto.

Él no fue hecho Sacerdote con juramento. Es en el sacerdocio de Jesús donde el pacto y la garantía tienen su poder. Es el Sacerdote para siempre, que se ocupa del pecado y lo quita con el poder de una vida indestructible (Hebreos 7:16). Es el Sacerdote para siempre, el Hijo de Dios, perfeccionado para siempre (Hebreos 2:10; 5:8; 7:28), el que ha abierto un camino nuevo y vivo (Hebreos 10:20), un nuevo estado de vida, y lo obra todo con el poder de una vida indestructible, en el que tenemos una garantía divina, de que toda promesa y toda obligación del Mejor Pacto, serán cumplidas por Dios y por nosotros.

Es para darnos una seguridad viva y completa, de que todo esto se cumplirá, que la instalación de Jesús en el oficio de Sacerdote fue anunciada por un juramento desde el cielo. Dios anhela que lleguemos a ser plenamente participantes de la redención eterna que Su Hijo ha obtenido para nosotros (Hebreos 9:12); y como ve que es imposible que realice Su voluntad en nosotros, si nuestros corazones no se abren a Él con fe y con expectación, está dispuesto a hacer todo lo que este a Su alcance, para despertar nuestra confianza y obligarnos a confiar perfectamente en Él. Y así, Su Espíritu nos recuerda que el Sacerdocio de Jesús, y todas las bendiciones que provienen de él en el poder de nuestra vida eterna, son absolutamente seguros y certeros. Como si no fuera suficiente que sepamos, que como Hijo de Dios es el Todopoderoso; como Hijo del Hombre es el misericordioso y fiel Sumo Sacerdote (Hebreos 2:17), como el Exaltado (Hechos 2:33), un Rey en el trono de Dios (Hebreos 2:9); Dios nos llama a considerar el juramento que hizo. Él jura por Sí mismo. Se señala a Sí mismo y a Su honor como Dios, a Sí mismo como el Dios Eterno y Todopoderoso, y nos encarga que creamos que este Sacerdote para siempre que nos ha dado, salva realmente con una salvación eterna, con una salvación en la que actúa el poder de la eternidad.

Cuando Dios confirmó por juramento a Abraham Su promesa de bendición, Abraham, aunque no sabía mucho de lo que sería esa bendición, creyó a Dios: "*se fortaleció en fe, dando gloria a Dios*" (Romanos 4:20). Y nosotros, que conocemos al Hijo en el que Dios se ha revelado ahora (Hebreos 1:2), y lo concerniente a la eficacia y al eterno poder vital de cuya obra por nosotros, Dios nos ha hecho ahora Su juramento, ¿dudaremos o vacilaremos? ¡Dios no lo permita! ¡Oh, que nuestros corazones se abran para entender! Lo único que Dios nos pide es la fe que ve lo que ha prometido hacer, y que se hunde ante Él para dejarle obrar lo que ha emprendido (Filipenses 1:6). Lo único que tenemos que procurar, mientras avanzamos por el camino que la Epístola nos abre hacia el santuario interior, es que nuestra fe no se base en la sabiduría de los hombres, en nuestras propias ideas sobre el modo o la medida en que Dios cumplirá Su promesa; sino única y enteramente en el poder de Dios (1 Corintios 2:5). Lo que necesitaba un juramento de Dios para asegurarlo, necesita y tiene el poder de Dios para obrarlo.

Conclusiones:

1. Aférrate a estas dos cosas: La fe debe ver lo que Dios promete, y luego permitir que Dios cumpla la promesa en nosotros. Ora por la iluminación del Espíritu Santo, para liberarte de todas las visiones parciales y defectuosas de lo que nuestro Sumo Sacerdote puede obrar en nosotros, y luego considera como tu obra más elevada, esperar en Dios y someterte a Su operación con adoradora confianza.

2. El contenido y la sustancia del juramento de Dios es el Cristo personal y vivo, como Hijo y Sacerdote; es decir, como Sacerdote en el poder de la vida divina y eterna que Él imparte. El que se aferra a Cristo será conducido a conocer todo lo que Dios ha prometido en Él.

Capítulo 56: Un Sacerdote capaz de salvar completamente

"Mientras que los otros, que fueron muchos sacerdotes, debido a la muerte no podían permanecer para siempre. Mas Éste, por cuanto permanece para siempre, tiene un sacerdocio inmutable; por lo cual puede también salvar por completo[263] a los que por Él se acercan a Dios, ya que vive para siempre intercediendo en favor de ellos"
(Hebreos 7:23-25).

En el orden de Aarón había una sucesión continua de sacerdotes, uno moría y otro ocupaba su lugar. Eso caracterizaba todo el sistema; llevaba la marca de ser algo cambiante, de la debilidad y de la muerte. No podía llevar a cabo nada que fuera realmente duradero y permanente, y mucho menos algo que fuera eterno. Toda la vida interior del adorador era lo mismo que el sistema, sujeta al cambio y a la decadencia. *Éste, por cuanto permanece para siempre, tiene un sacerdocio inmutable.* Él mismo es el Eterno, que permanece como Sacerdote para siempre. Su sacerdocio es inmutable; la vida, en el poder de la cual ministra, y la vida que Él ministra, es una vida que también permanece inmutable. Su Sacerdocio es eterno, siempre vivo y siempre activo.

---

[263] O, hasta el extremo. Nota del Traductor: Se trata del adjetivo griego *panteles* [G3838]: plenamente terminado, por completo (RVA, NVI), para siempre (LBLA, RVC), perpetuamente (BTX3, RVR-1960), completamente (RVR-1977), hasta lo sumo (VM), una vez y para siempre (NTV), eternamente (RVR-1909), perfectamente (Biblia de Jerusalén 1976), del todo (Biblia de Jünemann).

Por lo cual puede también salvar por completo a los que por Él se acercan a Dios. Por eso, porque Él permanece para siempre, porque no hay un solo momento en el que Su acción Sacerdotal, Su cuidado vigilante por nosotros, Su amorosa simpatía y socorro, Su obra en nosotros en el poder de nuestra vida indestructible, no esté en plena operación. Por lo tanto, Él puede salvar completamente, es decir, que nunca tiene que haber un momento en el que la experiencia de Su poder salvador se interrumpa, en el que la salvación que Él ha realizado no salve. Para confirmar esto, se agrega que: *vive para siempre intercediendo en favor de ellos.* Sin cesar fluye de Él al Padre, la oración de Su amor por cada uno y por cada necesidad de los que le pertenecen; Su misma persona y Presencia es esa oración, tan estrecha e inseparablemente se identifica con los que llama Sus hermanos (Hebreos 2:11). Y sin cesar le llega del Padre la respuesta de Su beneplácito, y el poder del Espíritu Santo, como el portador de esa respuesta. Y así, sin cesar, fluye de Él a cada miembro de Su Cuerpo (Efesios 5:30), la gracia para el oportuno socorro (Hebreos 4:16). Porque Él vive siempre para interceder, sin un momento de intermisión, por dicha causa, es capaz de salvar completamente.

Por lo cual puede también salvar por completo. El vínculo de la promesa con el carácter y con la obra de Cristo nos muestra lo que esto significa. La gran queja de los cristianos es que su experiencia es tan cambiante, que el bendito sentimiento del amor y de la gracia de Dios pasan, y que lo que conocen del poder guardador y purificador de Cristo no perdura; el sentido de cercanía con Dios no permanece continuamente. Es como si hubiera una necesidad de que se perdiera. Con el cambio de circunstancias, por desgracia, a menudo cambia la cercanía con Dios y con Su poder salvador. Si lo que Cristo hace por ellos a veces se mantuviera continuamente, si permaneciera, su gozo sería pleno (Juan 15:11; 16:24), su salvación completa. Tenemos aquí la promesa de lo que tales cristianos necesitan. Porque permanece para siempre, *porque siempre vive para interceder*, porque es un Sacerdote para siempre, que ejerce cada función de Su oficio en un poder vital interminable, que nunca por un momento interrumpe su acción, por ello, es capaz de salvar completamente. En Sí mismo ha sido perfeccionado[264] para siempre, y con Sí mismo Él ha perfeccionado para siempre a los santificados (Hebreos 10:14; 2:11). La salvación que Él ha llevado a cabo es una vida en el santuario abierto de la Presencia de Dios en el poder del Espíritu de Dios; todo lo que se necesita es que el creyente se mantenga en permanencia para siempre, viviendo siempre en esta vida de salvación que Jesús ha abierto. Y esto lo puede hacer, cuando aprende a confiar en Jesús para ello, porque entiende que Él vive siempre para interceder. Él oró por Pedro para que su fe no decayera (Lucas 22:32). Debido a que Su obra de intercesión nunca se detiene ni cesa, nuestra fe y nuestra experiencia del poder de esa intercesión, nunca tienen que fallar. Él es capaz de salvar completamente.

---

[264] Nota del Traductor: Es decir, el poder vital interminable.

Los que por medio de Él se acercan a Dios. En Hebreos 7:19, vimos que capacitarnos para acercarnos a Dios es la mejor esperanza que trae el Evangelio, que es el único objetivo del Sacerdocio de Cristo. Aquí lo tenemos de nuevo. Una de las razones por las que muchos no tienen una concepción de Cristo, como capaz de salvar completamente, es porque simplemente nunca han entendido completamente lo que es la salvación. Los capítulos siguientes de la Epístola nos revelaran, — y que el Espíritu de Dios nos los revele en verdad — que llegar a Dios por medio de Cristo, acercarse a Dios, significa nada menos que entrar en el Lugar Santísimo, y habitar allí durante todo el día, pasar nuestra vida entera allí, permanecer allí continuamente. Sólo aquellos que lo creen posible, se entregarán a ello. Y sólo aquellos que abandonan todo para entregarse a ello, descubrirán que en verdad es posible. Para todos los que se acercan a Dios por medio de Él, la promesa es segura: Él permanece para siempre; por lo cual puede salvar completamente.

¡Oh!, fijemos nuestros ojos y nuestros corazones en Jesús en el cielo (Hebreos 12:2), en nuestro Melquisedec, en nuestro Sacerdote-Rey en el trono del poder, y en Su incesante intercesión. Y que nuestro único deseo sea creer que el Dios que ha jurado por Sí mismo, por Su propia vida como Dios, quiere hacer por nosotros algo que está por encima de todo lo que podemos pedir o pensar (Véase Efesios 3:20).

Conclusiones:

1. Capaz de salvar por completo. Este es el sólido alimento para los que han alcanzado madurez (Hebreos 5:12, 14), que sólo el alma verdaderamente consagrada puede comprender. Es de las cosas *"difíciles de explicar, ya que os habéis vuelto perezosos para escuchar"* (Hebreos 5:11).

2. Como el sacerdote, así es el pueblo. El carácter de un sacerdote determina el carácter del pueblo cuyo culto él dirige. El carácter del Sacerdocio de Cristo determina el carácter de los que le pertenecen. Y nuestra visión de lo que ese sacerdocio puede realizar, determinará nuestro carácter religioso. La infinita importancia de adorar y de confiar en Él, como capaz de salvar completamente. Eso determinará nuestro carácter cristiano y nuestra vida cristiana.

3. ¡Qué visión del lugar y del poder de la intercesión! Toda la vida de Cristo está dedicada a ella. Su poder como Sacerdote-Rey en el trono, no tiene otra vía para ejercitarse. Anhelas salvar a otros. Entrégate a la oración y a la intercesión. Preséntate ante Dios como un sacrificio por tus semejantes, ofreciéndote para ser llenado con Su Espíritu y para ser consumido por Su fuego. Considera la intercesión como el secreto para hacer descender la bendición del cielo. Conecta las dos cosas inseparablemente: la intercesión incesante y el poder de salvar completamente en Cristo. Salvación completa e intercesión incesante en nosotros.

Capítulo 57: Tal Sumo Sacerdote, el Hijo hecho perfecto para siempre

"Porque tal Sumo Sacerdote nos convenía: santo, inocente, sin contaminación, apartado de los pecadores, y ascendido de forma tan sublime por encima de los cielos; que no tiene necesidad cada día, como los otros sacerdotes, de ofrecer primero sacrificios por sus propios pecados, y luego por los del pueblo; porque esto lo hizo una sola vez y para siempre, ofreciéndose a Sí mismo. Porque la ley constituye como sumos sacerdotes a hombres débiles; más la palabra del juramento, que se dio posterior a la ley, constituye al Hijo, el cual fue hecho perfecto para siempre" (Hebreos 7:26-28).

Porque tal Sumo Sacerdote nos convenía — se adaptó a nosotros, para ser lo que necesitábamos. Estas palabras se refieren a todo el capítulo 7 de esta Epístola a los Hebreos — pero especialmente al versículo que acaba de preceder: *Tal Sumo Sacerdote*, uno que *permanece para siempre*, uno que es capaz *de salvar completamente*. También se refiere a lo que sigue a continuación, en el que se resumen Sus características personales: *Santo*, en comunión y en armonía con Dios; *inocente*, en la pureza de Su disposición; *sin contaminación*, por haber vencido toda tentación del pecado y del mundo; *apartado de los pecadores*, un verdadero Hombre entre los hombres, y, sin embargo, uno que se había mantenido libre de

Su pecado[265]; *ascendido de forma tan sublime por encima de los cielos*[266], ahora exaltado a la gloria de Dios, para comunicarnos la vida y las bendiciones del mundo celestial (Véase Hebreos 4:14; Efesios 4:10).

Que no tiene necesidad cada día, como los otros sacerdotes, de ofrecer primero sacrificios por sus propios pecados, y luego por los del pueblo; porque esto lo hizo una sola vez y para siempre, ofreciéndose a Sí mismo. Vimos que la gloria del Sacerdocio de Cristo, en contraste con el de los muchos que, por razón de la muerte, debían sucederse en la tierra; era que únicamente Él es Sacerdote, porque permanece para siempre. Aquí tenemos la misma verdad desde otro ángulo: en contraste con los sacrificios diarios siempre repetidos; Él cumplió todo, cuando se ofreció a Sí mismo una sola vez y para siempre. Lo que debe repetirse una y otra vez es imperfecto; lo que se hace de *una sola vez* es perfecto y perdura para siempre. Más adelante encontraremos de nuevo la palabra *"una sola vez"*[267], que tiene

---

[265] Nota de Traductor: 2 Corintios 5:21 expresa excelentemente lo que Murray está tratando de decir: *"Al que no conoció pecado, por nosotros lo hizo pecado, para que nosotros fuésemos hechos justicia de Dios en Él".*

[266] Nota del Traductor: Literalmente dice: "y hecho más alto que los cielos" (gr. *kai genomenos hypsēloteros tōn ouranōn*). Sin embargo, en nuestra Revisión del Texto Biblico de la Epístola, decidimos fusionar ambos significados del adjetivo griego *hypsēloteros* [G5308]. Puesto que el mismo, denota algo encumbrado en posición o en carácter; por ende, dicho adjetivo griego puede traducirse como: *más sublime o majestuoso* (en carácter), o como *más alto o elevado* (en relación a posición).

[267] Nota del Traductor: O, una vez. Como traducen otras versiones de la Biblia.

el mismo significado con respecto a Su sacrificio, que *por siempre* tiene con respecto a Su Sacerdocio.

Se ofreció a Sí mismo. Aquí tenemos la primera mención del sacrificio de Cristo. En el capítulo 2 de esta Epístola, se mencionó Su muerte; aquí vemos que fue la muerte sobre el altar. Él es a la vez, Sacerdote y Víctima. Su Sacerdocio Divino, tal como se ejerce en el cielo, es la aplicación de la sangre, y la virtud de ese sacrificio que trajo a la tierra. El sacrificio único es la compensación [por el agravio hacia] el trono de los cielos, desde ahora y para siempre.

Porque la ley constituye como sumos sacerdotes a hombres débiles; más la palabra del juramento, que se dio posterior a la ley, constituye al Hijo, el cual fue hecho perfecto para siempre. La ley fue una preparación para despertar la necesidad y la esperanza de esa comunión verdadera, sobrenatural y celestial con Dios; que debería ser, no en palabras o deseos, sino en el poder de la vida eterna. Lo que la ley no pudo hacer, Dios lo ha hecho, nombrando como Sumo Sacerdote al Hijo, hecho perfecto para siempre.

En estas últimas palabras del capítilo, tenemos el resumen de toda la enseñanza anterior de la Epístola. En el capítulo 1, se había hablado del Hijo de Dios y de Su gloria: Él vino de Dios, Él es Dios, y tiene la vida de Dios en Él; Él es capaz de acercarnos, a la verdadera posesión y al disfrute de la misma vida de Dios. En los capítulos 2 al 5, tenemos Su humanidad, Su perfeccionamiento mediante el sufrimiento y la obediencia. En el capítulo 7, se nos ha enseñado lo que significa que Él es el Sacerdote para siempre, según el orden de Melquisedec, cuya Persona, Sacerdocio y obra, están todos en el poder de una vida indestructible; y que, porque permanece siempre e intercede por nosotros, es capaz de salvar completamente, y de hacer que nuestro acercamiento a Dios sea una vida que permanezca de forma continua, sin cesar. *Tal Sumo Sacerdote nos convenía, el Hijo, hecho perfecto para siempre.*

Y si tal Sumo Sacerdote nos convenía, ¿qué nos conviene ahora a nosotros con respecto a Él? Seguramente una cosa, que busquemos plenamente conocer, confiar y experimentar Su poder salvador. Si tu corazón en verdad anhela la liberación del pecado, la verdadera comunión íntima con Dios, la salvación completa, una vida en el poder y en la semejanza del Hijo de Dios (Romanos 8:29), nuestro Líder y Precursor dentro del velo, debes aprender a conocer a Jesús, tanto como Hijo de Dios, como tu Sumo Sacerdote. Debemos orar por un espíritu de sabiduría y revelación, para que conozcamos la extraordinaria grandeza del poder de Dios para con nosotros, los que creemos, según la acción de Su gran poder en Cristo Jesús, cuando lo resucitó de entre los muertos y lo puso a Su diestra (Efesios 1:17-23). Debes creer que el poderoso poder por el cual Él fue así perfeccionado para siempre, y está sentado a la diestra de Dios, está obrando en nosotros. Entrégate con fe a esta poderosa obra de Dios en Cristo, al poder de la vida eterna, con la que desde el cielo obrará en ti para acercarte a Dios y para mantenerte allí. Si crees en esto y confías en Jesús, Él mismo lo hará realidad. ¡Oh!, ten cuidado de pensar que estas son solo hermosas palabras e imágenes que da la Escritura; ten en cuenta que son definidas por Dios como las realidades más directas para la vida diaria y para el caminar cristiano. Dios te ha dado tal Sumo Sacerdote para que puedas vivir una vida imposible, una vida por encima del sentido y de la razón, una vida sobrenatural en el poder de Su Hijo. Cuando Jesús subió al trono, Sus discípulos debían esperar una comunicación directa de parte Él, el Espíritu y el poder de la vida celestial en la que había entrado por ellos. Es el mismo Espíritu Santo, que mora en nosotros con el poder de Pentecostés, el único que puede hacer que toda la bendita verdad objetiva de la Epístola, sea una realidad viva en nosotros[268].

Conclusiones:

1. Antes de terminar este capítulo de la Epístola, observen bien las tres palabras en las que su enseñanza práctica recoge lo que nuestro Melquisedec, que permanece como Sacerdote continuamente, es para nosotros. *La ley de Su obra es*: Él hace todo según el poder de una vida indestructible (Hebreos 7:16). *El objeto de Su obra*: la mejor esperanza, por la cual nos acercamos a Dios (Hebreos 7:19). *La medida de Su obra*: capaz de salvar completamente (Hebreos 7:25). El poder de la vida eterna, la cercanía a Dios y la salvación completa, es lo que Él tiene para otorgarnos.

---

[268] Nota del Traductor: O, una realidad subjetiva.

2. El Sacerdocio Eterno de Cristo, es la primera de las verdades acerca de la perfección, que nos llevan a la experiencia de una vida de perfección. Un Hijo, perfeccionado para siempre, es nuestro Sumo Sacerdote, que *por* Sí mismo y *en* Sí mismo nos da la vida que hemos de vivir.

3. El único pensamiento de Dios en Su Palabra aquí, es hacernos sentir qué salvación completa hay para nosotros con tal Salvador. Dios nos habla en Su Hijo, dándonos en Él Su propia celestialidad[269].

---

[269] Nota del Traductor: Literalmente en inglés: "elevación".

Made in the USA
Las Vegas, NV
06 February 2023

67025941R00246